Projeto e prática do jornalismo esportivo

Projeto e prática do jornalismo esportivo

História do Lance!

Mauricio Stycer

Alameda

Edição: Joana Monteleone
Assistente editorial: Marília Chaves
Revisão: Daniela Fernandes Alarcon
Projeto gráfico, capa e diagramação: Pedro Henrique de Oliveira

CIP-BRASIL. CATALOGAÇÃO-NA-FONTE
SINDICATO NACIONAL DOS EDITORES DE LIVROS, RJ
S931p

Stycer, Mauricio, 1961-
História do *Lance!* – Projeto e prática do jornalismo esportivo / Mauricio Stycer. - São Paulo : Alameda, 2009.

Inclui bibliografia
ISBN 978-85-98325-90-3

1. Lance (Jornal). 2. Jornalismo esportivo. I. Título.

09-0618. CDD: 070.4
CDU: 070

10.02.09 13.02.09 011005

ALAMEDA CASA EDITORIAL
Rua Iperoig, 351 Perdizes
CEP 05016-000
São Paulo - SP
www.alamedaeditorial.com.br

Confesso que o futebol me aturde, porque não sei chegar até o seu mistério. Entretanto, a criança menos informada o possui. Sua magia opera com igual eficiência sobre eruditos e simples, unifica e separa como as grandes paixões coletivas. Contudo, essa é uma paixão individual mais que todas.

Carlos Drummond de Andrade

Este trabalho é dedicado a todos os profissionais que participaram da aventura de criar um novo diário esportivo, em 1997.

Sumário

II – O técnico do time

III – O esquema tático

Prefácio

Novelo Esportivo

Sérgio Miceli

Conheci Mauricio Stycer por ocasião da entrevista que lhe concedi a respeito de meu livro sobre o modernismo artístico paulista. Ele então coordenava a editoria de cultura na revista *Carta Capital*. Fiquei bem impressionado com a pertinência das perguntas, atestando leitura cuidadosa e certa familiaridade com trabalhos anteriores sobre a vida intelectual e artística brasileira. Logo mais, foi designado redator-chefe do semanário, sinal de precoce reconhecimento numa posição raramente atribuída a profissional tão jovem. Ao dizer que tencionava prosseguir os estudos ingressando no mestrado em sociologia na Universidade de São Paulo, sob minha orientação, sondei se estaria disposto a adquirir uma formação consistente na disciplina, o que decerto lhe seria cobrado. Passou na seleção, cursou disciplinas na graduação e na pós, redigiu a tese excelente ora convertida em livro.

Quis relatar tais antecedentes para que o leitor possa atinar com a originalidade da análise e com os pontos fortes do argumento daí resultante. Já com alguma tarimba, Maurício foi convidado a chefiar a equipe de focas que daria vida a um projeto ousado e instigante, a criação do jornal esportivo *Lance!*, em 1997, no Rio de Janeiro e em São Paulo. A experiência foi tão emocionante a ponto de querer guardar pastas com lembretes dessa agitada iniciação. Estava pronto a esmiuçar aquele transe probatório por meio do tratamento acadêmico que lhe permitiria juntar a vivência acesa à apreensão sociológica.

De saída, ele imaginou poder dar conta do objeto apenas com base na documentação que havia coligido na época de surgimento do jornal.

Enxergava naqueles materiais – cartas, emails, rascunhos de matérias, bilhetinhos, memorandos – a prova tangível do que havia sucedido, registros que pareciam conciliar o tranco cotidiano e a dimensão factual daquele experimento. Juntara a papelada porque tudo lhe soara destoante do que se passava na imprensa. Desde a primeira leitura do projeto de tese, insisti na necessidade de cotejar tais reminiscências, sucedâneo arrevesado de observação participante, à imperativa objetivação do contexto de fundação e dos protagonistas do empreendimento. O improviso etnográfico não dispensava a inserção dessa iniciativa numa história de longa duração dos jornais esportivos no país, os quais espelhavam as mudanças por que passara o próprio futebol.

O eixo do argumento foi se sedimentando, primeiro, em torno das feições do fundador do jornal (Walter de Mattos Jr.). Seu itinerário biográfico permitiu juntar os fios indispensáveis à compreensão da iniciativa. A despeito da novidade do projeto, *Lance!* era outro caso exemplar dos nexos entre a prática jornalística, os interesses de grupos econômicos pujantes e os anseios de influência política externados por esses mentores. O fato de constituir um jornal de público segmentado, com pretensões a ocupar um nicho de mercado na mídia, suscitava o confronto com seus predecessores. Essa guinada realçou os traços distintivos de *Lance!* e, claro, evidenciou os laços de continuidade com a imprensa esportiva vigente.

O último passo seria confrontá-lo aos veículos congêneres, na Espanha e na Argentina, voltados aos reclamos de um público jovem de torcedores entusiastas. O exame desses modelos externos se valeu do material colhido em entrevistas e depoimentos concedidos pelos *designers* responsáveis pelos respectivos projetos gráficos, também consultados no caso brasileiro. Era um flanco inesperado de desvendamento do objeto. Tais testemunhos ofereciam informações preciosas sobre o desígnio empresarial, as imagens promocionais e a diagramação que iriam ficcionalizar o futebol, prenúncios reveladores do público visado pelo tablóide. A vida dos jogadores era o chamariz das manchetes, o nutriente de matérias a tratá-los como celebridades, o gancho pulsional com que o leitor imberbe podia se identificar. Essa masculinidade projetiva mimetizava as tiradas de linguagem, as esquisitices e a ginga corporal.

A reconstrução da trajetória de vida e de trabalho do empresário fundador de *Lance!* rastreou os condicionantes estruturais do projeto. De um lado, o mapeamento dos grupos econômicos atraídos pelo investimento, inclusive o Grupo Globo, dando a ver os cálculos de retorno ao capital imobilizado e as veleidades monopolistas desses agentes no âmbito da indústria cultural. De outro lado, o modo de revolver as conexões entre tais apostas, num jornal esportivo de futuro incerto, e as pretensões de influência política dos sócios capitalistas. Cada um dos agentes enxergava à sua maneira o veículo nascente como engate propulsor desse emaranhado de ambições.

O livro de Mauricio Stycer demonstra, sem bravata, o enovelamento de interesses de certos setores dirigentes na conformação e exploração das mídias comerciais, interesses que são, ao mesmo tempo, econômicos, políticos e simbólicos. Nenhum projeto de investimento na indústria cultural, tampouco *Lance!* escapa a tais injunções, a despeito dos juízos dos parceiros envolvidos. A amarra do livro consiste numa tessitura complexa de determinações. O autor desentranha razões estruturais que movem as investidas da indústria cultural no Brasil, ao deslindar os liames entre grupos de interesse rivais – conglomerados de informação e entretenimento, bancos de investimento, fundos de *hedge*, especuladores milionários -, tornando inteligíveis as feições doutrinárias e mercadológicas de um produto aparentemente tão inusitado como *Lance!*. A conjunção desses engates revela tanto o feitio inovador como os aspectos regressivos do projeto, prensado entre os riscos da especialização em nichos de mercado e a conquista de um público cativo. Mescla de jovens de classe média abonada, com baixo capital cultural, e de rapazes de origem social modesta.

A narrativa fluente de Mauricio Stycer deve muito à experiência jornalística pregressa, mas foi temperada por questionamentos inerentes à prontidão acadêmica adquirida na universidade. A liga desses veios expressivos revigorou a arquitetura do trabalho. Obrigou o autor a revisar a ligação afetiva com o objeto, e o fez inquirir os óbices reiterados pelo senso comum erudito. Protegendo-se das fórmulas receitadas pelo jornalismo cultural e pelo hermetismo filosofante, o texto firmou resistência a canoas furadas.

Esta história social do jornal esportivo *Lance!* empreendeu uma reconstituição matizada dos ingredientes contraditórios que estão na raiz de quaisquer experimentos numa indústria cultural como a nossa, dilacerada entre as exigências comerciais do mercado e os arroubos de firmar uma autoridade cultural legítima dentro e fora de sua esfera de jurisdição. O leitor vai se surpreender com a trama de conexões que viabilizaram um veículo aparentemente tão especializado, no qual desaguaram a paixão e os devaneios de uma geração de torcedores órfãos de voz própria.

Introdução

Um jornal na era da globalização e do futebol-empresa

Lançado no dia 25 de outubro de 1997, o diário esportivo *Lance!* é uma experiência jornalística e empresarial peculiar no universo da imprensa brasileira. Foi o primeiro grande jornal diário lançado no país em quase 20 anos, desde a tentativa, mal-sucedida, do *Jornal da República*, diário paulistano criado por Mino Carta em agosto de 1979, e fechado em janeiro de 1980. Foi o primeiro projeto de mídia financiado integralmente por investidores profissionais (e não por empresas familiares) ligados ao mercado financeiro, inaugurando um modelo de negócio que foi depois seguido por outros grupos empresariais. O jornal estabeleceu-se não em uma, mas em duas sedes, no Rio e em São Paulo, em ambas com rotativas próprias, com a intenção de ser um veículo de alcance nacional, diferentemente da maioria dos jornais diários brasileiros, esportivos ou não, de circulação e alcance regional. Fato igualmente pouco comum, o conceito editorial e o projeto gráfico foram comprados prontos de uma empresa estrangeira, o escritório catalão *Cases i Associats*, que também participou da implantação do jornal. Em formato tablóide, o *Lance!* foi o primeiro jornal publicado no Brasil inteiramente em cores – "full color", dizia[1]. Em poucos meses, o *Lance!* se tornou o diário esportivo mais popular do país; em 2001 testemunhou o fechamento do seu principal concorrente em São Paulo, *A Gazeta Esportiva*, e viu o seu único concorrente no Rio, o *Jornal dos Sports*, enfrentar su-

1 E também o primeiro a vir grampeado – um recurso tão complicado do ponto de vista operacional, aliás, que o próprio jornal abriu mão dele e nenhum concorrente jamais tentou imitá-lo.

cessivas tentativas de revigoramento, até hoje sem sucesso[2]. Ao completar oito anos de vida, no final de 2005, o *Lance!* comemorava o fato de ser um dos dez jornais mais vendidos em banca no país, com uma circulação diária média de 128 mil exemplares.

O *Lance!* é obra de Walter de Mattos Júnior, um economista carioca, nascido em 1961, criado na zona sul da cidade, com estágios na Suíça e na Inglaterra, que fez carreira como diretor-financeiro de uma grande empresa de navegação e depois se tornou o principal executivo de um jornal popular no Rio de Janeiro, *O Dia*, cujo dono era seu sogro. Ambicioso, bem-sucedido, *self-made man*, aos 35 anos decidiu fundar o próprio jornal. Como veremos no capítulo II, o discurso que elabora para "vender" o *Lance!* a possíveis sócios, ao mercado publicitário e, em um segundo momento, aos jornalistas que recrutará para o projeto, é carregado de palavras fortes e afronta abertamente os empresários estabelecidos na praça. Não por acaso, será visto no meio dos proprietários de jornais como um *outsider* e um aventureiro.

RETÓRICA DA "MODERNIZAÇÃO" EM DOSE TRIPLA

A ambição de Mattos – ou a pretensão, segundo os detratores – pode ser medida pela tripla armação do seu discurso. O *Lance!* nasceu embalado por uma retórica que o apresentava como protagonista de uma nova etapa de modernização da imprensa brasileira. Atribuía-se a ele, também, a tarefa de modernizar o jornalismo esportivo do país. E se entendia que o seu sucesso estava ancorado num processo de modernização da estrutura do futebol do país. Não é possível compreender Mattos e o negócio que ele ergueu sem antes elaborar brevemente sobre as três pontas dessa retórica de "modernização".

No Brasil, desde a segunda metade do século XIX, quase todas as gerações testemunharam alguma experiência de "modernização da im-

2 Em fevereiro de 2007, o *Jornal dos Sports* declarava uma circulação de 15 mil exemplares/dia. "Heróis da resistência", *Meio & mensagem*, 26 de fevereiro de 2007, Especial Marketing Esportivo, pág. 25.

prensa". A necessidade de caracterizar os jornais estabelecidos como "velhos" ou "antigos" é uma espécie de traço retórico fundador que marca o nascimento de uma miríade de jornais e revistas, nos mais variados momentos políticos e econômicos do país. Esta pesquisa não tem o objetivo de se aprofundar no assunto, mas registro algumas datas-chave, sobre as quais há uma série de estudos, em que esta idéia é facilmente verificável.

Já ao estudar os jornais que militaram em defesa da República e, sem o mesmo entusiasmo, contra a escravidão, a partir de 1870, como *A Província de São Paulo*, encontramos menções a "novas idéias" para a imprensa e ataques pesados aos "velhos" – no caso, o *Correio Paulistano,* acusado pelo jovem concorrente de receber ajuda de partidos políticos para se manter. O tema reaparece nos anos 20 do século XX, no discurso de inúmeras publicações fundadas em bases "industriais" no contexto da República Velha. Barbosa Lima Sobrinho descreve o processo em curso como de "modernização da imprensa", chamando a atenção para o fato de que o noticiário, supostamente informativo, estava começando a ocupar um espaço antes dominado exclusivamente pela opinião política. Mas, ressalva, "os jornais que não são auxiliados pelo favor do público lutam com enormes dificuldades e escoram-se a expedientes desmoralizadores".

No início da década de 50, volta-se a falar de "modernização da imprensa", agora em função da adoção explícita do modelo norte-americano de jornalismo, em substituição ao modelo francês, que misturava militância política explícita com pretensão literária. *Diário Carioca* e *Última Hora*, de diferentes maneiras, são considerados pioneiros na incorporação de técnicas que facilitam a leitura dos jornais, testadas pelos norte-americanos já desde o início do século, como o uso do *lead* (a concentração de todos os elementos importantes da notícia no primeiro parágrafo), a distinção mais explícita entre informação e opinião, além de formas de organização gráfica mais arejadas. Essa "revolução", mostra Nelson Werneck Sodré, não teria sido possível sem a ajuda do Estado, que contribuiu para o bem-estar da maioria da imprensa, à época, por meio de empréstimos bancários diretos, publicidade oficial e isenções fiscais variadas.

Nos anos 60 e 70, curiosamente, a retórica é estimulada em parte pelo próprio regime militar, que entende o papel da mídia – televisão, rádio e imprensa – como decisivo no seu projeto de integrar o país. Embora o apoio principal tenha sido à criação de grandes redes de tevê, a ditadura também financia o reaparelhamento de empresas jornalísticas responsáveis pela publicação de veículos que o próprio governo censurava, como *Jornal do Brasil* e *Veja*, da editora Abril. A ajuda dos militares a alguns grupos em detrimento de outros, aponta Alzira Alves de Abreu, contribuiu para a concentração dos meios de comunicação no país e o desaparecimento de vários jornais.

Nos anos 80, ao longo do processo de redemocratização do país, quem protagoniza a "modernização" é a *Folha de S.Paulo*, movida por uma retórica que procura sinalizar a independência política e a eficiência da gestão econômica do jornal. Não por acaso, as palavras-chave que embalam o chamado "Projeto Folha" são "profissionalização", "padronização", "planejamento" e "pluralismo" – termos "modernos" enfatizados por intensas campanhas de publicidade, pesquisas de opinião e ações de marketing. De forma explícita, a ligação entre o jornal e o leitor assume a forma de uma relação entre produto e cliente, estabelecendo um novo parâmetro no meio.

A retórica da "modernização da imprensa" assumirá, enfim, como veremos neste estudo, uma outra roupagem na segunda metade dos anos 90 e no início do século XXI, auge da fase de globalização do capital financeiro e de hegemonia do discurso neoliberal. Esse período é assinalado pelos primeiros projetos de participação de fundos de investimentos em jornais e revistas brasileiros e pela histórica mudança na Constituição do país, autorizando a entrada de capital estrangeiro na mídia[3].

3 Há uma razoável bibliografia a respeito dessas diferentes etapas da imprensa brasileira. A principal referência é a obra de Nelson Werneck Sodré (*História da imprensa no Brasil*, Rio de Janeiro, Mauad, 1999), que abrange tanto o século XIX quanto o XX e é rica em detalhes sobre a ligação da imprensa com o Estado. Outro estudo de longo alcance, mas menos citado, é o de Juarez Bahia (*Jornal, história e técnica*, São Paulo, Ática, 1990). Um olhar crítico sobre o "mito da modernização" é o tema de estudo de Marialva Barbosa (*História cultural da imprensa*, Rio de Janeiro, Mauad, 2007). Para

Subproduto desse discurso sobre a modernização da imprensa brasileira, também é recorrente, ao longo do século XX, o discurso sobre a necessidade de renovação do jornalismo esportivo do país, tanto do ponto de vista formal, quanto profissional. Em termos formais, veremos ao longo do capítulo I, essa especialidade floresceu nos primeiros anos do século, em resposta ao interesse da elite que implantou o futebol no país, mas só veio a se desenvolver (ou "modernizar", para ficar na retórica em questão) a partir da década de 20, quando o esporte se tornou efetivamente de massas. Os jornalistas Cásper Líbero, Thomaz Mazzoni e Mario Filho tiveram papel marcante nesse período, ao ajudarem a colocar de pé aqueles que viriam a ser os dois principais jornais esportivos do país entre os anos 30 e 80, *A Gazeta Esportiva* e o *Jornal dos Sports*.

Outros marcos de "modernização" da imprensa esportiva – evocados, sobretudo, por jornalistas que participaram de algum desses processos, a partir da década de 60 – coincidem com as fases de renovação geral

uma idéia a respeito da imprensa pré-republicana, que não tratei aqui, há o estudo de Isabel Lustosa (*Insultos impressos*, São Paulo, Companhia das Letras, 2000). Sobre a imprensa na segunda metade do século XIX, em particular o jornal *A Província de São Paulo*, ver Lilia Moritz Schwacz (*Retrato em branco e negro*, São Paulo, Companhia das Letras, 1987). Sobre a imprensa na década de 20, ver o texto de Barbosa Lima Sobrinho, de 1923 ("O industrialismo na imprensa", republicado em *O problema da imprensa*, São Paulo, Com-Arte, 1988). Merecem ser citados também alguns estudos de casos, que alcançam esse período, como o dedicado a *O Estado de S.Paulo*, de autoria de Maria Helena Capelato e Maria Ligia Prado (*O bravo matutino*, São Paulo, Alfa Ômega, 1980) e outro à *Folha de S.Paulo*, por Gisela Taschner (*Folhas ao vento*, Rio de Janeiro, Paz e Terra, 1992). Sobre os anos 50, há inúmeros estudos. Um bom resumo pode ser encontrado em Ana Paula Goulart Ribeiro (*Imprensa e história no Rio de Janeiro dos anos 50*, e-papers, Rio de Janeiro, 2007). Sobre a segunda metade do século XX, ver o esforço de síntese de Alzira Alves de Abreu (*A modernização da imprensa*, Rio de Janeiro, Jorge Zahar Editor, 2002), que aborda, em detalhes, o papel do regime militar. Sobre as mudanças na década de 80, há dois estudos de caso importantes, o de Jorge Cláudio Ribeiro (*Sempre alerta*, São Paulo, Olho D'Água, 2001) e o de Carlos Eduardo Lins da Silva (*Mil dias*, São Paulo, Trajetória Cultural, 1988), sobre os quais falaremos ainda nesta introdução.

dos jornais, descritas acima. Eles se expressam na ampliação e "humanização" da cobertura esportiva, levada a cabo pelo *Jornal da Tarde* e pelo *Jornal do Brasil*, nos anos 60; na criação de uma importante revista de futebol, *Placar*, da editora Abril, no princípio da década de 70; e na disseminação do uso de estatísticas para explicar os resultados das partidas, experimentado pela *Folha de S.Paulo* a partir da década de 80[4].

Do ponto de vista profissional, como veremos no capítulo III, não ocorreu ainda uma "modernização". O jornalismo esportivo sempre foi – e permanece – visto como uma especialidade subalterna, de pouco prestígio interno nos jornais, um lugar reservado a iniciantes e fanáticos por esportes, de onde dificilmente se sai para cargos considerados mais nobres. Os jornalistas esportivos, entre os mais mal pagos nas redações, sempre conviveram com denúncias de sérios problemas éticos, como sensacionalismo, parcialidade, invenção de entrevistas, suborno e, mais recentemente, negócios escusos com jogadores de futebol e participação em campanhas publicitárias, práticas consideradas incompatíveis com o jornalismo. Ao longo do século, em diferentes momentos, alguns jornalistas, como Thomaz Mazzoni, João Saldanha e Juca Kfouri, vão se destacar na denúncia desses problemas e, em conseqüência, se tornarão arautos na luta pela "modernização" da prática jornalística.

Um terceiro discurso em favor da "modernização" que nos interessa de perto é o que diz respeito à estrutura do futebol no Brasil. Esse é um tema que acompanha a história do esporte no país desde a criação das primeiras ligas de clubes, em São Paulo e no Rio de Janeiro, na primeira década do século XX. O futebol estabeleceu-se no país em bases amadoras, controlado por dirigentes ligados à elite econômica, que nele viam a possibilidade de ganhos variados, de prestígio e poder. Desde a origem, a gestão do futebol foi terreno para formas de dominação patriarcais e patrimonialistas, arreglos variados, pequenos negócios e grandes negociatas. O Estado, tradicionalmente, interviu pouco nesse terreno, assegurando não

4 Para um esboço de cronologia da imprensa esportiva brasileira, ver José Eduardo de Carvalho, "O discurso esportivo", em Sergio Vilas Boas (org.), *Formação & informação esportiva*, São Paulo, Summus Editorial, 2005. E também Paulo Vinicius Coelho, *Jornalismo esportivo*, São Paulo, Contexto, 2003.

apenas autonomia a clubes e entidades, como facilidades legais, tais como isenções fiscais, para a sua manutenção. Os clubes, entidades privadas sem fins lucrativos, sempre se reportaram a ligas ou federações locais, que por sua vez estão subordinadas a uma confederação nacional, que se reporta à Fifa, a federação internacional de futebol. Até 1979, uma única confederação nacional, a Confederação Brasileira de Desportos (CBD), zelava por todos os esportes praticados de forma organizada no país. Naquele ano, cada esporte ganhou uma confederação própria e o futebol passou a ser gerido pela Confederação Brasileira de Futebol (CBF).

Uma primeira intervenção estatal nesse modelo ocorreu em 1941, quando o governo Vargas criou o Conselho Nacional de Desportos, que tinha entre as suas responsabilidades fiscalizar e sancionar os procedimentos e deliberações das entidades locais, estaduais e nacionais. Uma segunda intervenção significativa deu-se em outro regime autoritário, em 1975. A mudança na lei atribuiu mais poderes ao CND de intervir em entidades esportivas e instituiu o voto unitário para a eleição de presidentes de federações, o que diminuiu o peso absoluto de uns poucos clubes, mas aumentou o poder de barganha (e negócios) ao dar uma força extraordinária a clubes e entidades sem expressão alguma[5].

Ao longo dessas quatro décadas, o futebol acumulou grande prestígio. O país superou o trauma de ter perdido a Copa do Mundo que sediou, em 1950, conquistando o troféu três vezes, entre 1958 e 1970. Ao apresentar sucessivas gerações de craques, e exportá-los para os principais centros esportivos, o Brasil foi consolidando a imagem de "país do futebol". Ao mesmo tempo, acumulava uma série de insucessos, a sinalizar a permanência de graves problemas administrativos e de organização. No início da década de 80, os principais clubes estavam endividados e dilapidavam o patrimônio para se manter. A média de público nos estádios apontava

---

5 Sobre o papel do Estado no futebol ver Eduardo Dias Manhães, *Política de esportes no Brasil*, 2 ed, Rio de Janeiro, Graal, 2002.

seguidamente para baixo. Em 1987, a CBF anunciou que não teria recursos para financiar o campeonato nacional de futebol[6].

Na Europa, por contraste, a década de 80 assinala o período em que um movimento de mudanças drásticas na estrutura do esporte, esboçado ainda na década de 70, ganha importância nos principais centros do continente. Sintetizado pela expressão "futebol-empresa", o processo ocorre primeiro na Inglaterra e na Itália, e depois se espalha, pela combinação de três fatores: a transformação dos clubes em empresas com fins lucrativos, a comercialização dos direitos de transmissão para a tevê dos torneios esportivos em bases altamente rentáveis e o incremento dos investimentos em marketing de empresas que fornecem equipamentos e serviços para o negócio[7].

No Brasil, a discussão a respeito do modelo de futebol-empresa, que implicava mudanças na legislação, começou a tomar forma durante o governo Fernando Collor, o primeiro a abraçar no país o discurso neoliberal e privatista. A primeira lei que pensava, originalmente, em adaptar o futebol a esse modelo foi sancionada em 1993, no governo Itamar Franco, e batizada como Lei Zico em homenagem ao ex-jogador de futebol, que foi secretário dos Esportes no governo Collor. Por pressão de forças contrárias à reforma, no entanto, a legislação resultou totalmente inócua em relação ao objetivo de transformar os clubes em empresas, forçar a profissionalização da gestão dessas sociedades e facilitar o investimento de grupos estrangeiros no futebol[8]. Em 1996, o governo Fernando Henrique Cardoso, simpático ao projeto de "modernizar" o futebol brasileiro e assentado numa ampla maioria parlamentar, propôs

6 Sobre a crise da década de 80, ver Ronaldo Helal, *Passes e impasses*, Rio de Janeiro, Vozes, 1997.

7 Sobre o processo de mudanças no futebol, o chamado futebol-empresa, há uma razoável bibliografia – a maioria, porém, mais descritiva que crítica. Uma boa visão global do processo encontra-se em Richard Giulianotti, *Sociologia do futebol*, São Paulo, Nova Alexandria, 2002. O caso brasileiro é analisado de forma crítica pelo economista Marcelo Weishaupt Proni, *A metamorfose do futebol*, Campinas, Unicamp, 2000.

8 O principal "mérito" da Lei Zico acabou sendo o de institucionalizar a criação de bingos no país.

ao Congresso uma nova legislação com o objetivo de corrigir distorções que teriam sido introduzidas pela Lei Zico[9].

É evidente, e pretendo mostrar isso ao longo deste estudo, que as mudanças na imprensa, no jornalismo esportivo e na estrutura do esporte ocorridas na década de 90 foram marcadas por inúmeros conflitos e contradições – a sinalizar, como aconteceu em outros períodos ao longo do século XX, que "modernização" pode ser sinônimo de atraso. Mas isso não basta para compreender o impacto da retórica de Walter de Mattos. É preciso estar atento a um contexto maior, experimentado pelo Brasil na década de 90, para entender por que Mattos vai ser bem-sucedido ao apresentar o *Lance!* como um produto "moderno", apto a surfar com desembaraço nas três pontas dessa retórica da "modernização". A partir do governo Collor em 1990 e, sobretudo, do governo Fernando Henrique Cardoso, iniciado em 1995, o Brasil adotou uma série de medidas destinadas a acelerar a sua inserção na economia internacional e a reduzir o papel do Estado na estrutura social. É uma década marcada pela privatização de empresas públicas de setores-chave da economia, pelo estímulo à importação de bens e equipamentos produzidos no país (como forma de reduzir preços e baixar a inflação), pela eliminação dos controles à entrada e saída de capitais financeiros de curto prazo – pela adoção, enfim, do ideário neoliberal como solução para os problemas do país.

É nesse contexto que a possibilidade de fundos de investimento, nacionais e estrangeiros, serem sócios de empresas de comunicação no Brasil é discutida abertamente no Congresso em 1996[10]. Igualmente, a transformação dos clubes de futebol em empresas, com poder de atraírem parceiros de onde bem entenderem, é tema de intensos debates, pelos jornais e no Parlamento. Da mesma forma que outras discussões públicas no período, como a que en-

9 A tramitação da chamada Lei Pelé, no entanto, não foi menos difícil que a da Lei Zico –, ela só seria aprovada em 2001, muito modificada em relação à proposta inicial. Voltarei a esse assunto no capítulo II.

10 A alteração na Constituição será aprovada em 2002, autorizando pessoas jurídicas a serem proprietárias de empresas de comunicação e permitindo a estrangeiros a posse de até 30% das ações de veículos de comunicação.

volve a privatização de empresas públicas, ambos os processos, a mudança na lei sobre a imprensa e a nova legislação sobre o esporte, são apresentados por boa parte da mídia com sinal positivo, como de "modernização".

Entendo, portanto, que a sensibilidade e a habilidade de Mattos ao formatar um projeto perfeitamente adaptado ao seu tempo são fundamentais para explicar como ele foi capaz de reunir cerca de 30 milhões de dólares para fundar um novo jornal em 1996, numa época em que ninguém pensava – ou reunia as condições necessárias para isso – em erguer um empreendimento desse porte. Acredito que descrever esse processo de nascimento do *Lance!* pode contribuir, de alguma forma, para uma melhor compreensão do período e da própria imprensa.

Não é possível entender o *Lance!* sem antes procurar compreender o lugar que ele ocupa na história do jornalismo esportivo. Por esse motivo, dedico o capítulo I deste estudo a um esforço de inteligibilidade do percurso de jornais e jornalistas que se dedicaram a esse assunto, desde o início do século XX. Mostro como a imprensa esportiva se constituiu ao descrever e, em alguns casos, ser ela própria protagonista dos conflitos que marcaram a prática do futebol nos seus primórdios, tais como o corte de classe entre ricos e pobres, a luta de algumas comunidades étnicas no sentido de se integrarem à sociedade por meio do futebol e o bairrismo entre Rio de Janeiro e São Paulo. Em seguida, descrevo o papel dos jornalistas Cásper Líbero, Thomaz Mazzoni e Mario Filho na liderança dos dois projetos de jornalismo esportivo mais importantes e bem-sucedidos antes do *Lance!*, a *Gazeta Esportiva*, em São Paulo, e o *Jornal dos Sports*, no Rio de Janeiro. Tento entender o que esses três personagens tão diferentes têm em comum e o que os levou a apostar, na década de 20, numa especialidade de pouco prestígio, mal vista e mal remunerada.

Um segundo esforço será no sentido de retratar o criador do *Lance!* à luz da sua experiência de vida, do jogo de forças sociais em que estava envolvido e dos diferentes atores que se encontravam em torno deste novo investimento em mídia, na segunda metade da década de 90, no Brasil. Nesse esboço de história social, dedico o capítulo II, inicialmente, a narrar a entrada em cena de outros atores, o empresário do ramo naval Nelson Tanure, que se tornou proprietário do *Jornal do Brasil* e da *Gazeta Mercantil*, e os banqueiros Jair Ribeiro e Gianpaolo Baglioni, que criaram a editora Camelot, e a identificar as inúmeras características em comum dessas três apostas no mercado de mídia. Como Walter de Mattos, e na mesma época que ele, a luta desses empresários por prestígio e poder em um campo muito fechado e de tradição familiar deve ser entendida no contexto de uma forte crise do setor, em que se discute, pela primeira vez no Brasil, a possibilidade de participação estrangeira na imprensa. Muito de acordo com a hegemonia do ideário neoliberal, esses três investimentos em mídia insistem em realçar o caráter econômico dos projetos, sublinhando termos como "gestão moderna" e "governança corporativa", e deixar em segundo plano os significados políticos que envolvem a posse de jornais e revistas no Brasil.

No retrato que pretendo pintar do criador do *Lance!*, tomo o cuidado de extrair os excessos da sua retórica, mas sem desidratar o personagem. Entendo que Mattos é uma figura fascinante, corajosa, mas não tão inovadora quanto pretende fazer crer. Conseguiu, de fato, articular a criação do seu jornal ao abraçar o "novo" mundo do capital financeiro, mas sem ignorar que tem os pés fincados num mundo considerado ultrapassado, o da "velha" imprensa, personificado por seu sogro, Ary Carvalho, dono de *O Dia* e grande impulsionador de sua carreira. Vou classificá-lo, por isso, como um "novo velho homem de imprensa".

Outro foco de atenção será dado ao projeto editorial do jornal, com o qual Mattos pretende fundar um "novo jornalismo esportivo". Esse é o tema do capítulo III do estudo. Pretendo mostrar como se chegou a um resultado positivo, do ponto de vista do *Lance!*, a partir da junção bem-sucedida de um cálculo de expectativa do jornal em relação ao seu suposto leitor e a vontade dos leitores em comprarem o que estava sendo oferecido. Ao reconstituir as discussões internas a respeito do público-alvo do jornal, pretendo mostrar como se construiu, a priori, produto de uma inflexão normativa, a idéia de um "leitor" ideal, imaginário, com o qual os jornalistas do *Lance!* foram obrigados a interagir, mas como, ao mesmo tempo, esse produto agradou ao leitor que correu às bancas para adquiri-lo. É um percurso peculiar, matizado por conceitos de marketing, pesquisas de opinião e intuição jornalística, ao longo do qual esse "leitor-artefato" não vai se materializar claramente, ao mesmo tempo em que um leitor entusiasmado festejará o nascimento do jornal.

Dentro da lógica do futebol-empresa, que orienta o seu nascimento, o *Lance!* vai sair em busca de um leitor jovem, de classe média, com alto poder de consumo. A esses leitores-consumidores serão oferecidas, semanalmente, páginas com dicas para consumo de produtos esportivos, além de uma série de artifícios jornalísticos que aproximarão o jornal de uma revista em quadrinhos, infantilizada. Ao mesmo tempo, ainda que este não fosse o seu objetivo alardeado, o jornal alcança um universo considerável de leitores das classes C e D, igualmente jovens. Como agradar a esses dois públicos ao mesmo tempo? Para realizar essa tarefa, 40 dos 62 jornalistas contratados para a equipe inicial serão recrutados entre iniciantes ou estudantes de jornalismo – um índice de "juventude" sem precedentes no mercado. É uma medida que, por um lado, obedece a uma racionalidade econômica, reduzindo drasticamente os custos do jornal e, por outro, facilita o diálogo do jornal com os seus jovens leitores. Mattos trouxe para dentro do diário uma linha de frente naturalmente preparada – por sua formação cultural, cacoetes de linguagem e hábitos de consumo – a atingir o público-alvo sonhado pelo jornal.

No quarto e último capítulo pretendo mostrar como o *Lance!* reproduziu um padrão da imprensa esportiva brasileira ao se constituir como uma área reservada masculina, com participação feminina inferior a 10% em seus quadros. Ao evocar algumas situações ligadas à criação do jornal, espero conseguir mostrar como o ambiente de trabalho no jornal foi um espaço privilegiado para assistir, nas palavras de Erving Goffman, a transformação de corriqueiras situações sociais em cenas onde os dois sexos representaram típicos comportamentos de gênero. São exemplares desse "teatro" a atuação de Walter de Mattos à frente de seus comandados na fase de implantação do jornal, bem como o medo da única jornalista da redação em São Paulo de ficar com fama de "Maria chuteira" (como são chamadas as mulheres que namoram jogadores de futebol), sem contar as muitas brincadeiras colegiais e sexistas dos jovens jornalistas do diário[11].

---

11 Ver Erving Goffman, *L'arrangement des sexes*, Paris, La Dispute, 2002.

Um último, mas não menos interessante, problema envolvendo a criação do *Lance!* diz respeito ao projeto de fazer um jornal de alcance nacional, mas respeitando as especificidades da cada uma das suas duas sedes[12]. É uma idéia que implica em significativa redução de custos para o jornal, pois a redação de São Paulo produzia cerca de 70% do seu próprio jornal e "importava", totalmente prontos, os outros 30% da redação carioca, enquanto no Rio de Janeiro dava-se o processo exatamente inverso. A experiência de fazer um jornal de âmbito nacional, com troca permanente de páginas prontas, feitas no Rio e em São Paulo, apresenta uma série de dificuldades, tão fascinantes quanto insolúveis. Como publicar em São Paulo o relato de um jogo entre Flamengo e Corinthians, ocorrido no Maracanã, e escrito e editado no Rio, por jornalistas cariocas? Imagine que a equipe carioca venceu a partida por 4 a 1. Qual é o título certo desta reportagem, que será publicada no Rio e em São Paulo ao mesmo tempo? "Mengo massacra o Timão"? Ou "Timão vacila no Rio"? Quantas páginas o jornal vai publicar sobre esse jogo? Se forem seis no Rio e quatro em São Paulo, por exemplo, como fazer isso? Pretendo mostrar, por fim, no capítulo IV, que os problemas envolvidos nessa tarefa, que colocaram colegas das duas cidades em situações de conflito, têm menos relação com a tradição do bairrismo, apontado como um problema no futebol e na imprensa esportiva brasileira desde a segunda década do século XX, que com uma luta por espaço e poder dentro do jornal.

PROXIMIDADE E DISTANCIAMENTO

Meu envolvimento pessoal com o *Lance!* evidentemente está na origem desta pesquisa. Na condição de editor-executivo (o número 2, hierarquicamente) da redação em São Paulo, participei ativamente tanto da fase de preparação do jornal quanto do seu lançamento. Ajudei na concepção de inúmeras seções, no treinamento da equipe de estagiários e recém-formados,

12 Hoje são três. Além de São Paulo e Rio, o jornal produz uma edição local em Belo Horizonte.

além de ter estruturado o sistema de fechamento do jornal – uma série de procedimentos e rotinas que visavam atender às necessidades industriais de entregar o produto pronto para a gráfica no horário determinado.

Fui chamado para trabalhar no *Lance!* menos pelos meus conhecimentos esportivos ou por uma prática ligada ao jornalismo esportivo, e mais pela experiência profissional de onze anos que acumulava então no jornalismo. Comecei no jornalismo cultural, a área que mais me atraía. Trabalhei primeiro no *Jornal do Brasil* (Caderno B), depois em *O Estado de S.Paulo* (Caderno 2) e em seguida na *Folha de S.Paulo* (Ilustrada), sempre como repórter. Fiquei quase uma década na *Folha*, onde fui promovido e exerci cargos variados. Fui editor-assistente da Ilustrada, depois editor de Turismo, editor de Cidades (Cotidiano), correspondente em Roma e, por quatro anos, repórter especial, cargo atribuído a jornalistas mais experientes. Na comparação com um repórter regular, o repórter especial de um jornal é indicado para coberturas de temas e eventos para os quais o jornal espera um tratamento diferenciado. No período em que fui repórter especial, por exemplo, participei da cobertura da Copa do Mundo nos Estados Unidos (1994), dos Jogos Olímpicos de Atlanta (1996) e da conferência da ONU Habitat, em Istambul (1996).

Ao longo de sete meses de trabalho intenso no *Lance!*, acreditei que estávamos fazendo algo diferente, novo, na imprensa brasileira. Por esse motivo, e pensando num futuro trabalho acadêmico, colecionei no período vários documentos, como memorandos internos, atas de reuniões e mensagens por correio eletrônico que troquei com meus colegas de São Paulo e do Rio de Janeiro ao longo do trabalho. São conversas que testemunham, a quente, as dificuldades que enfrentamos no dia-a-dia da redação e as soluções que acabamos encontrando para os problemas que surgiram. A minha proximidade com o projeto e os seus integrantes também facilitou o posterior acesso, já na fase da pesquisa, aos demais protagonistas da história. Entrevistei 20 pessoas, entre jornalistas, fotógrafos e editores de arte, além de Mattos (por duas vezes), no esforço de reconstituir a história do nascimento do jornal. Visto hoje, dez anos depois do lançamento do *Lance!*, esse material exibe algumas fragilidades enquanto fonte de pesquisa. Como ficará explícito no capítulo IV, as minhas fontes primárias deslindam, em vários momentos, entreveros e rivalidades entre os participantes do projeto, inclusive este autor, a sinalizar uma batalha por espaço e poder dentro do jornal. Nesse sentido, sempre que possível, procurei confrontar as declarações ou informações das fontes com outras fontes, de maneira a explicitar ao máximo os conflitos em questão.

Há duas experiências recentes muito ricas na área de pesquisa sobre história do jornalismo e a produção de notícias, envolvendo pesquisadores-jornalistas, ou seja, profissionais que elaboraram relatos acadêmicos a partir de suas experiências pessoais. Uma é *Mil dias: Os bastidores da revolução em um grande jornal*[13]. Nesse trabalho, o jornalista Carlos Eduardo Lins da Silva relata em minúcias a implantação do chamado Projeto Folha, no início dos anos 80, do qual ele foi um dos principais protagonistas, ao lado de Otavio Frias Filho. No prefácio ao livro que publicou, Lins da Silva reconhece uma limitação do seu esforço, pois, embora apresentado como uma tese de livre-docência ao Departamento de Jornalismo e Editoração da ECA-USP, e tendo obtido a nota máxima, "o texto se adapta melhor à condição de um ensaio jornalístico do que à de um trabalho acadêmico nos moldes tradicionais". Já em *Sempre alerta*[14], tese de doutorado em Ciências Sociais apresentada à PUC-SP, em 1992, Jorge Cláudio Ribeiro investiga "condições e contradições do trabalho jornalístico" a partir de sua experiência pessoal como jornalista nas redações da *Folha de S.Paulo* e *O Estado de S.Paulo* em meados dos anos 80 e início dos anos 90. Diferentemente de Lins da Silva, Ribeiro ocupou cargos subalternos nos dois jornais no período em que trabalhou.

Enquanto *Mil dias* sublinha os aspectos positivos do processo de mudanças que o autor ajudou a implementar na *Folha, Sempre alerta* chama a atenção para o fato de que os dois jornais buscaram no período estudado, cada um à sua maneira, modernizar as suas técnicas e métodos de organização, em busca de um produto jornalístico de melhor qualidade, sem nunca abandonar métodos arcaicos de normatização e controle dos jornalistas. Tanto o "liberal-autoritarismo" da *Folha* quanto a "pa-

13 Carlos Eduardo Lins da Silva, *op. cit.*.

14 Jorge Cláudio Ribeiro, *op. cit.*

ternal-aristocracia" do *Estado*, para usar as caracterizações do autor, seriam faces de uma mesma estrutura de poder, uma mesma indústria, um mesmo negócio. Com três anos de distância em relação ao estudo que precedeu o seu, Ribeiro elogia *Mil dias* pelo "importante acúmulo de informações", mas ressalva que o trabalho acadêmico de Lins da Silva "é freqüentemente prejudicado pela falta de distanciamento crítico, necessário a um trabalho científico".

Antes de me decidir por esta pesquisa, me perguntei se meu envolvimento pessoal com o *Lance!* poderia ser um empecilho, se eu seria capaz, como coloca Ribeiro a respeito da sua tarefa, de achar um ponto de equilíbrio entre a proximidade, que a vivência profissional me facultou, e o distanciamento, exigido pela pesquisa. Acredito que seja possível, ainda que reconheça os riscos envolvidos na tarefa. Deixei o jornal por vontade própria, depois de sete meses, em abril de 1998, para integrar o projeto de criação de um novo veículo, a revista semanal *Época*[15]. Não guardei qualquer tipo de ressentimento que poderia dar algum viés à pesquisa. Por outro lado, não mantenho relações de qualquer tipo com o jornal há nove anos. Acredito ser capaz de olhá-lo com espírito crítico aguçado, ao mesmo tempo em que, julgo, posso usar a favor do estudo a proximidade que tive com ele.

Temo, porém, que este estudo possa não estar formatado exatamente nos moldes de um trabalho acadêmico, assim como talvez falte a ele o referencial teórico desejável. Encaro essa limitação como um mal inevitável ao longo de um processo em que, na minha visão, só acumulei ganhos. Desde o momento em que propus apresentar este projeto ao Programa de Pós-Graduação em Sociologia do Departamento de Sociologia da FFLCH até defendê-lo, por três anos, ouvi uma mesma pergunta: Por que estudar a história do *Lance!* na Sociologia? Ao me aceitar como aluno, desde que eu fosse aprovado no exame de seleção, a primeira orientação do professor

15 Fui editor de Cultura da *Época* do lançamento da revista, em maio de 1998, a abril de 2001. Transferi-me, então, para a revista *CartaCapital*, que se preparava para se tornar semanal. Fui editor de Cultura e, a partir de janeiro de 2005, redator-chefe da revista. Em novembro de 2006, deixei a *CartaCapital* para me dedicar exclusivamente à redação da dissertação de mestrado que resultou neste livro.

Sérgio Miceli foi: "A banca [no processo de seleção] fará esta pergunta". O que de fato aconteceu. Como a pergunta pode ser feita mais uma vez, vou procurar respondê-la em detalhes.

Uma primeira parte da resposta está relacionada à experiência que tive como professor de jornalismo, entre 2001 e 2003, na Faculdade Cásper Líbero, em São Paulo. Ali convivi com um grande número de alunos de excelente nível de formação, muitos dos quais estavam fazendo, ao mesmo tempo, um segundo curso de graduação, em Ciências Sociais ou História, na USP. Eram alunos que me traziam questionamentos mais densos e elaborados que os estudantes que apenas faziam a faculdade de jornalismo. Entendi, neste momento, que não poderia prosseguir na carreira acadêmica sem estar mais bem preparado para dialogar com esses alunos. Poderia, porém, como a maioria dos meus colegas, buscar uma pós-graduação na área de Comunicação. Há muitos, e bons, cursos nesta área. Optei pela Sociologia, e esta é a segunda parte da resposta, mobilizado pelo desejo de ampliar a minha formação e o meu quadro de referências. Há quase duas décadas dedicado ao jornalismo, entendi que teria muito a ganhar, como pesquisador, se fosse capaz de alargar o escopo desta investigação em um centro de excelência em ciências humanas e, além de tudo, acolhedor e generoso com alunos de outras áreas – o que comprovei ao longo desse período na FFLCH.

O percurso deste projeto de pesquisa expõe, a meu ver, como esta mudança enriqueceu o trabalho. Originalmente, pensava relatar a história do nascimento do jornal com base em recursos, quase exclusivamente, do repertório jornalístico. Se tivesse seguido nesse caminho, imagino, teria escrito uma grande reportagem, de fácil leitura, mas menos interesse, seguramente, do que a feição que o trabalho tomou ao longo dos últimos três anos. O mestrado e, especialmente, a orientação do professor Sergio Miceli "engravidaram" este trabalho. Não previa, na versão inicial, reconstituir a história dos jornais e jornalistas que antecedem o *Lance!*. Creio que este esforço de inteligibilidade deu uma outra dimensão à pesquisa, ao mostrar o lugar do jornal vinculado a uma linha do tempo que tem uma história e uma lógica. Da mesma forma, só depois de começar o mestrado, fui levado a entender que o perfil de Walter de Mattos ganharia outro peso se confrontado com o de outros personagens, cujas trajetórias poderiam aclarar a dele. Ao estudar o projeto editorial do *Lance!*, tive dificuldades de avançar na sua compreensão enquanto me limitei a ouvir o discurso dos protagonistas. Ao começar a ler o jornal com olhos de pesquisador, e não mais como de alguém que participou da sua criação, creio que a pesquisa enriqueceu-se e alguns problemas fundamentais foram destrinchados. Foi graças ao olhar da sociologia, ainda, que me foi chamada a atenção para um problema evidente, a questão de gênero envolvida no jornal, para o qual não estava dando a devida atenção no início do trabalho.

Por fim, a opção de fazer pós-graduação me seduzia pela possibilidade de atravessar o fosso que, claramente, separa as universidades das redações – deixar de ser apenas um jornalista falando da sua prática para ser também um pesquisador do assunto. Érik Neveu, em sua introdução aos estudos de sociologia do jornalismo, lista a "ambigüidade das relações entre jornalistas e professores universitários" como um dos "preconceitos normativos" que obstaculizam um conhecimento distanciado das práticas jornalísticas[16]. Neveu avalia que os conflitos cresceram nas últimas três décadas em função do aumento do poder dos jornalistas tanto em termos de consagração de obras culturais quanto de seleção de intelectuais para intervir como "autoridades" em debates públicos. Esse poder alimenta, entre alguns jornalistas, um claro antiintelectualismo, que é confrontado, por alguns acadêmicos, com o que Neveu chama de "tentação de denúncia", um ressentimento latente. São dois mundos aparentemente incompatíveis, que vivem mandando mensagens hostis um ao outro. Para um jornalista, a academia parece dizer que o saber produzido em revistas e jornais é tão superficial que nem merece qualificação. Nas redações, o conhecimento produzido nas universidades é freqüentemente julgado como hermético ou incompreensível. A opção pela Sociologia, particularmente, estava ligada a um sentimento de que aqui eu teria uma perspectiva desse conflito em um ambiente um pouco menos hostil aos jornalistas do que nas escolas de pós-graduação em Comunicação, onde, segundo relatos que ouço, os conflitos com profissionais que se dedicam

16 Érik Neveu, *Sociologia do jornalismo*, São Paulo, Edições Loyola, 2006, pp. 13-15.

à prática em redações não são poucos. Ainda assim, sei que fui olhado com curiosidade ao longo do curso, por colegas e professores, intrigados com a proposta de trabalho deste "jornalista".

Sempre soube que este estudo iria pagar algum pedágio à minha história e à minha formação. Trabalhei seguidamente, por 20 anos, dentro de redações de jornais e revistas. Evidentemente, esta experiência está entranhada no trabalho. Há cacoetes insuperáveis, incorporados como prática profissional, que talvez sejam incompatíveis com a pesquisa acadêmica. Durante o trabalho, por exemplo, me deparei com uma passagem obscura, preconceituosa, em um livro escrito por um jornalista conhecido meu. Se citado na dissertação, esse trecho facilitaria a minha argumentação a respeito dos preconceitos masculinos no jornalismo esportivo. Não resisti, porém, ao impulso de entrevistar o autor e interpelá-lo sobre a passagem. Ele reconheceu que o trecho citado do livro permitia a leitura que eu estava fazendo, desabonadora para ele, e prometeu revê-lo na próxima edição[17].

Estou longe de ser a pessoa certa para fazer esse julgamento, mas encerro esta fase com a impressão de que mergulhar na história do *Lance!* na Sociologia tornou a pesquisa muito mais rica e interessante.

17 O caso está relatado na abertura do capítulo IV.

I – Antecedentes

Das "cavernas" a Cásper, Mazzoni e Mario Filho

A configuração da imprensa brasileira em termos capitalistas, nos moldes que ainda a conhecemos hoje, começa a se esboçar no final do século XIX, ganha impulso durante o Estado Novo, apesar da censura, e deita raízes no pós-guerra, com o fim da ditadura e a consolidação urbano-industrial do país. Esse processo foi descrito de forma pioneira, e em detalhes, por Nelson Werneck Sodré[1] e Juarez Bahia[2]. Essas obras, em que pesem interpretações discutíveis, tornaram-se referência pela quantidade de dados e informações coletadas[3].

As primeiras décadas do século passado são também aquelas em que a imprensa esportiva, no embalo da popularização do futebol, dá os seus primeiros passos significativos no país. Curiosamente, Werneck Sodré e Bahia praticamente ignoram o jornalismo esportivo em seus livros. O primeiro, quando muito, cita as datas de nascimento de alguns periódicos importantes e os jornalistas que os dirigiram. O segundo chega a dedicar um capítulo, mas muito pouco esclarecedor, ao assunto.

Fenômeno inverso ocorre com os estudos a respeito da disseminação do futebol no Brasil. Apesar de ser quase um clichê a reclamação sobre a falta de pesquisas sobre o tema, o esporte é hoje objeto de investigação em diferentes centros universitários do país e já exibe uma razoável bibliografia, construída ao longo dos últimos 25 anos, sobre os seus mais

1 Nelson Werneck Sodré, *op. cit.* A primeira edição é de 1966.

2 Juarez Bahia, *op. cit.* A primeira versão do livro é de 1964.

3 Desde os anos 80, os principais estudos que envolvem aspectos históricos da imprensa brasileira dialogam criticamente com esses dois autores.

variados aspectos[4]. Os primeiros momentos do futebol, em particular, têm sido farta e calorosamente discutidos, enquanto muito pouco se pesquisou especificamente sobre os primeiros momentos do jornalismo esportivo. Para quem se interessa pelo papel da imprensa nesse processo, as principais informações disponíveis encontram-se, quase sempre, como elemento secundário ou acessório nos estudos que historiadores, sociólogos, antropólogos, professores de literatura e mesmo jornalistas têm dedicado ao início do futebol no Brasil.

Ainda que possa parecer enfadonho ou repetitivo revisitar uma bibliografia de certa forma já "batida", o meu esforço na leitura desse material será no sentido de agrupar e realçar algumas das menções feitas aos primórdios do jornalismo esportivo na tentativa de entender em que bases se constituiu essa especialidade da imprensa no Brasil. Mais que isso, acredito, nesse percurso será possível verificar de que forma o jornalismo esportivo relacionou-se com as mudanças ocorridas no mundo do esporte e qual foi a sua participação nesse processo. É um caminho que me parece necessário percorrer em uma pesquisa com a ambição de compreender o lugar que o *Lance!* ocupa nesse campo.

Não poderia avançar sem antes comentar o estudo de Marcelino Rodrigues da Silva, dedicado a mostrar o papel de Mario Filho na "construção de um discurso moderno" no Brasil, no qual o autor procura entender qual foi a participação daquele jornalista nas mudanças que ocorreram

---

4 O sociólogo argentino Pablo Alabarces credita a uma coletânea de estudos organizada por Roberto DaMatta, com data de 1982, "a primeira tentativa sistemática na universidade latino-americana" de abordar o assunto. Ver *Peligro de gol:* Estudios sobre deporte y sociedad en América Latina, Buenos Aires, Clacso, 2000, p. 14. O estudo ao qual o sociólogo se refere é *Universo do futebol:* Esporte e sociedade brasileira, Rio de Janeiro, Pinakotheke, 1982. Alabarces nomeia a Unicamp (SP), a UERJ e a Gama Filho (RJ), e o grupo "Esporte e Mídia" (hoje rebatizado como "Comunicação Científica") da Sociedade Brasileira de Estudos Interdisciplinares da Comunicação (Intercom) como os principais centros acadêmicos brasileiros de estudos sobre o futebol.

no mundo do futebol na primeira metade do século XX[5]. Antes de expor os resultados de sua detalhada pesquisa, Silva apresenta um levantamento bibliográfico sob recorte inédito, no qual comenta a interpretação de diferentes estudiosos ao processo de adaptação do futebol no país e a forma como eles enxergaram o papel do jornalismo esportivo no processo.

O pesquisador destaca, primeiro, a obra de Joel Rufino dos Santos, defensora da idéia de que o Estado (com a ajuda da imprensa) estimulou a popularização do futebol entre as classes populares para abafar atividades políticas e sindicais no início do século XX[6]. Os jornais, portanto, segundo essa tese, teriam sido instrumento do Estado no uso do esporte como uma espécie de ópio do povo. Plínio José Labriola de C. Negreiros, na visão de Silva, formula tese semelhante, ao defender que o Estado Novo (com os préstimos de jornalistas e empresários da comunicação) apropriou-se do esporte para difundir os seus ideais nacionalistas[7]. Já Waldenyr Caldas, autor de um estudo sobre a trajetória inicial do futebol brasileiro, teria entendido, segundo o pesquisador, que o processo de profissionalização do futebol, nos anos 30, decorreu de um conflito entre capital e trabalho (no qual a pequena burguesia urbana – por intermédio de alguns jornalistas – apoiou os atletas que não eram da elite)[8]. Caldas, concede Silva, recusa a idéia de que o esporte foi usado pelo Estado, mas "pouco avança", ainda

5 Marcelino Rodrigues da Silva, *Mil e uma noites de futebol*, Belo Horizonte, UFMG, 2006, versão da tese de doutorado apresentada no programa de Literatura Comparada da UFMG.

6 Joel Rufino dos Santos, *História política do futebol brasileiro*, São Paulo, Brasiliense, 1981. Do mesmo autor, ver também "Código, padrão e respeito", em Marcia Regina da Costa *et al.* (org.), *Futebol, espetáculo do século*, São Paulo, Musa, 1999.

7 Plínio J. L. de C. Negreiros, "Construindo a nação: futebol nos anos 30 e 40", em Marcia Regina da Costa, *et al., op. cit.* O artigo é uma versão da tese de doutorado *A nação entra em campo:* futebol nos anos 30 e 40, apresentada ao programa de Estudos Pós-graduados em História, PUC, São Paulo, 1998.

8 Waldenyr Caldas, *Pontapé inicial, memória do futebol brasileiro*, Ibrasa, 1990, versão da tese de livre-docência apresentada ao Departamento de Comunicação e Artes da Escola de Comunicação e Arte da USP.

assim, na análise do papel da imprensa esportiva "nas transformações vividas pelo esporte brasileiro" no período[9]. Leonardo Affonso de Miranda Pereira, ao analisar o modo como o futebol foi interpretado por diferentes grupos sociais nas primeiras décadas do século XX[10], segundo Silva, sugere que o discurso da imprensa deve ser visto como "manifestações diretas das idéias e dos interesses da classe dominante e como partes de uma operação de manipulação ideológica realizada pelo Estado Novo"[11]. Por fim, José Sergio Leite Lopes, defende o pesquisador, é o autor que apresenta "a visão mais interessante" do papel da imprensa no período, ao mostrar como Mario Filho foi figura central no desenvolvimento do jornalismo esportivo brasileiro[12] e, mais que isso, teria sido um dos "responsáveis pela conversão do futebol em espetáculo de massas no país"[13].

Esse levantamento, em que pese a originalidade de seu recorte, me parece altamente insatisfatório. Em primeiro lugar, por reduzir e desidratar pesquisas muito relevantes, como *Footballmania*, de Leonardo Pereira, e *Pontapé Inicial*, de Waldenyr Caldas. Em segundo lugar, por ignorar outros estudos importantes que tratam do assunto, como os de Luiz Henrique de Toledo[14] e José Renato de Campos Araújo[15]. Por fim, ao ler a bibliografia sobre o futebol brasileiro com esses olhos, Silva ignora uma série de particularidades da imprensa esportiva, determinantes

---

9 Marcelino Rodrigues da Silva, *op. cit.*, p. 23.

10 Leonardo Affonso de Miranda Pereira, *Footballmania:* Uma história social do Rio de Janeiro, 1902-1938, Rio de Janeiro, Nova Fronteira, 2000, versão da tese de doutorado apresentada ao programa de História Social da Unicamp.

11 Marcelino Rodrigues da Silva, *op. cit.* p. 24.

12 José Sérgio Leite Lopes, "A vitória do futebol que incorporou a pelada", *Revista USP*, jun/ago 1994 - Dossiê Futebol, p. 77.

13 Marcelino Rodrigues da Silva, *op. cit.* p. 24.

14 *Lógicas no futebol*, São Paulo, Hucitec, 2002, versão da tese de doutorado apresentada ao programa de Antropologia Social da USP.

15 *Imigração e futebol:* O caso Palestra Itália, São Paulo, Editora Sumaré, 2000, versão da dissertação de mestrado apresentada ao Instituto de Filosofia e Ciências Humanas da Unicamp.

para entender os seus procedimentos no período, e perde de vista como ela se envolveu, ou foi envolvida, em uma série de conflitos "menores", mas tão ou mais reveladores da prática jornalística e do mundo do futebol no período em questão.

CORTE DE CLASSE, CHOQUE ÉTNICO E BAIRRISMO

Apesar de algumas discordâncias[16], é aceito, para o fim de estabelecer uma cronologia, que o futebol foi introduzido no Brasil por meio de filhos de imigrantes europeus e adotado pelas elites urbanas a partir de meados dos anos 1890[17]. E que, em poucas décadas, o jogo deixou de ser uma diversão exclusiva dos bem nascidos para se tornar o esporte mais popular nos principais centros urbanos do país, praticado e apreciado tanto pelo alto quanto pela base da pirâmide social.

A disseminação do futebol no Rio de Janeiro, então capital federal, é o tema central do já citado *Footballmania*, de Leonardo Pereira, ao qual recorrerei com freqüência nesta descrição. Não há uma obra com nível equivalente de detalhamento e pesquisa sobre os primórdios do futebol em São Paulo. O estudo de Waldenyr Caldas ajuda bem a visualizar esse processo, da mesma forma que as pesquisas do historiador Fabio Fran-

---

16 Ver, por exemplo, José Moraes dos Santos Neto, *Visão do jogo:* Primórdios do futebol no Brasil, São Paulo, Cosac & Naify, 2002.

17 Charles Miller, filho de pai inglês e mãe brasileira, trouxe para São Paulo, ao retornar de um período de estudos na Inglaterra, em 1894, um livro com as regras do esporte praticado na Inglaterra, duas bolas, uma bomba para enchê-las, dois jogos de camisa e um par de chuteiras. É considerado o "pai" do futebol no Brasil. O alemão Hans Nobiling, que jogava no clube Germânia, de Hamburgo, fundou um clube com esse mesmo nome (hoje clube Pinheiros), em São Paulo, em 1897. No Rio, Oscar Cox, filho de um diplomata inglês, ao regressar de uma temporada em Lausanne, em 1897, é considerado o introdutor do futebol no Rio de Janeiro.

zini[18] e do cientista social José Renato de Campos Araújo – esta última tendo como tema central a origem do Palestra Itália. Boas informações também são encontradas em um estudo pioneiro, de Anatol Rosenfeld, escrito nos anos 50, originalmente para o leitor alemão, e depois publicado no Brasil[19]. Ainda que não seja o tema central de estudo, outra boa descrição do impacto do futebol sobre São Paulo, especialmente nos anos 20, encontra-se na obra de Nicolau Sevcenko sobre o processo de urbanização que transformaria a cidade numa metrópole moderna[20].

A aclimação do *football* aos trópicos, longe de ter sido um processo tranqüilo, foi marcada por tensões, contradições e conflitos de toda ordem. Gostaria de abordar, ainda que de passagem, três desses conflitos que saltam aos olhos nos primórdios do futebol. O mais importante, naturalmente, é o corte de classe que afeta de forma profunda a prática do esporte. O segundo, um desdobramento do primeiro, expõe as dificuldades de comunidades de imigrantes em sua adaptação ao Brasil. O terceiro opõe São Paulo e Rio de Janeiro, os principais centros urbanos do país. São pólos de tensão que, em última instância, ajudam a compreender o nascimento e a glória dos dois principais jornais esportivos do país à época, *Gazeta Esportiva* e *Jornal dos Sports* – exatamente os dois jornais que, 60 anos depois, servirão de referência, supostamente como antimodelos, no papel de "velhos" a serem superados, ao nascimento do *Lance!*

Incorporado pelas elites paulistas e cariocas como um de seus esportes preferidos, nos primeiros anos do século XX, o futebol rapidamente se estabeleceu em bases competitivas, deixando de ser apenas uma forma de lazer. Em 1901, cinco clubes (Paulistano, Germânia, Mackenzie, Internacional e São Paulo Athletic Club) fundaram a Liga Paulista

---

18 Fabio Franzini, *Corações na ponta da chuteira*, Rio de Janeiro, DP&A Editora, 2003, adaptação de dissertação de mestrado apresentada ao Departamento de História da Faculdade de Filosofia, Letras e Ciências Humanas da USP.

19 Anatol Rosenfeld, "O futebol no Brasil", em *Negro, macumba e futebol*, São Paulo, Editora Perspectiva, 1993.

20 Nicolau Sevcenko, *Orfeu estático na metrópole*, São Paulo, Companhia das Letras, 2003, especialmente o capítulo 1, p. 23-88

de Foot-ball. (LPF). Em 1905, é a vez de Fluminense, Botafogo, Bangu e Atletic and Foot-ball Club fundarem, no Rio, a Liga Metropolitana de Foot-ball. As duas ligas proíbem a remuneração tanto de atletas quanto de dirigentes, o que limita a prática do esporte nesses clubes aos extratos ricos da população, e criam uma série de regras dificultando a entrada de novos clubes nas associações. O futebol logo se torna, nas palavras de Pereira, "um modismo elegante"[21]. As arquibancadas, lotadas de cavalheiros distintos e senhoritas com vestidos claros, "pareciam um salão de festas"[22]. Quando viajavam para confrontos interestaduais, os representantes do Fluminense ou do Paulistano levavam o smoking na mala e se alojavam nos melhores hotéis[23].

Já em 1905, anota Pereira, a mesma imprensa que realça o fato de os jogos do Fluminense reunirem na arquibancada "uma juventude elegante e seleta", também repara que uma pequena multidão de curiosos assistia às partidas em cima de telhados e muros[24]. Em maio de 1907, a Liga Metropolitana enviou a seus associados um ofício, informando: "Não serão registrados como amadores nesta liga as pessoas de cor". A medida atinge em cheio o Bangu, clube fundado em 1904 por funcionários ingleses da tecelagem Companhia Progresso Industrial, mas que logo incorporou operários brasileiros ao time. Caldas considera que "a democratização do futebol no Brasil" tem sua origem no The Bangu Athletic Club[25]. "À segregação social, que afastava os trabalhadores manuais, somava-se agora a exclusão racial – que tentava fazer do esporte um monopólio de jovens rapazes brancos e endinheirados, em que não haveria lugar para trabalhadores recém-egressos da escravidão", observa Pereira[26].

---

21 Leonardo Affonso de Miranda Pereira, *op. cit.* p. 35.

22 *Idem*, p. 74.

23 Anatol Rosenfeld, *op. cit.*, p. 80.

24 Leonardo Affonso de Miranda Pereira, *op. cit.* p. 57.

25 Ver o tópico "Bangu: uma elite operária do futebol?". Caldas, *op. cit.*, p. 29-33

26 Leonardo Affonso de Miranda Pereira, *op. cit.*, p. 66.

Os jornais reforçam o caráter elitista desses primeiros passos do futebol. Em sua minuciosa pesquisa, Pereira registra como os diários cariocas preocupam-se menos com as partidas de futebol propriamente ditas que com o evento social que gira em torno delas. Eventos que contam com as "mais distintas famílias da sociedade fluminense", participantes de uma "festa animadíssima", que fazem do futebol "mais um ponto de *rendez-vous*, aos domingos, ao chic carioca"[27]. Para ilustrar os textos, os jornais utilizam fotos dos atletas e lances das partidas, mas também imagens da platéia, destacando as moças bem vestidas e os rapazes de terno, gravata e chapéu. O uso de expressões de língua inglesa, que compunham o jargão do futebol, misturado aos termos em francês, então de uso corrente pelas elites urbanas, é outra marca de distinção social, vedada aos que não pertenciam a esse universo, observa, com propriedade, Marcelino Rodrigues da Silva[28].

Mesmo segregado, o futebol vai se espalhar pelos subúrbios do Rio de Janeiro e pelos bairros de trabalhadores de São Paulo. Clubes serão fundados em todos os cantos, associações vão funcionar de forma alternativa às ligas que se impuseram como "oficiais"[29]. Dois mundos. E, como tais, enquadrados pelos jornais. "Para os primeiros jornalistas esportivos, assim como para os primeiros dirigentes, havia o 'grande futebol', o das elites, e o 'pequeno futebol', dos times de várzea", anota o historiador José Moraes dos Santos Neto[30].

O acesso de um time formado por operários do subúrbio, o Andaraí, à primeira divisão do futebol fluminense, em 1915, amplia as discussões sobre a necessidade de reforçar o regime amador no esporte.

27 Leonardo Affonso de Miranda Pereira, p. 74-75.

28 Ibidem, p. 48.

29 Elas não poderiam ser reconhecidas como ligas oficiais de direito antes de 1923, quando a Confederação Brasileiras de Desportos se filiou à Fifa, a federação internacional que regula o futebol mundial. A rigor, só com a criação do Conselho Nacional de Desportos (CND), em 1941, é possível falar em ligas ou federações estaduais reconhecidas por lei.

30 José Moraes dos Santos Neto, *op. cit.*, p. 53.

Sem pruridos de explicitar o desconforto causado pela "democratização" em curso, provocada pelo Andaraí, Alberto Silvares, no duplo papel de segundo-secretário da Liga Metropolitana e diretor da revista *Sports*, escreve: "O *football* é um *sport* que só pode ser praticado por pessoas da mesma educação e cultivo[31]. Para alcançar seu objetivo, Silvares propôs a criação de três diferentes divisões no futebol do Rio: uma para jogadores que pudessem comprovar uma alta renda mensal e não serem trabalhadores braçais; uma segunda para operários, serventes condutores, etc; e uma terceira para "praças e inferiores de qualquer corporação armada"[32]. A proposta, registra Pereira, foi acolhida com entusiasmo pelo redator esportivo de *O Imparcial*. Segundo o jornalista, lucrariam com a idéia não apenas "os foot-ballers de maior educação", como também "os menos educados, que se sentiriam obrigados, para não passarem como tais, a seguir o exemplo daqueles".

Dois times fundados por imigrantes terão papel importante no processo de democratização do futebol. Em São Paulo, o Palestra Itália (futuro Palmeiras); no Rio de Janeiro, o Vasco da Gama. No estudo que dedicou ao clube paulistano, José Renato de Campos Araújo descreve a trajetória do time paulistano tendo como uma de suas fontes principais a leitura das páginas esportivas de *O Estado de S.Paulo* entre as décadas de 10 e de 40.

A pesquisa vai, em primeiro lugar, ajudar a desfazer um mal entendido criado pelo dramaturgo Nelson Rodrigues, reforçado pelo escritor Ruy Castro e sacramentado pelo antropólogo José Sergio Leite Lopes, a respeito das origens da imprensa esportiva brasileira. Num texto que escreveu em homenagem a Mario Filho, Rodrigues afirmou que o nascimento da crônica esportiva data de 1927, quando seu irmão assumiu a página de esportes do diário *A Manhã*. "O que era a crônica esportiva antes de Mario Filho? Simplesmente não era, simplesmente não havia. Sim, a crônica esportiva estava

31 O texto aparece na revista *Sports*, assinado com o pseudônimo Joffre. *Apud* Leonardo Alfonso de Miranda Pereira, *op. cit.*, p. 115.

32 Leonardo Alfonso de Miranda Pereira, *op. cit.*, p. 116;

na sua pré-história, roía pedra nas cavernas" [33]. Na biografia dedicada ao dramaturgo, Castro recupera essa citação e acrescenta: "Nelson não estava exagerando"[34]. Leite Lopes, em seu pioneiro estudo sobre Mario Filho, aceita a tese, ao observar que o jornalista "praticamente inventou o jornalismo esportivo como gênero no Brasil no início dos anos 30"[35].

Araújo mostra como, desde a década de 10, *O Estado de S.Paulo* já dispõe de uma seção de esportes, diária, com grande vitalidade, que não se limita a trazer os resultados das partidas, mas também apresenta reportagens sobre os preparativos de jogos, comenta as escalações dos times e, até, publica estatísticas sobre determinados confrontos. Como já vimos, a pesquisa de Leonardo Pereira, centrada no futebol do Rio de Janeiro, está repleta de exemplos que mostram a energia da imprensa esportiva na segunda década do século.

Marcelino Rodrigues da Silva, cujo objeto de estudo é justamente o trabalho jornalístico de Mario Filho, também trata dessa questão em sua pesquisa. Na sua visão, os textos de Nelson Rodrigues, Ruy Castro e José Sergio Leite Lopes apresentam uma "imagem esquemática" da imprensa esportiva nas primeiras décadas do século XX e alimentam uma "mistificação" a respeito de Mario Filho[36].

Luiz Henrique de Toledo, ao reconstituir algumas dos conflitos que "consolidaram o desenvolvimento da crônica especializada no campo jornalístico"[37], procura atenuar a polêmica que Araújo estabelece com Leite Lopes. Na sua visão, o que está em jogo, ao se valorizar o papel de Mario Filho, não é uma questão de pioneirismo, mas de estilo. Mario Filho seria responsável por uma "reinvenção" da crônica esportiva. Aliás, lembra Toledo, tal papel também foi atribuído a outros jornalistas, como Max Va-

33 Nelson Rodrigues, "O homem fluvial". Publicado em setembro de 1966 em *Manchete Esportiva*, reproduzido a título de introdução no livro Mario Filho, *O sapo de Arubinha*, São Paulo, Companhia das Letras, 1994, p. 7-11.

34 Ruy Castro, *O anjo pornográfico*, São Paulo, Companhia das Letras, 1992, pág. 114.

35 José Sérgio Leite Lopes. "A vitória do futebol que incorporou a pelada", *op. cit.*, p. 62.

36 Marcelino Rodrigues da Silva, *op. cit.*, p. 34-37.

37 Luiz Henrique de Toledo, *op. cit.*, p. 161.

lentim, em *O Imparcial* (RJ), e Cásper Líbero, em *A Gazeta* (SP), ambos na segunda metade da década de 20. Por isso, anota Toledo, comentando a pesquisa de Araújo,

> embora a ênfase entusiasta do diário paulista (*O Estado de S.Paulo*) possa, de fato, comprovar a crescente popularização do futebol nas páginas dos jornais já nos anos 10, a polêmica em torno da invenção ou reinvenção refere-se, especificamente, mais ao estilo do que propriamente à presença ou ausência de cobertura jornalística sobre o assunto[38].

O Palestra Itália foi fundado em 26 de agosto de 1914, a partir de uma convocação feita aos imigrantes italianos de São Paulo publicada em um jornal de língua italiana, o *Fanfulla*. Desde o início, o objetivo dos fundadores é criar um time para disputar as partidas da liga que então reunia a elite do futebol paulistano, a APSA (Associação Paulista de Sports Athléticos), e não da LPF (Liga Paulista de Football), que agrupava outros times, menos expressivos. Ao noticiar o pedido de filiação do Palestra à APSA, o *Estadão* explicita o lugar peculiar desses candidatos à elite do futebol: "Esta sociedade [é] composta de conceituados moços pertencentes à colônia italiana de São Paulo"[39].

Araújo ressalta como os membros da comunidade italiana fundadores do Palestra, provenientes dos estratos médios da sociedade, percebiam o futebol como um agente de inserção social na elite. Embora houvesse, então, uma série de outras equipes formadas por imigrantes italianos, o clube buscava sempre enfrentar adversários de fora da colônia, de preferência o Paulistano, time que representava a elite cafeeira. Ao ler com cuidado *O Estado de S.Paulo*, Araújo vai se espantar com a maneira pela

38 Luiz Henrique de Toledo, *op.cit.*, p. 165.

39 *Apud* José Renato de Campos Araújo, *op. cit.*, p. 85.

qual o diário paulistano – legítimo representante dessa mesma elite[40] – noticia os confrontos do Palestra. "Um fato que começa a aparecer com maior clareza (em 1917) é a parcialidade da imprensa desportiva"[41]. Não importa contra quem a equipe jogue, o *Estadão* publica a escalação do time adversário e ignora os jogadores do clube dos imigrantes italianos. Em uma partida decisiva contra o Mackenzie, terminada 1 a 1, o jornal informa o resultado e a escalação do adversário do Palestra. Apenas isso. "A parcialidade da imprensa fica ainda mais evidente, considerando que o Palestra Itália disputava a primeira colocação do certame e o Mackenzie ocupava a última colocação", anota o pesquisador[42].

A série de exemplos do que, na visão de Araújo, revela um tratamento desigual ao time de imigrantes italianos estende-se à década de 30, quando o Palestra já era uma das principais equipes da cidade. O pesquisador seleciona trechos de uma reportagem sobre a vitória do Palestra sobre o Corinthians por 5 a 1, em 1933, para expor a inversão total na lógica da notícia que o *Estado de S.Paulo* produziu ao destacar as qualidades do time que perdeu e chamar a atenção para defeitos da equipe que venceu por 5 a 1:

> Contudo, a ação da linha de avantes salvou o club do Parque São Jorge de um fracasso maior. Notamos porém uma falha: morosidade e insegurança nos momentos que requeriam ação rápida. Por isso, poucas foram as vezes que o excelente guardião do Palestra teve que intervir (...) O seu êxito (do Palestra) se deve mais aos remates freqüentes da linha de avantes, remates de ações individuais, porque os ataques foram, em

40 Ver Maria Helena Capelato e Maria Ligia Prado, *op. cit.*

41 José Renato de Campos Araújo, *op. cit.*, p. 105.

42 José Renato de Campos Araújo, *op. cit.*, p. 106.

> sua maioria, pessimamente finalizados, conseqüência, aliás, da ausência de uma eficaz atuação do conjunto[43].

Parcialidade, má vontade, preconceito? Independentemente do que motiva *O Estado de S.Paulo* no período, é evidente que a questão étnica relacionada ao Palestra não escapa ao alcance do jornal. Em 1918, há uma briga num jogo entre Paulistano e Palestra por causa de um pênalti. E o time dos imigrantes italianos se retira da liga em protesto contra a decisão do juiz da partida. Ao comentar o episódio, o jornal anotará, de forma ambígua: "Essa preocupação de dizer que são italianos que jogam contra brasileiros (...) é que tem sido a causa principal desses lastimosos factos"[44].

O Palestra vai ajudar a romper com o corte de classe estabelecido nos primórdios do futebol brasileiro ao atrair para o seu time um sem número de operários e trabalhadores manuais. Vai, porém, inaugurar um outro corte, em bases étnicas, ao privilegiar desde o início os trabalhadores de origem italiana. "Mesmo que não existisse uma seleção rigorosa nesse sentido, dificilmente um não-italiano se empenharia em participar do Palestra Itália como jogador ou associado, numa sociedade que no início do século tanto estigmatizou o imigrante, em especial o italiano", anota Araújo[45].

Nos primeiros anos da década de 30, quando as discussões sobre a adoção do profissionalismo em substituição ao amadorismo estão mais acaloradas, o time de imigrantes italianos será alvo de críticas violentas de *O Estado de S.Paulo*. O jornal posicionou-se contra a mudança de regime, em sintonia com a posição de equipes como o Paulistano, defensoras do

43 *O Estado de S.Paulo*, 9 maio 1933, *apud* José Renato de Campos Araújo, *op. cit.*, p. 122.

44 *O Estado de S.Paulo*, 30 jun 1918. A citação me foi cedida pelo pesquisador André Fontenelle, co-autor, com Valmir Storti, de *A História do Campeonato Paulista*, São Paulo, Publifolha, 1997.

45 José Renato de Campos Araújo, *op. cit.*, p. 123

futebol praticado pelos ricos e diletantes. O Palestra é acusado em inúmeras reportagens de ser "o campeão do falso amadorismo", ou seja, a equipe que mais remunera "por baixo do pano" os seus jogadores.

> Em São Paulo essa prática foi mais difundida do que em outros centros urbanos brasileiros, por exemplo, o Rio de Janeiro. Portanto, o título de "campeão do falso amadorismo" provavelmente não condizia com a realidade, mas como o Palestra, historicamente, estava atrelado a um grupo de fortes ligações com a classe operária, era o bode expiatório perfeito[46].

O papel do Vasco da Gama no processo guarda algumas semelhanças, mas uma visibilidade ainda maior. Fundado por comerciantes portugueses em 1898, originalmente como um clube de remo, a partir de 1916, depois de duas cisões, passou a se dedicar ao futebol. Instalado na zona norte do Rio de Janeiro, o Vasco alcançou sucesso muito rapidamente, atraindo para o seu time (não para o quadro de associados) um bom número de atletas de origem social humilde, que faziam do futebol a sua profissão. Em 1923, logo no ano em que chegou à primeira divisão do futebol carioca, com um time formado por três jogadores negros, um mulato e sete brancos – todos pobres e remunerados –, venceu o campeonato, superando Fluminense, Botafogo, América e Flamengo, clubes que só admitiam a presença de brancos supostamente diletantes.

Outras equipes com o perfil do Vasco já haviam participado da primeira divisão do futebol carioca, como o Bangu e o Andaraí, mas nenhuma havia mostrado tanta força, chegado tão longe e atraído tanta torcida quanto o time da comunidade portuguesa do Rio de Janeiro. A reação à conquista do título ilustra o desconforto causado pela situação. Logo no ano seguinte, os principais times do Rio deixaram a Liga Metropolitana de Desportos Terrestres, que organizara os campeonatos até então, e fundaram

46 José Renato de Campos Araújo, *op. cit.*, p. 124.

a Associação Metropolitana de Esportes Atléticos (AMEA). A nova entidade barrou a filiação do Vasco sob a alegação que o clube não possuía um estádio próprio, e a exigência velada que excluísse os seus jogadores negros[47].

Para os torcedores, já nos anos 10, importa o seu time vencer, independente da cor da pele ou da formação escolar dos atletas. Já nesta década, e mais ainda na seguinte, vários clubes pagam salários disfarçados a jogadores (contratando-os como funcionários administrativos ou, no caso do Vasco e do Palestra Itália, por exemplo, como "empregados" dos comerciantes que dirigem o clube). Muitos também pagam um incentivo por vitória (prêmios em dinheiro), apelidado no Vasco de "bicho", caracterizando o que alguns chamam de "profissionalismo marrom".

Para a surpresa dos dirigentes dos clubes rivais, os jogos da Liga, ao qual o Vasco continuou ligado em 1924, atraíram mais público que os jogos da AMEA. Rapidamente, em 1925, a entidade atenuou as exigências anteriores e convidou o Vasco a integrá-la. A saga do clube viria a ser tratada com tintas épicas em *O negro no futebol brasileiro*, o livro que Mario Filho publicou em 1947, descrevendo o processo de transformação do futebol amador em profissional[48]. Para o jornalista, o Vasco foi responsável por "uma verdadeira revolução" na história do futebol brasileiro.

> Desaparecera a vantagem de ser de boa família, de ser estudante, de ser branco. O rapaz de boa família, o estudante, o branco, tinha de competir, em igualdade de condições, com o pé-rapado, quase analfabeto, o mulato e o preto, para ver quem jogava melhor[49].

47 Uma exigência antiga, a que se recorreu também contra o Vasco, era a obrigação de que os atletas fossem alfabetizados. Os clubes que mantinham jogadores analfabetos ensinavam os atletas a assinar o nome, para driblar a fiscalização.

48 As citações da obra referem-se à 4ª edição, Rio de Janeiro, Mauad, 2003.

49 Mario Filho, *op. cit.*, p. 126.

Trabalho ambicioso, *O negro no futebol brasileiro* reúne pesquisas e entrevistas feitas pelo jornalista ao longo de 20 anos de militância profissional. Antes de sair em livro, foi publicado por cinco meses em *O Globo*, então um dos jornais de maior tiragem do país. Foi lançado com prefácio de Gilberto Freyre, para quem o livro é "uma contribuição valiosa para a história da sociedade e da cultura brasileiras na sua transição da fase predominantemente rural para a predominantemente urbana"[50]. Por seu pioneirismo e originalidade, *O negro no futebol brasileiro* é seguramente a obra mais lida e mais citada nos estudos sobre o esporte no país. A sua influência é visível em inúmeras pesquisas que o seguiram[51], mas também é tema de muitos debates e polêmicas, sobretudo quanto a suas limitações como fonte histórica[52].

Leonardo Pereira, por exemplo, critica a idéia de que a conquista do Vasco em 1923 seja entendida como "um marco", tal como descrita por Mario Filho. O autor mostra que, na verdade, a prática de "falso amadorismo" foi intensa nos primórdios do futebol no Rio de Janeiro e que "a conquista do campeonato pelo time da cruz de malta representava apenas mais um passo no processo crescente de valorização, dentro dos clubes, dos jogadores que pudessem garantir sua força nos campos"[53]. Pereira descreve em detalhes a disseminação do futebol pelos bairros pobres do Rio, a criação ininterrupta de clubes e ligas ao longo das décadas de 10 e 20 e a visão que a imprensa tinha desse processo. Como este comentário de um cronista da revista *Sport Ilustrado*, em 1921: "Quanto menos elevada é a posição social de um bom jogador, quanto mais duvidoso pode ser o seu nível moral, tanto maior o número de clubes que o inscrevem"[54]. Em todo o caso, o sucesso do

50 Ibidem, p. 24.

51 Ver, por exemplo, Waldenyr Caldas, *op. cit.*, e Anatol Rosenfeld, *op. cit.*

52 Em *Mil e uma noites de futebol*, Silva faz um grande apanhado da recepção crítica a *O negro no futebol brasileiro*. Marcelino Rodrigues da Silva, *op. cit.*, p. 174-183.

53 Leonardo Affonso de Miranda Pereira, *op. cit.*, p. 309 (ver também a nota 19, à página 347).

54 Ibidem, p. 236. "A falta de recursos da maior parte dos clubes pequenos era mesmo motivo de freqüentes piadas para os cronistas das revistas esportivas da Zona Sul", escreve Pereira (p. 249).

Vasco deixa evidente como o futebol havia se tornado extremamente popular e os clubes já dependiam da receita gerada pelo público nos estádios.

A paixão rapidamente despertada pelo futebol também se exprime, de forma significativa, na rivalidade que se estabelece, desde os primórdios, entre os dois principais centros urbanos do país. As disputas entre Rio de Janeiro e São Paulo, no que nos interessa em particular, serão desde o princípio acompanhadas também como uma disputa entre jornais das duas cidades.

Os primeiros jogos entre selecionados cariocas e paulistas datam de 1906, por iniciativa do jornal carioca *Correio da Manhã*, que instituiu uma taça para celebrar a disputa – forma evidente, também, de promover o jornal no embalo da popularização do esporte. Além do confronto direto, também se media a força dos dois centros pelos resultados que os selecionados locais obtinham em jogos internacionais, disputados sempre que alguma equipe sul-americana ou européia excursionava pelo Brasil. A supremacia inicial é das equipes paulistas, mas logo, em 1913, os cariocas obtêm resultados mais expressivos nas disputas internacionais, abrindo um debate nas páginas esportivas das duas cidades. Pereira resgata trechos saborosos dessa discussão, iniciada com a provocação do cronista do jornal carioca *O Imparcial*, para quem a liderança da seleção carioca na América era incontestável, "seguidos a certa distância pelos nossos distintos irmãos da Paulicéia". Um jornalista do diário paulista *Capital* respondeu afirmando que os cariocas venceram equipes fracas enquanto os paulistas não estavam legitimamente representados em seus jogos. O jornalista dizia, ainda, que a disputa entre as duas seleções, criada pelo *Correio da Manhã*, não tinha o objetivo "de colaborar para o triunfo do *sport*, e sim como uma verdadeira paixão, de carioca altivo e torcedor vermelho, ufano de glórias" do selecionado de sua cidade[55].

Em pouco tempo, a disputa entre São Paulo e Rio de Janeiro ganha contornos de "um grande embate entre duas 'raças' distintas", afirma Pereira. O pesquisador deixa bem claro como essa disputa se dá inicialmente apenas entre jornalistas esportivos e homens do esporte das duas cidades por

55 Leonardo Affonso de Miranda Pereira, *op.cit.*, p. 158-159.

meio das páginas dos jornais. Não é uma rivalidade popular, generalizada – o que é possível atestar pela audiência festiva que comparece aos primeiros jogos entre os dois selecionados. Trata-se, sim, afirma Pereira, de uma luta pela supremacia esportiva nacional, que refletia, em última instância, uma disputa ainda mais ampla pela liderança política e cultural do país[56].

Sintoma desse embate político, entre 1914 e 1915 a rivalidade entre Rio e São Paulo levou à criação, quase simultânea, e com os mesmos objetivos, da Federação Brasileira de Futebol (São Paulo) e da Federação Brasileira de Sports (Rio). Ambas entidades tinham a ambição de organizar e dirigir o futebol em âmbito nacional, mas a Federação Internacional exigia que apenas uma única confederação poderia representar o país. Somente depois de meses de discussão, motivada pela intenção de enviar uma seleção forte ao Campeonato Sul-Americano de 1916, com a mediação de Lauro Muller, então ministro das Relações Exteriores (!), cariocas e paulistas fizeram um pacto que resultou na fundação, em 1916, da Confederação Brasileira de Desportos (CBD)[57].

Em 1918, a rivalidade entre os dois estados sobe de tom. Um jornal do Rio reclama da imprensa de São Paulo, que "não só 'torce' incondicionalmente para os clubs paulistas (...), como chega até algumas vezes a menosprezar os adversários"[58]. Uma vitória do selecionado carioca sobre o paulista, leva o *Correio da Manhã* a anunciar "o golpe de morte na pseudo-supremacia sportiva de São Paulo sobre o Rio"[59]. O jornal conclui a notícia com o seguinte comentário: "Só nos resta, portanto, agora, aguardar a enquete de nossos curiosos e ilustres colegas d'*O Estadinho*, para escolhermos o título a dar-se ao team carioca".

Ainda em 1918, a Liga Metropolitana, do Rio, manda imprimir 10 mil folhetos para serem distribuídos no estádio em dias de jogos interestaduais com instruções para tentar evitar os incidentes que começavam a

---

56 *Ibidem.*

57 Waldenyr Caldas, *op. cit.*, p. 39, Leonardo Affonso de Miranda Pereira, *op. cit.*, p. 145.

58 *Apud* Marcelo Rodrigues da Silva, *op. cit.*, p. 75.

59 *Ibidem.*

ser registrados então. Trata-se de um sinal claro de que a rivalidade entre cariocas e paulistas, inicialmente restrita a jornalistas e dirigentes esportivos, começa a extrapolar as páginas dos jornais. É a emergência de um novo sentimento, ao menos no âmbito esportivo: o bairrismo. Os próprios jornais das duas cidades se dão conta do problema que criaram, mostra a pesquisa de Silva. Nesse mesmo ano, um jornal paulista propõe um pacto entre os jornalistas.

> Volta-se, é verdade, a falar no acordo entre cronistas das duas cidades. Que ele se realize de fato, é o que desejamos. Estamos dispostos a submetermo-nos a todas as cláusulas que traçarem. Antes, porém, precisamos dirigir este apelo aos confrades da Capital da República: nunca exagerem as suas vitórias. O exagero irrita, o exagero provoca reação, o exagero é a causa de todos os males do sport[60].

Em 1920, uma desavença entre os dirigentes esportivos dos dois Estados levou os paulistas a se recusarem a colaborar com a seleção brasileira que disputou o Campeonato Sul-americano, no Chile. A primeira vitória da seleção contra os chilenos atestou a "falência moral de São Paulo esportivo, senao o funeral da alma de sua mocidade", anotou o *Sports Ilustrado*. As derrotas nos jogos seguintes, contra uruguaios e argentinos, mostraram que "não há um foot-ball brasileiro, mas um foot-ball brasileiro e um paulista", escreveu *O Paiz*. O ápice da competição entre os dois centros deu-se às vésperas da primeira Copa do Mundo, em 1930, no Uruguai. Por desentendimentos quanto à formação da comissão técnica, a Associação Paulista de Esportes Atléticos recusou-se a ceder jogadores de times paulistas para a seleção brasileira. O *Correio Paulistano* referia-se à seleção como "a representação carioca no

---

60 *Apud* Marcelino Rodrigues da Silva, *op. cit.*, p. 77, sem menção ao nome do jornal e à data exata.

campeonato mundial de football". A derrota do Brasil na estréia na Copa, 2 a 1 para a Iugoslávia, chegou a ser comemorada nas ruas de São Paulo[61].

O processo de "modernização" ou "democratização" do futebol, como alguns estudiosos também chamam, acaba levando, em 1933, à aceitação do profissionalismo pelas principais ligas do Rio e de São Paulo. Com o profissionalismo, o interesse pelo futebol ganha outra dimensão. O esporte se torna, para os clubes, um negócio rentável e promissor[62], e, para os jogadores, formalmente, uma profissão – uma chance de ascensão social para setores marginalizados da sociedade. "Dar pontapés numa bola era um ato de emancipação", constatou Anatol Rosenfeld em seu estudo sobre o futebol brasileiro[63]. Uma nova perspectiva se abria, e para isso contribuía uma nova imprensa esportiva. O número de publicações dedicadas ao esporte alcança um crescimento estrondoso, saltando de cinco, em 1912, para 58, em 1930, o que ajuda a consolidar "uma sólida indústria em torno do jogo"[64]. Nascem nesse período, não por acaso, as duas publicações que vão ser, por meio século, sinônimo de imprensa esportiva brasileira: a *Gazeta Esportiva*, em São Paulo, e o *Jornal dos Sports,* no Rio de Janeiro.

Até então, tentei mostrar, os dois maiores centros urbanos do país dispunham de uma imprensa esportiva ativa e atenta ao desenvolvimento do futebol. Mas, desde o princípio, o foco de interesse dos jornais é basicamente o futebol disputado pelos clubes formados por representantes da elite econômica. A cobertura, não por acaso, enfatiza tanto os jogos quanto o acontecimento social que representam. Confrontados com "problemas" que colocam em questão esse modelo, como o acesso de extratos sociais de origem humilde ao esporte, os jornais reagem em defesa do ponto de vista

61 André Fontenelle, "Briga atrapalha participação do Brasil", *Folha de S.Paulo*, 15 maio 1994. Ver também Fabio Franzini, *op. cit.*, p. 28-29.

62 Leonardo Affonso de Miranda Pereira, *op. cit.*, p. 309.

63 Anatol Rosenfeld, *op. cit.*, p. 85.

64 Leonardo Affonso de Miranda Pereira, *op. cit.* p. 317, citando *Brazil of today*, documento do Ministério do Trabalho, Indústria e Comércio, 1931.

daqueles que pretendiam manter a prática do futebol competitivo restrita à elite ou, ao menos, segregada do povo. Diante da popularização do futebol na década de 20, representada pelo sucesso do Vasco da Gama e do Palestra Itália, a imprensa reproduz preconceitos correntes, seja ao adotar uma cobertura enviesada sobre os feitos desses times, seja ao sublinhar a origem social ou étnica de seus dirigentes e jogadores. Por fim, os jornais têm papel igualmente ativo, no período, na criação e no acirramento de uma rivalidade entre Rio de Janeiro e São Paulo, com sérias conseqüências, como vimos, para o esporte.

Cásper, o conciliador

O jornal *A Gazeta*, "célula-mãe" da *Gazeta Esportiva*, circulou pela primeira vez em 16 de maio de 1906. Desde o início, era um vespertino[65]. O seu fundador foi o poeta simbolista, e também jornalista, Adolfo Araújo. Depois da sua morte, em 1914, o jornal teve diversos donos e passou por sucessivas crises até ser adquirido, em 1918, por Cásper Líbero (1889-1943), que iria transformá-lo num conhecido diário do estado de São Paulo na primeira metade do século XX.

Curiosamente, quase não há registros históricos sobre a vida e a trajetória profissional de Líbero. Além de um texto de caráter oficial, escrito por um amigo e apresentado como "biografia romanceada"[66], há um único estudo acadêmico dedicado a ele, uma dissertação de mestrado apresentada à Escola de Comunicações e Artes da USP, e nunca publicada. Ainda que sua autora, a professora de jornalismo Gisely Valentim Vaz Co-

65 Matutinos e vespertinos conviveram na imprensa brasileira até meados dos anos 60. Os matutinos tinham mais prestígio, mas os vespertinos ganhavam relevância ao atualizarem os fatos importantes ocorridos ao longo do dia. Com a difusão do rádio, a partir dos anos 30, e sobretudo com a popularização da tevê, a partir dos anos 60, os vespertinos perderam a sua principal razão de existir.

66 Silveira Peixoto, *Cásper, pioneiro da imprensa*, São Paulo, Fundação Cásper Líbero, 1997.

elho Hime, apresente uma visão com freqüência favorável ao biografado, a pesquisa que realizou, pelos dados levantados, permite traçar um retrato mais matizado de Líbero[67].

Homem da elite urbana paulista, o pai de Cásper, Honório Líbero, formado em medicina, foi fundador do Partido Republicano Paulista (PRP) em Bragança Paulista e fez parte do primeiro governo da cidade depois da Proclamação da República (1889-1890)[68]. Nos primeiros anos do século, a família de Cásper mudou-se para São Paulo. Seus dois irmãos, Nelson e José, estudaram medicina, enquanto ele cursou direito, na faculdade do Largo São Francisco. Ainda na faculdade, fez campanha a favor de Rui Barbosa, contra Hermes da Fonseca, na eleição presidencial de 1910. No ano seguinte, no Rio de Janeiro, aos 21 anos, Cásper fundou um jornal chamado *Última Hora*, junto com o poeta Olegário Mariano e o caricaturista e pintor Raul Pederneiras, fechado pouco tempo depois por ordem do governo do marechal Hermes da Fonseca[69].

Com a idéia de difundir notícias para diferentes veículos a partir de uma central de informações, e não de um jornal – um modelo de negócio criado na Europa e difundido nos Estados Unidos em meados do século XIX –, Líbero funda, com os mesmos amigos, em 1913, aquela que pode ser considerada a primeira agência de notícias brasileira, a Agência Ameri-

67 Gisely Valentim Vaz Coelho Hime. *A hora e a vez do progresso:* Cásper Líbero e o exercício do jornalismo nas páginas d'A Gazeta, apresentada ao Departamento de Jornalismo e Editoração da Escola de Comunicações e Artes da USP, São Paulo, 1997.

68 Quando não informada a fonte, o resumo biográfico segue a leitura da dissertação de Gisely Hime.

69 Hime não registra como se dá a ligação de Líbero com os então jovens Mariano e Pederneiras, nem explica com que recursos fundaram o jornal. É fato que o primeiro ano do governo Hermes da Fonseca foi marcado por implacável crítica da imprensa oposicionista, liderada pelo *Correio da Manhã*, e severa repressão do Estado. Cf. Werneck Sodré, *op. cit.*, p. 330-331 Não há na obra do historiador menção a este jornal fundado por Cásper Líbero.

cana[70]. O negócio não prosperou e pouco mais de um ano depois viria a ser fechado. O jornalista, então, foi contratado por *O Estado de S.Paulo* para dirigir a sucursal do jornal na capital federal, um cargo de importância e prestígio. A sua biografia oficial informa, também, que nesse período, por indicação do senador Antonio Azevedo, Líbero foi nomeado procurador da República no Mato Grosso, mas logo se exonerou. "Não era a sua vocação", explicou um amigo.

A forma como o jornalista conseguiu comprar *A Gazeta* completa o retrato sobre o lugar que ocupava, então, na elite paulistana. Cásper Líbero "não tinha fortuna", informa o seu biógrafo oficial. Para adquirir o vespertino, em 1918, foi ajudado pelo irmão, o médico legista da polícia de São Paulo, José Líbero, e por dois amigos, importantes políticos do PRP: Julio Prestes, futuro governador ("presidente") de São Paulo, e Oscar Rodrigues Alves, filho de Rodrigues Alves, que também foi governador de São Paulo e presidente da República. Quatro anos depois da aquisição de *A Gazeta*, Líbero conseguiu adquirir todas as ações do jornal que se encontravam com os amigos[71].

Na campanha presidencial à sucessão de Washington Luis, em 1929, era natural que *A Gazeta* apoiasse a candidatura de Julio Prestes. Mais que isso, o jornal engajou-se abertamente a favor do candidato do PRP. Numa série de artigos, Líbero desenvolveu a tese de que Getúlio Vargas e João Pessoa eram "corvos de azar" e que a vitória da dupla traria uma terrível maré de má sorte para o Brasil. Anos depois, Líbero admitiria que recebeu muito dinheiro, a título de publicidade eleitoral, o que considerava legítimo, da campanha de Prestes[72]. Depois da revolução de 30, como ocorreu com vários jornais que apoiaram o candidato do PRP,

70 A primeira agência de notícias foi a Havas, criada em 1835, em Paris. Essa agência daria origem, posteriormente, à francesa France Presse e à inglesa Reuters. Em 1846, durante a guerra dos Estados Unidos contra o México, seis jornais norte-americanos se uniram e criaram a Associated Press, a mais antiga agência de notícias ainda em atividade.

71 Gisely Valentim Vaz Coelho Hime, *op. cit.*, p. 35.

72 *Ibidem*, p. 53-54.

A Gazeta foi empastelada, seus equipamentos destruídos e Cásper Líbero seguiu para um exílio voluntário na Europa.

As aventuras políticas do jornalista recomeçam em 1931, quando reassume *A Gazeta* e apóia a campanha pela "reconstitucionalização" do país. Em 9 de julho de 1932, quando os paulistas pegam em armas contra o governo Vargas, Cásper Líbero parte para o front, armado e fardado, registra o seu jornal. Movimento derrotado em três meses, ele é preso e deportado. Passa por Lisboa e depois Paris, até ser anistiado, junto com outros jornalistas exilados. Datam de 1933, observa Gisely Hime, os primeiros artigos do jornalista em defesa de Vargas. Nesta época, também, começa a negação, sobre a qual insistiria até o fim da vida, a respeito de sua participação na Revolução de 32 – fato noticiado pelo seu próprio jornal. O que explica essa virada? Líbero quer "garantir a livre circulação [do jornal] nesse novo-velho governo que se articula", escreve Hime[73].

Governista, Líbero ganha, em meados da década, uma indenização milionária do Estado pelo empastelamento da *Gazeta* em 1930, e com parte desse dinheiro constrói uma nova sede para o jornal, que iria ser inaugurada em 1939[74]. Um ano antes, viajou à Alemanha para comprar novos equipamentos e foi recebido pelo ministro da Propaganda do regime nazista, Joseph Goebels com "honras de estadista". No mesmo ano, recebeu o título de "comendador" da coroa italiana. Tornou-se amigo de Getúlio, dos filhos do presidente, de ministros e autoridades variadas do governo. O que os une? "O espírito nacionalista", responde Hime[75].

---

73 Gisely Valentim Vaz Coelho Hime, *op. cit.*.

74 Com projeto do escritório de Ramos de Azevedo, trata-se do primeiro edifício planejado especificamente para abrigar uma redação no Brasil. Localizava-se na rua da Conceição, esquina com a rua Coronel Batista Cruz, no centro de São Paulo.

75 Gisely Valentim Vaz Coelho Hime, *op. cit.*, p. 81. O nacionalismo não impede Líbero de batizar o restaurante e boate que ocupam o último andar do novo prédio d'*A Gazeta* como Roof (telhado, em inglês).

> O que garante a coerência do vespertino nos anos da administração Cásper Líbero é a fidelidade aos ideais nacionalistas. Seja se opondo à Revolução de 1930, seja apoiando a Revolução de 1932, seja defendendo o Estado Novo, Cásper empunha cada nova bandeira, antes de tudo, em nome do nacionalismo[76].
>
> O Regime Novo é o despertar da razão brasileira", escreve Líbero sobre o Estado Novo. Mas, sempre sintonizado com os ventos políticos, em 1941, o jornalista passa uma temporada de três meses nos Estados Unidos. A política de boa vizinhança patrocinada pelo governo norte-americano leva Líbero a esquecer, provisoriamente, da defesa do nacionalismo e fazer "vista grossa ao imperialismo, para ressaltar a solidez das relações comerciais entre Brasil e Estados Unidos[77].

A trajetória de Líbero como empresário e jornalista é semelhante à de muitos seus contemporâneos, que viveram um tempo, a primeira metade do século XX, em que os jornais auferiam lucros, não apenas financeiros, mas de prestígio e poder, ao definir abertamente a sua posição política[78]. Neutralidade, pluralismo e objetividade só seriam valores apregoados pelo jornalismo brasileiro a partir da segunda metade do século[79]. Na década

76 *Ibidem*, p. 231-232.

77 *Ibidem*, p. 127.

78 Ver Nelson Werneck Sodré, *op. cit.*

79 Ver, a esse respeito, Carlos Eduardo Lins da Silva, *O adiantado da hora*: A influência americana sobre o jornalismo brasileiro, São Paulo, Summus, 1990. E também Ana Paula Goulart, *Imprensa e história no Rio de Janeiro dos anos 50*, *op. cit.*

de 30, o envolvimento na luta política era um procedimento comum, encarado abertamente, sem pruridos. Hime admite que Líbero usou o jornal como instrumento político, mas defende que o fez de forma diferente: "O que ele faz é subordinar o político ao jornalista, enquanto os outros subordinavam o jornalista ao político", escreve[80]. Para sustentar essa tese. Hime recorre a um discurso do próprio jornalista:

> Nunca almejei outra coisa, senão, apenas, ser diretor d'A Gazeta. (...) Minhas pretensões políticas não são outras senão ficar na posição em que estou, porque assim poderei, com grande prazer, amparar aqueles que precisem subir, da mesma forma que poderei dar a mão àqueles que tiverem que descer[81].

Hime sublinha esse ponto. "Aos céticos que não se contentaram com as declarações, lembramos que, de fato, Cásper jamais aceitou a indicação de seu nome para cargo algum"[82]. Era um "homem de jornal", escreve a autora[83], a sugerir que a relação do empresário com o seu negócio (o jornal) seria autônoma ou estaria acima de qualquer outra. A prática de Líbero, como vimos, desmente essa idéia. Na minha visão, é ingenuidade imaginar que seria preciso aceitar um cargo público para usufruir o poder, como se não bastasse o poder que o próprio jornal já lhe dava. O próprio Líbero, em seu discurso, explicita o enorme poder que se atribuía no tra-

---

80 Gisely Valentim Vaz Coelho Hime, *op. cit.* p. 234.

81 Discurso publicado em *A Gazeta*, 27 maio 1940, citado por Gisely Valentim Vaz Coelho Hime, *op. cit.*, p. 234.

82 Gisely Valentim Vaz Coelho Hime, *op. cit.* p. 234.

83 "Cásper Líbero, o empresário que criou a primeira escola de jornalismo", em José Marques de Melo (org.), *Imprensa brasileira*: Personagens que fizeram história, vol 1, São Paulo, Imprensa Oficial, Universidade Metodista de São Paulo, 2005, p. 154.

balho de dirigir *A Gazeta*, capaz de "amparar aqueles que precisem subir" e também "dar a mão àqueles que tiverem que descer".

Com grande senso de oportunidade, desde o início Líbero associou *A Gazeta* a uma série de eventos esportivos[84]. Reza a lenda que, depois de assistir a uma corrida noturna em Paris, em 1924, teve a idéia de promover algo parecido em São Paulo. Nasceu assim, no dia 31 de dezembro (dia de São Silvestre) de 1925, a famosa corrida, até hoje integrante do calendário esportivo da cidade[85]. Apaixonado por esportes, segundo a biografia oficial, também criou uma prova ciclística, a Nove de Julho, ainda disputada, e uma competição esportiva entre universidades. Em 24 de dezembro de 1928, nascia *A Gazeta – Edição Esportiva*, um suplemento semanal do jornal. Uma década depois, já rebatizado como *A Gazeta Esportiva*, passou a circular três vezes por semana até que, em 10 de outubro de 1947, quatro anos depois da morte do seu fundador, se tornou diário.

Desde o início, o principal assunto do jornal é o futebol. A novidade, em relação a outros diários que também tratavam do assunto em suas páginas, é o volume de informações. Com 12 páginas diárias (chegou a 72 na década de 70), a *Gazeta* fazia a cobertura dos principais clubes da cidade, então agrupados em torno da Associação Paulista de Esportes Atléticos, e também – isso era uma novidade – dos campeonatos de várzea e dos torneios promovidos pelas associações classistas, como as ligas operárias. Um texto de Thomaz Mazzoni, o chefe da seção de esportes do jornal, dá uma idéia do volume de informações que a *Gazeta* publicava na década de 30:

---

84 Nicolau Sevcenko, *op. cit.*, mostra como outros jornais, como O *Estado de S.Paulo*, também participaram no período do que ele chama de "empenho pela mobilização física da população", por meio da promoção de provas atléticas de corrida, caminhada, ginástica, ciclismo, etc.

85 Na memória oficial, da Fundação Cásper Líbero, "surge, pela primeira vez no Brasil, uma corrida na qual todos (negros, brancos, esportistas ou não) podem participar". Disponível em http://www.gazetaesportiva.net/almanaque/outros/59anos_ge/cronologia.php. Consultado em 29 de outubro de 2006.

> Citaremos os jornais *L'Auto* de Paris, *La Gazzetta dello Sport*, *Il Littorale* da Itália, *El Imparcial* de Montevidéu, *Critica* de Buenos Aires, *Os Sports* de Lisboa, *Nemtzi Sport* de Budapeste dos melhores entre os confrades estrangeiros. Às vezes, vários deles juntos, em um só dia, não dedicam ao futebol anônimo o espaço que dedicamos na "Gazeta" e note-se que nós limitamos nosso noticiário à atividade citadina, ou quando muito regional e não nacional. Imaginem si nós cuidássemos da várzea do país inteiro... Seria preciso duas edições especiais por dia...[86]

A pesquisa de Gisely Hime fala pouco do papel de Cásper Líbero à frente da *Gazeta Esportiva*, além da promoção de eventos esportivos. Waldenyr Caldas, porém, lembra que Líbero teve atuação fundamental "na pacificação do futebol paulista", ocorrida no final da década de 20. Entre 1926 e 1929, São Paulo assistiu a dois campeonatos de futebol, organizados por duas diferentes ligas, a Associação Paulista dos Esportes Atléticos (Apea), criada pelos times da elite em 1917, e a Liga dos Amadores de Futebol (LAF), fundada em 1925. A criação da LAF foi uma iniciativa do Paulistano, com o apoio dos primeiros times da cidade, o Germânia e o Britânia, causada pela insatisfação com o falso amadorismo não coibido pela Apea. Segundo Caldas, uma iniciativa tomada por "elitismo, preconceito social e racial"[87].

Em guerra aberta, Apea e LAF disputavam equipes para as suas ligas e passaram a reivindicar o direito de representar oficialmente o futebol do estado de São Paulo. A LAF conseguiu a adesão da Ponte Preta, clube tradicional de Campinas, mas logo sofreu a deserção do Corinthians, atra-

---

86 Thomaz Mazzoni, "A imprensa e os pequenos clubes", em *Problemas e aspectos do nosso futebol*, São Paulo, A Gazeta, 1939, p. 65. "Sem exagero algum, à parte qualquer vaidade e pretensão nossa, diremos que com respeito ao pequeno 'association', ao futebol varzeano, a 'Gazeta' é o primeiro jornal esportivo do mundo", acrescenta o jornalista.

87 Waldenyr Caldas, *op. cit.*, p. 124.

ído pela Apea com a promessa de receber a renda integral de três partidas, contra Palestra Itália, Santos e um time do Rio de Janeiro. Em 1927, a Apea contabilizava 13 filiados e a LAF, 11. No final desse ano, a Confederação Brasileira de Desportos decidiu em favor da Apea como representante oficial do futebol paulista. Caldas entende que pesou a favor da decisão o fato de os times dessa liga terem maior apelo popular, o que enfraqueceu a posição dos amadores. Mas a LAF, apoiada por *O Estado de S.Paulo*, que era contra o profissionalismo, não desistiu.

Cásper Líbero inaugura o suplemento esportivo de *A Gazeta* na véspera do Natal de 1928, ano em que a cidade de São Paulo teve dois campeões de futebol, o Corinthians (Apea) e o Internacional (LAF). A duplicidade de competições não era boa para os negócios, percebeu o empresário. Em 1929, a LAF organiza o seu último campeonato. Trata-se do ano em que a indústria cafeeira, abalada pela crise econômica mundial, enfrenta o seu pior momento. O presidente da LAF e do Paulistano, Antonio Prado Júnior, grande fazendeiro e exportador de café, tem parte dos seus negócios arruinados. O Paulistano, cuja diretoria é formada por representantes da elite cafeeira, decide encerrar, no final de 1929, as atividades do seu departamento de futebol, o que apressa a dissolução da LAF. Oficialmente, a decisão está ligada ao fracasso do objetivo de manter o futebol como um esporte amador. "O fato desta entidade ter encerrado suas atividades em 1929 não é apenas uma coincidência de datas. É conseqüência também dos problemas econômicos causados pela crise do café", escreve Caldas[88].

A LAF acaba, mas a solução para a cisão do futebol paulista não é simples. Anda há ressentimentos entre as duas entidades, e não se sabe direito como absorver, na Apea, os demais clubes da LAF, especialmente o Germânia, um dos times mais antigos da cidade e um dos líderes da dissidência. É aí que entra Cásper Líbero. O dono da *Gazeta* cria uma comissão com o objetivo de negociar a volta dos clubes da LAF à Apea "sem o desgaste moral e político decorrentes do 'arrependimento' e do ato de se rebelarem contra a entidade oficial"[89]. Em 21 de dezembro de

88 *Ibidem*, p. 129.

89 Waldenyr Caldas, *op. cit.*, p. 160.

1929, em reunião realizada na sede do jornal (um lugar neutro, supostamente), representantes das duas ligas assinam o compromisso de aceitar o Germânia na primeira divisão da Apea e encerrar "a cisão que se vinha há muito implantando no seio da família paulista". Esse desfecho, sumariza Caldas, "significava, na verdade, um grande passo em direção ao profissionalismo"[90], um desfecho que era do interesse de Líbero e iria ocorrer três anos depois.

O nome de Cásper Líbero também aparecerá junto ao da *Gazeta Esportiva* durante o Estado Novo. O empresário usará o suplemento esportivo como uma das pontes em sua aproximação de Getúlio Vargas. Em 1940, em meio às competições esportivas universitárias que o jornal promove, Líbero criará uma "embaixada universitária", formada por estudantes paulistas, para participar dos festejos dos dez anos do governo Vargas[91]. A "Caravana universitária Cásper Líbero", como foi chamada, é recebida pelo presidente, que ganha, das mãos do jornalista, um bronze chamado "Altar da pátria". A visita se repete no ano seguinte.

MAZZONI: PAIXÃO OU PATRIOTISMO?

A *Gazeta Esportiva*, em todo caso, não era a única prioridade de Cásper Líbero. Como vimos, o foco de sua atividade empresarial, jornalística e política era *A Gazeta*. Desde o início, Libero delega a outros jornalistas a tarefa de dirigir o suplemento esportivo. O que mais vai se destacar é Tomáz Mazzoni (1900-1970). Caberá a ele, no comando da redação, e também como colunista, dar uma cara ao jornal. Sua influência irá muito além da *Gazeta*, tornando-o, na avaliação de muitos, o mais importante jornalista esportivo de São Paulo por algumas décadas. Ao longo da carreira, publicou duas dezenas de livros, dois dos quais se tornaram referência em grande parte dos estudos sobre futebol: *Problemas e aspectos do nosso futebol*, de 1939, e *História do futebol brasileiro*, de 1950.

---

90 *Ibidem*, p. 161.

91 Gisely Valentim Vaz Coelho Hime, *op. cit.*, p. 201.

Por tudo isso, é espantoso que a trajetória de Mazzoni seja alvo de tão pouco interesse. Todos os seus livros estão esgotados há décadas[92]. Na universidade, o historiador Plínio José Labriola de C. Negreiros foi o único, até hoje, que dedicou maior atenção a Mazzoni, ao analisar, em sua tese de doutorado, o uso político que o Estado Novo fez do futebol[93]. Mazzoni não é o objeto principal do estudo, mas certos escritos do jornalista ajudam Negreiros a iluminar o seu objeto de estudo. Por esse motivo, o historiador deixa de lado alguns aspectos interessantes da carreira de Mazzoni, que também merecem registro.

Nascido em Polignano a Mare, pequena cidade no sul da Itália, na região da Puglia, chegou ao Brasil ainda menino, em companhia dos pais[94]. Segundo registro de *O Estado de S.Paulo*, só se naturalizou brasileiro em 1945, aos 45 anos, quando já era um jornalista consagrado[95]. Pouco se sabe sobre a origem social de seus pais e sobre a infância em São Paulo, mas o que se conhece sobre a imigração italiana para o Brasil, no período, faz supor que fossem trabalhadores, de origem social humilde. Os imigrantes originários de Polignano a Mare são conhecidos por terem vindo para São Paulo mais ou menos no mesmo período, em torno de 1900, e formado uma comunidade no bairro do Brás. Eram, em sua maioria, devotos de São Vito, tema até hoje de uma festa anual no bairro, e exerciam profissões simples no comércio cerealista[96].

Mazzoni começou a vida profissional aos 19 anos, numa publicação que circulava duas vezes por semana, às segundas e sábados, dedicada ao

---

92 Um exemplar da *História do futebol brasileiro* era encontrado à venda, em dezembro de 2006, num site de leilões na internet por 850 reais.

93 Plínio José Labriola de C. Negreiros, *op. cit.* Mazzoni também foi objeto de estudo de um trabalho de iniciação científica, desenvolvido no Departamento de História da Unicamp, por Elton Frias Zanoni, em 2006: *Grupos sociais, jogadores e clubes de futebol na cidade de São Paulo.*

94 Segundo o obituário publicado por O *Estado de S.Paulo*, recorte sem título, 15 jan 1970.

95 *Ibidem.*

96 Ver, por exemplo, Rubens Ricupero, "Alcântara Machado, testemunha da imigração", São Paulo, *Estudos avançados*, v. 7, n. 18, 1993.

esporte, chamada *São Paulo Esportivo*[97]. Em junho de 1928 já está trabalhando na seção esportiva de *A Gazeta*. Nesse mesmo ano, lança a primeira edição do seu *Almanaque Esportivo*, uma publicação com o registro minucioso dos fatos esportivos ocorridos no ano. Em 24 de dezembro de 1928, chega às bancas o semanal *A Gazeta – Edição Esportiva*, dirigida por Leopoldo Sant´Anna. Menos de dois anos depois, em 1930, Mazzoni assume o comando da redação, cargo que ocupará por dez anos[98].

Sua atuação à frente do jornal se dará em duas frentes. Por um lado, vai estabelecer um diálogo com o torcedor, de uma forma que a imprensa esportiva de São Paulo ainda não havia feito, buscando torná-lo um leitor fiel do jornal, por meio de inúmeros artifícios e promoções. Por outro lado, numa militância ferrenha, em sua coluna no jornal, vai dar combate, nas suas palavras, "à degeneração completa, à desordem e à desmoralização" do futebol brasileiro, causada por dirigentes de clubes e ligas, bem como por jornalistas, todos acusados de praticarem o que ele chama genericamente de "clubismo"[99].

Da mesma forma que Mario Filho no Rio de Janeiro, Mazzoni entende que a paixão (pelos clubes, pela seleção) é um dos elementos fundamentais do futebol. Por meio da *Gazeta Esportiva* vai alimentar essa paixão e facilitar a identificação do torcedor com o jornal. Se na primeira década do século os jogadores ainda eram chamados em alguns jornais de "senhores", com nome e sobrenome[100], na década de 30 eles serão conhecidos, sem restrições, por nomes, apelidos ou diminutivos. Mazzoni vai se encarregar de inventar apelidos para todos os times de São Paulo, tais como Mosqueteiro e Timão (para o Corinthians), Campeoníssimo (Palmeiras), Clube da Fé (São Paulo), Moleque Travesso (Juventus, depois de uma surpreendente vitória sobre o Corinthians, em 1930, por 2 a 1), Nhô

97 Não sabemos se cursou universidade.

98 Nelson Werneck Sodré, *op. cit.*, p. 365.

99 Ver, por exemplo, "As três chagas do futebol brasileiro", em Thomaz Mazzoni, *op. cit.*, p. 13-15.

100 Ver Ouhydes Fonseca, "Esporte e crônica esportiva", em Pascoal Luiz Tambucci (org.), Esporte e Jornalismo, São Paulo, CepeUsp, 1997, p. 128.

Quim (XV de Piracicaba), etc. Também criou, como Mario Filho, títulos para os confrontos entre os principais times da cidade, tais como Choque Rei (para os jogos entre Palmeiras e São Paulo, devido à "majestade" da disputa), Derby Paulista (Corinthians e Palmeiras, inspirado na mais importante corrida de cavalos da Inglaterra), Majestoso (jogo entre Corinthians e São Paulo)[101].

Por outro lado, em sua atuação contra o "clubismo", Mazzoni criticava a imprensa por "criar rivalidades e, às vezes, ódios" desnecessários. Na obra em que reuniu os seus textos a respeito dos problemas do futebol brasileiro, em 1939, o jornalista responsabiliza a imprensa pelos confrontos, como vimos antes, ocorridos entre paulistas e cariocas ("o choro não é mais do que um desabafo da paixão bairrista, e que quanto mais se alimenta, mais cega fica")[102]. Como nota Toledo, há uma nítida contradição entre o discurso do jornalista em defesa da razão e a sua própria percepção a respeito da paixão clubística como um aspecto constitutivo do futebol[103]. Aliás, nem o próprio Mazzoni escapa da "choromania". Em 1938, ao cobrir a Copa do Mundo na França, a qual acompanhou como membro oficial da delegação brasileira, exaltado, o jornalista fará coro aos jogadores, dirigentes e jornalistas que culparam o árbitro suíço Hans Wütrich pela derrota do Brasil frente à Itália, por 2 a 1, na semifinal do torneio[104].

Em sua tese, Negreiros aponta outra questão polêmica no discurso de Mazzoni: a sintonia de seus textos contra a desorganização do futebol, na década de 30, que pediam uma maior intervenção do Estado na gestão

---

101 Mario Filho criou os termos Clássico Vovô (para Botafogo e Fluminense, dois dos clubes mais antigos do Rio), Clássico dos Milhões (Vasco e Flamengo), Clássico dos Gigantes (Vasco e Fluminense), entre outros.

102 "Choromania", em Thomaz Mazzoni, *op. cit.*, p. 68

103 Luiz Henrique de Toledo, *op. cit.*, p. 309 (nota 19).

104 "Poucas vezes, ante a parcialidade de um juiz, ainda que das mais desenfreadas, nos animamos a taxar um apitador de faccioso. Fizemo-lo, porém, desta vez, com toda a justiça, porque é impossível encontrarmos uma justificação para aprovar a decisão do árbitro suíço que concedeu o penal do segundo tento aos italianos." *O Brasil na Taça do Mundo*, São Paulo, A Gazeta, 1950, p. 38.

do esporte, com os interesses do governo Vargas[105]. "Frases, expressões e palavras presentes nos discursos dos dirigentes do Estado Novo, estão também presentes nas crônicas de Mazzoni", observa Negreiros[106]. O historiador considera que a luta de Mazzoni "surtiu efeito" em 1941, com a criação do Conselho Nacional de Desportos (CND), que estabeleceu uma ampla legislação para todas as atividades esportivas[107]. Vale lembrar, como vimos, que Cásper Líbero estava muito próximo de Getúlio Vargas, em 1938, mas não é possível estabelecer uma vinculação direta entre os fatos, supor que Mazzoni escreveu artigos de encomenda, a pedidos.

Outro episódio lembrado por Negreiros diz respeito à Copa do Mundo de 1938, realizada na França. *A Gazeta* se engaja em uma campanha, promovida pela CBD (Confederação Brasileira de Desportos), uma entidade privada, com o objetivo de arrecadar recursos para a seleção brasileira. Quem adquirisse um certo selo participaria de um sorteio cujo prêmio maior era acompanhar a Copa *in loco*. Escreve Mazzoni:

> Quanto melhor conforto tiver o 'XI' brasileiro, tanto melhor será a margem que teremos para importar nosso valor. (...) Adquirir o 'selo' não é, pois, somente a esperança própria de se ir à Europa assistir o Campeonato Mundial, como também um ato patriótico para melhor servir o nosso ideal comum de vermos o Brasil atingir o posto supremo no futebol internacional, que seria a conquista da 'Taça do Mundo'[108].

105 "A voz autoritária do comando: eis o que nunca existiu no nosso esporte, onde não se conhece a obediência e onde não existe a responsabilidade, harmonia, a hierarquia", comenta o jornalista em "Lixo para ser queimado", em Thomaz Mazzoni, *op. cit.* p. 41.

106 Plínio José Labriola de C. Negreiros, *op. cit.*, p. 215.

107 *Ibidem*, p. 217.

108 "Pode-se ir à Copa por 500 réis". *A Gazeta*, 6 abr 1938, reproduzido por Plínio José Labriola de C. Negreiros, *op. cit.* p. 229.

Na visão de Negreiros, *A Gazeta* aceitou ser usada num esforço de mobilização dos brasileiros em torno da seleção e Mazzoni faz muito bem esse jogo ao transferir a responsabilidade do sucesso da seleção para as mãos dos torcedores[109]. Ainda que o texto citado seja coerente com os esforços feitos por Mazzoni no sentido de envolver o torcedor não apenas com o futebol, mas também com o jornal, a proximidade d'*A Gazeta* com o poder, nesse e em outros momentos, vai afetar a credibilidade do jornalista e abalar o prestígio de ambos[110]. É sintomático da fama de "chapa-branca" que o jornal adquiriu o comentário feito por Mauro Betting, um conhecido jornalista esportivo de rádio e tevê, em atividade desde a década de 90, incluído em um livro para estudantes de jornalismo, acerca dos conflitos internos causados por essa proximidade:

> A *Gazeta Esportiva*, algumas vezes no passado, bateu bola com o poder constituído. Fez o jogo do cartola de plantão do patrão, enquanto os jornalistas da casa tentavam driblar a camisa-de-força tática imposta pelos professores da redação[111].

A história oficial[112] registra que graças ao sucesso financeiro da *Gazeta Esportiva* foi possível erguer o prédio que abriga a Fundação Cásper Líbero, no coração da avenida Paulista, no final da década de 50. E

---

109 Plínio José Labriola de C. Negreiros, *op. cit.*, p. 229.

110 Na década de 50, Mazzoni chegou a criar uma certa "Legião de 16 de Julho", na qual incluía aqueles que lhe pareciam muito críticos ou pessimistas em relação à seleção brasileira. A data é uma referência ao dia da partida final da Copa de 1950, entre Brasil e Uruguai, no Maracanã, vencida pelos uruguaios por 2 a 1.

111 "Pago para ver", em Sergio Vilas Boas (org.) *Formação & informação esportiva*, São Paulo, Summus Editorial, 2005, p. 34.

112 *Almanaque: feitos e fatos que não saem da memória*. Disponível em http://www.gazetaesportiva.net/almanaque/outros/59anos_ge/index.php. Acessado em 31 out. 2006.

graças ao empenho do diretor de *A Gazeta Esportiva*, Carlos Joel Nelli, um ex-atleta de salto com vara, integrante da equipe que participou dos Jogos Olímpicos de Los Angeles (1932), a lei de zoneamento da cidade foi alterada, tornando possível a construção de prédios daquela dimensão na avenida. "O perfil do maior centro financeiro do país tem muito a ver com a publicação", orgulha-se a Fundação[113].

Em 25 de agosto de 1979, em meio a uma crise financeira, o jornal *A Gazeta* deixou de circular e se transformou num suplemento de *A Gazeta Esportiva*. Vinte anos depois, em 1999, esse caderno deixou de ser publicado. O diário esportivo, cujo slogan era "se a Esportiva não deu, ninguém sabe o que aconteceu", deixou de circular em 19 de novembro de 2001, mantendo-se hoje como um site na internet.

Mário Filho, os Rodrigues e os Marinho

O *Jornal dos Sports* nasceu em 13 de março de 1931, por iniciativa dos jornalistas Álvaro Nascimento e Argemiro Bulcão, que então trabalhavam no *Rio Sportivo*. Cinco anos depois, em 23 de março de 1936, adotou uma marca que mantém até os dias hoje: a cor rosa em sua capa, copiada do jornal esportivo italiano *Gazzetta dello Sport*[114]. Em outubro desse mesmo ano, ocorreu o fato que daria um impulso definitivo ao jornal e, também, teria importantes conseqüências para o jornalismo esportivo e para a popularização do futebol no Rio de Janeiro: foi adquirido pelo jornalista Mário Filho, em sociedade com Roberto Marinho, então proprietário e diretor-redator-chefe do vespertino *O Globo*.

113 Na verdade, foi uma construção tumultuada, iniciada em 1958 e encerrada em 1962. O edifício foi projetado inicialmente para ter 44 andares. No alto da torre deveria haver um mirante, de onde poderia se ver o mar. Por falta de recursos, o prédio ficou com apenas 14 andares.

114 Segundo Cristina Konder, "Um olhar feminino nos esportes", em *Jornalismo esportivo*: Os craques da emoção, Rio de Janeiro, Prefeitura da Cidade do Rio de Janeiro, 2004.

Para entender a trajetória de Mario Filho é preciso, antes, falar brevemente de seu pai, Mario Rodrigues (1885-1930), um pernambucano que fez fama na imprensa no Rio de Janeiro entre as décadas de 10 e 20[115]. Nascido em Recife, filho de um bem-sucedido corretor de imóveis, Mario Rodrigues formou-se em direito, mas nunca exerceu a profissão. Desde cedo, dedicou-se ao jornalismo e à política. Em 1909, ainda em Recife, fundou o seu primeiro jornal, *Jornal da República*, com o general Emídio Dantas Barreto, que três anos depois seria governador de Pernambuco. Foi deputado estadual em 1912. Três anos depois, em meio a uma disputa política, na qual fora acusado de ter um cargo no governo e receber "benesses" por fora, mudou-se com a família para o Rio. Seus únicos contatos na cidade eram os irmãos Olegário e José Mariano Filho, filhos de um pernambucano ilustre, o herói abolicionista José Mariano. Dois anos antes, como vimos, o ainda jovem e não famoso Olegário (1889-1958) havia sido parceiro e sócio de Cásper Líbero no fracassado jornal *Última Hora* e na Agência Americana.

No início da década de 20, Mário Rodrigues tornou-se editorialista do *Correio da Manhã*, um dos principais jornais da cidade. Fez fama com seu talento para a polêmica e a pena afiada com a qual atacava os adversários políticos do dono do jornal, Edmundo Bittencourt, em especial o então presidente da República, Epitácio Pessoa. Em 1925, depois de passar quase um ano na prisão, condenado por injúria em função de ataques a Pessoa, Rodrigues descobriu que o *Correio da Manhã* tornara-se "amigo" do ex-presidente. Revoltado, saiu do jornal e, com a ajuda de um sócio oculto (Antonio Faustino Porto), fundou em dezembro de 1925 o seu próprio matutino, *A Manhã*. Violento, agitado, terrível nos ataques, nas palavras de Werneck Sodré, Rodrigues tornou-se uma celebridade na imprensa da época[116]. Sofreu 12 processos em dois anos. O jornal vasculhava a vida

115 Sigo aqui a biografia de Nelson Rodrigues escrita pelo jornalista Ruy Castro, *op. cit.*

116 Nelson Werneck Sodré, *op. cit.*, p. 369. "Mario Rodrigues, entretanto, depois esquecido quase inteiramente, foi uma das figuras mais interessantes e mais características do jornalismo brasileiro, com todos os seus grandes defeitos, de certo modo compensados por uma tarimba e por uma visão de imprensa que poucos tiveram, em seu tempo, e ninguém mais do que ele".

particular dos inimigos, não economizava em insultos e agressões. Certa vez, denunciou uma tentativa de suborno distribuindo entre mendigos o dinheiro que recebeu ilicitamente.

Além da venda em bancas, Rodrigues mantinha o jornal com a publicação de matérias promocionais, repletas de louvações a governantes variados, recebia dinheiro do governo Washington Luis e era amigo do vice-presidente da República, Melo Viana – procedimentos comuns que não escandalizavam ninguém e não abalavam o impacto e a repercussão do jornal. Em 1928, pessoalmente endividado, perdeu o controle de *A Manhã* para o seu sócio, Faustino Porto. Em menos de dois meses, em novembro de 1928, lançou outro jornal, *Crítica*, cujo lema, impresso abaixo do logotipo, era: "Declaramos guerra de morte aos ladrões do povo". Matutino, oito páginas, cada manchete, diria mais tarde Nelson Rodrigues, "era um berro gráfico, um uivo impresso". O jornal se tornaria famoso por razões trágicas: em 26 de dezembro de 1929, uma mulher da alta sociedade, alvo de uma reportagem sobre o fim do seu casamento, na qual se insinuava que teria sido infiel ao marido, entrou na redação com a intenção de atirar em Mario Rodrigues, mas acabou matando um de seus filhos, o ilustrador Roberto Rodrigues. Pouco tempo depois do crime, em 15 de março de 1930, Mario Rodrigues morreu, em conseqüência de um derrame sofrido dias antes. Segundo Castro, em algum momento antes de morrer, Rodrigues teria dito para a esposa: "A situação vai ficar muito difícil. Quando eu não estiver mais aqui, venda o jornal para o Julio Prestes. Ele já quis comprá-lo no ano passado"[117].

Terceiro dos doze filhos de Mario Rodrigues, Mario Filho (1908-1966) se iniciou no jornalismo em 1926, aos 18 anos, quando foi trabalhar em *A Manhã*. Sua primeira função foi de gerente financeiro. Depois, contra a vontade do pai, que o queria repórter de política, tornou-se responsável pela página literária. Aos 20 anos, a seu pedido, assumiu a página de esportes, justamente a menos importante do diário[118]. Em *Crítica*,

117 Ruy Castro, *op. cit.*, p. 100.

118 O livro de Castro sobre Nelson Rodrigues é também a principal fonte biográfica a respeito do início da carreira de Mario Filho.

enquanto as seções de política e polícia rivalizavam em termos de prestígio interno, Mário Filho seguiu à frente da página esportiva. Mas, com a morte do pai, foi obrigado a assumir, aos 21 anos, junto com o irmão Milton, de 24, o comando do jornal. Em março de 1930, 15 dias antes da morte de Mario Rodrigues, Julio Prestes acabara de ser eleito presidente com o apoio dedicado (e interessado) de *Crítica*. A gestão de Mario Filho e Milton Rodrigues não durou muito. Como ocorreu com *A Gazeta*, de Cásper Líbero, e com outros diários que se posicionaram contra Getúlio Vargas, a fidelidade a Washington Luis custou o apedrejamento do jornal, nos momentos seguintes à Revolução de 30, em outubro.

Quase todos os diários atingidos pela violência voltaram o mais rapidamente possível a circular e logo pediram, como fez *A Gazeta*, indenizações ao novo governo pelos danos causados. "Os outros jornais atingidos tinham negociado e já começavam a roçar cotovelos com a revolução", escreve Castro[119], sem conseguir explicar por que os Rodrigues não agiram dessa forma. O jornal jamais voltou a circular e somente em 1935 a família entrou com uma ação contra a União. O processo ficou parado por longos períodos, por falta de cuidado dos advogados dos Rodrigues, e a indenização só saiu em março de 1955[120]. Cásper Líbero, como vimos, recebeu a sua indenização ainda na década de 30.

Em 1931, desempregado, Mario Filho foi convidado por Roberto Marinho (1904-2003) para chefiar a seção de esportes de *O Globo*. Como Mario Filho, Roberto Marinho também era filho de um dono de jornal, Irineu Marinho (1876-1925), que morreu, tal qual Mario Rodrigues, quando se encontrava no auge de sua trajetória profissional[121].

Filho de um imigrante português, que se estabeleceu no Rio de Janeiro como guarda-livros (contador), Irineu Marinho nasceu em Niterói, onde estudou em bons colégios, e desde cedo trabalhou em jornais no Rio de Janeiro, primeiro como revisor, depois como redator e repórter. Em 1911,

---

119 Ruy Castro, *op. cit.*, p. 108.

120 *Ibidem*, p. 257.

121 Sigo aqui os dados biográficos apresentados por Pedro Bial em *Roberto Marinho*, Rio de Janeiro, Jorge Zahar Editor, 2005.

com dinheiro emprestado por um empresário teatral, Marinho fundou o vespertino *A Noite*. É o mesmo ano em que Cásper Líbero colocou de pé, por pouco tempo, o panfleto político *A Última Hora*, fechado por pressão do governo Hermes da Fonseca. *A Noite*, de início, evitou problemas com o governo, deixando o noticiário político em segundo plano. Segundo Bial, o jornal publicava na primeira página a previsão do tempo e o resultado do jogo do bicho[122]. Em 1915, encerrado o governo Hermes da Fonseca, Irineu Marinho não perdeu tempo e publicou no jornal, em forma de folhetim, o romance satírico *Numa e a ninfa*, de Lima Barreto, que tem como pano de fundo justamente a eleição de Hermes da Fonseca, em 1910[123]. Em 1922, Irineu Marinho passou quatro meses na prisão da Ilha Grande pelo apoio que o seu jornal deu ao movimento tenentista e as críticas ao governo Epitácio Pessoa – motivo semelhante que levaria Mário Rodrigues à cadeia, dois anos depois. Enquanto passava temporada com a família na Europa, buscando se recuperar de uma tuberculose, em 1924, Marinho soube que perdeu o controle de *A Noite* para o seu sócio, Geraldo Rocha, para quem tinha vendido parte das ações do jornal num contrato de gaveta. É outra situação que lembra muito a trajetória de Mario Rodrigues, que perdeu o seu jornal, *A Manhã*, para um sócio oculto, poucos anos depois.

De volta da Europa sem o seu jornal, Irineu Marinho conseguiu, menos de um ano depois, em julho de 1925, fundar outro vespertino, para concorrer com *A Noite*, chamado *O Globo*. Apenas 23 dias após o lançamento do jornal, Marinho morreu, aos 49 anos, vítima de um enfarte. Roberto Marinho tinha 21 anos. É descrito por seu biógrafo oficial, Pedro Bial, nesse momento, como um "playboy". Adorava dirigir carros esporte, lutar boxe, montar cavalo e remar, gostava de samba e sinuca, tinha muitas namoradas, enfim, "era figurinha fácil na boemia". Com a morte de Irineu Marinho, a direção do jornal fica com um velho amigo e colega, Eurycles de Mattos, que comandará *O Globo* por seis anos, até maio de 1931, quando morreu. Só então Roberto Marinho assumirá a direção do jornal. Tinha 26 anos, pouquíssima vivência profissional e uma redação de

---

122 *Ibidem*, p. 57.

123 Nelson Werneck Sodré, *op. cit.*, p. 331

jornalistas experientes para comandar. Bial descreve os momentos iniciais de Roberto Marinho na direção de *O Globo* como uma "luta pelo comando da redação". O filho de Irineu Marinho foi apelidado internamente de "tenente-interventor"[124]. Segundo Nelson Rodrigues, os veteranos de *O Globo* se reuniam no arquivo do jornal para conspirar contra o novo chefe, chamando-o de "analfabeto"[125].

Um dos primeiros lances do jornalista com fama de "playboy" no seu embate com os veteranos de *O Globo* será justamente a contratação de Mario Filho, que havia pedido emprego a Eurycles de Mattos um ano antes, sem sucesso. Em vez de brigar com os jornalistas das seções de política ou polícia, mais respeitados, Roberto Marinho compra briga com os jornalistas esportivos, que ocupavam a mais baixa posição na hierarquia dos jornais. Três anos mais jovem, Mario Filho não tinha a mesma fama de boêmio de Marinho, mas eram amigos e colegas de sinuca em diferentes salões no centro do Rio.

A chegada de Mario Filho a *O Globo* e a transformação que operou na seção esportiva do jornal é o tema central da pesquisa de Marcelino Rodrigues da Silva[126]. Até então, observa Silva, a cobertura esportiva do jornal assemelhava-se à que o resto da imprensa fazia desde a década de 10. O interesse pelo futebol existia e levava *O Globo* a dedicar uma ou mais páginas ao esporte, diariamente. Mas os relatos eram escritos com texto empolado, repleto de maneirismos retóricos e estilo bacharelístico. As diversas notícias do dia eram dispostas em um só texto, separadas apenas por subtítulos num corpo quase igual ao do texto, precedidas, no alto da página, por um parágrafo inicial, que fazia um comentário sobre os acontecimentos que seriam relatados na seqüência.

O primeiro espanto de Silva ao ler *O Globo* a partir de maio de 1931 diz respeito ao fato de que Mario Filho não substituiu o jornalista veterano que chefiava a seção de esportes do jornal. Por alguns meses, *O Globo* contou com duas seções esportivas, concomitantemente – uma

124 Pedro Bial, *op. cit.*, p. 99.

125 Ruy Castro, *op. cit.*, p. 121.

126 Marcelino Rodrigues da Silva, *op. cit.*

na página 7, dirigida por Netto Machado, e outra na página 8, sob o comando de Mario Filho – que chegavam a emitir opiniões contrárias sobre alguns assuntos. Em meados de 1932, menos de um ano depois da chegada de Marinho, o jornalista Netto Machado já não tinha poder algum nas páginas esportivas do jornal, e a reforma empreendida por Mario Filho estava consolidada. Na visão de Silva, a coabitação entre a página 7 e a página 8 configurou uma "batalha (...) pelo controle editorial das páginas de esporte" do *Globo*. Diferentemente dessa interpretação, entendo que a situação estava definida a favor de Mario Filho desde o início. Este peculiar duplo comando é sinal expressivo, como vimos, da hesitação inicial de Roberto Marinho, dono de direito, mas inseguro, aos 26 anos, de assumir de fato o comando do jornal fundado pelo pai.

Durante a coabitação, na página 7 chegaram a aparecer até mesmo algumas críticas ao modo como o esporte era abordado na página 8, anota Silva. Por exemplo, neste texto de Machado: "É preciso que a imprensa, que tem consigo o elevado papel de orientador, não descambe também para o terreno das paixões, substituindo fatos e descrevendo a seu modo acontecimentos para tomar partido"[127]. Mario Filho, como a crítica do colega indica, desde o início usou e abusou do ponto de exclamação: "O *team* do Botafogo está ótimo!" "A defesa vascaína é uma fortaleza!"[128]. O jornalista abriu espaço para as opiniões, emoções e expectativas de atletas e torcedores, os detalhes cômicos ou trágicos dos treinos e jogos, os bastidores dos clubes e a vida privada dos atletas[129]. O jornal enviava repórteres aos vestiários, à casa dos jogadores, aos bares que eles freqüentavam para colher informações curiosas, diferentes. "Pela primeira vez, esse método agressivo de investigação jornalística, utilizado anteriormente nas páginas policiais de periódicos sensacionalistas, como o *Crítica*, era aplicado de modo sistemático aos esportes", escreve Silva[130]. Do ponto de vista da apresentação, a mudança também foi notável. Os textos passaram a ser veiculados de

127 Marcelino Rodrigues da Silva, *op. cit.*, p. 103-104.

128 *Ibidem*, p. 102.

129 Marcelino Rodrigues da Silva, *op. cit.*, p. 108.

130 *Ibidem*.

maneira autônoma, dentro da página, cada uma com um título próprio. O jornal publicava fotos, ilustrações, charges e caricaturas próprias, realçando eventos e personagens. A linguagem, por fim, também mudou. O texto tornou-se mais simples, coloquial, fazendo uso de diálogos e depoimentos, formas narrativas não usadas pelo jornalismo esportivo até então[131].

Além de ouvir os jogadores e reproduzir os seus sentimentos e opiniões, os jornalistas de *O Globo*, já em 1931, se dedicam a incentivar as expectativas dos torcedores pelos resultados das partidas e das competições. "As exclamações e adjetivos hiperbólicos (...) transformavam qualquer jogo no maior, mais emocionante e mais esperado espetáculo dos últimos tempos", anota Silva[132]. O jornal coloca em funcionamento "um processo de retroalimentação em que a notícia criava interesse pelo jogo, que por sua vez atraía mais leitores para o jornal"[133]. Ao mesmo tempo, o novo estilo acirra um efeito que já se constatava desde os anos 10 sobre a paixão clubística e o bairrismo, fundamental para entender não apenas a lógica do futebol, mas também o funcionamento da imprensa esportiva, como mostra Toledo em sua detalhada tipologia a respeito do trabalho dos jornalistas esportivos[134].

Em 1931, como vimos, o regime amador no futebol está moribundo. O falso profissionalismo grassa nas principais ligas do Rio de Janeiro e de São Paulo. Mario Filho vai demonstrar um interesse – inédito na imprensa até então – pelos dilemas materiais e psicológicos vividos por jogadores humildes submetidos a esse regime. *O Globo* publica inúmeras entrevistas, explicitando as contradições e injustiças no meio do futebol, reproduzidas pela proibição de pagar salários aos jogadores[135]. Dois jogadores já famosos,

---

131 *Ibidem*, p. 109.

132 *Ibidem*, p. 112.

133 *Ibidem*. Na visão de Franzini, que levanta o mesmo ponto ao falar da *Gazeta Esportiva*, esse processo de retroalimentação sugere que "talvez não seja exagero afirmar que a 'Esportiva' surgiu em função do futebol e para o futebol", em "Futebol, identidade e cidadania no Brasil dos anos 30", trabalho apresentado no XIX Simpósio Nacional de História da ANPUH, realizado em Belo Horizonte (MG) de 20 a 25 de julho de 1997.

134 Luiz Henrique de Toledo, *op. cit.*, capítulo 2, "Jornada esportiva", p. 159-218.

135 Silva, *op. cit.*, p. 116

os negros Leônidas da Silva e Domingos da Guia, tornam-se personagens fundamentais dessas reportagens, mas não só. Na visão de Silva,

> dirigindo o foco de suas atenções para os jogadores mais humildes e humanizando-os pela exposição de suas origens sociais, sofrimentos e desejos de ascensão social, o jornal os transformava em um espelho do público, que passava a projetar neles seus próprios dilemas e aspirações[136].

O período de Mario Filho em *O Globo* é uma espécie de rito de passagem para o salto maior que dará, ao voltar a ser dono de jornal. Já em 1931, com a ajuda de Mario Martins, futuro senador, cujo pai era dono de uma farmácia, o jornalista criou *Mundo Esportivo*. A publicação durou apenas oito meses, mas fez história. No início de 1932, com as vendas em baixa pela ausência de eventos esportivos para acompanhar, um repórter, Carlos Pimentel, sugeriu a criação de um concurso para escolher a melhor escola de samba carioca, entre as que desfilavam pelo centro da cidade no domingo de Carnaval. O concurso foi um sucesso e anos depois seria oficializado pela prefeitura[137]. Com o mesmo objetivo, e em associação com *O Globo*, *Mundo Esportivo* inventou também um Campeonato de Bairros, no qual jogadores famosos e desconhecidos representavam os bairros da cidade do Rio de Janeiro[138].

Em *O Globo* e depois no *Jornal dos Sports*, Mario Filho criou uma série de campanhas e concursos buscando estimular a ida dos torcedores aos estádios. A mais famosa, no período, foi a promoção do Fla-Flu, o jogo entre dois dos times mais populares do Rio. Inventou um campeonato de torcidas, no qual os mais criativos eram premiados. É nessa época que os torcedores começam a ir aos estádios uniformizados, com bandeiras e instrumentos de per-

---

136 *Ibidem*, p. 130

137 Ruy Castro, *op. cit.*, p. 118. Bial, *op. cit.*, p. 95, atribui a idéia do concurso ao próprio Mario Filho.

138 Silva, *op. cit.*, p. 140.

cussão[139]. No *Jornal dos Sports,* a partir de 1936, criou os Jogos da Primavera (1949), os Jogos Infantis (1951), o Torneio de Pelada no aterro do Flamengo, sempre estimulando a participação de leitores do jornal em eventos esportivos. Também idealizou o Torneio Rio-São Paulo entre os principais clubes dos dois estados, para preencher o vazio na agenda entre os campeonatos locais, e, mais importante, liderou no *Jornal dos Sports* uma campanha pela construção de um estádio de futebol na zona norte do Rio de Janeiro para abrigar a Copa do Mundo, em 1950 – que resultou na construção do estádio do Maracanã, posteriormente batizado como Estádio Mário Filho.

Mario Filho comprou o diário esportivo cor-de-rosa com a ajuda de Arnaldo Guinle e José Bastos Padilha. Guinle, de uma tradicional família do Rio de Janeiro, era presidente do Fluminense. Padilha ocupava o mesmo cargo no Flamengo, além de ser concunhado de Mario Filho (era casado com a irmã da esposa do jornalista). Segundo o relato de Castro, Guinle e Padilha compraram pequenas partes cada um, emprestaram dinheiro para Mario Filho comprar a parte maior e Roberto Marinho entrou com os recursos que completaram a operação[140]. O jornal passou a ser rodado na gráfica do *Globo*. Nos dias de hoje, um jornal esportivo cujos sócios fossem dirigentes esportivos de dois dos principais clubes da cidade não teria muita credibilidade, mas em 1936 essa questão não parecia importante e não há notícia de que tenha afetado a trajetória do *Jornal dos Sports*.

Em 1949, Mario Filho resolveu aumentar o capital do jornal, mas Roberto Marinho não subscreveu. O dono do *Jornal dos Sports* adquiriu uma parte considerável das novas ações e se tornou o sócio majoritário. Marinho não ficou satisfeito. No mesmo ano, Mario Filho, que ainda assinava uma

---

139 Em São Paulo, a *Gazeta Esportiva*, em associação com a rádio Gazeta, promoveu em 1943 o primeiro campeonato paulistano de torcidas uniformizadas. Toledo chama a atenção para outro aspecto importante, além do promocional, nesses concursos, qual seja, o de "normatizar a conduta torcedora dentro dos estádios já que, desde então, distúrbios, entreveros e uma variedade de modalidades transgressoras ganhavam uma dimensão significativa" no futebol, consolidado como um evento de massa. Ver "A *invenção* do torcedor de futebol", *em* Marcia Regina da Costa *et al* (org), *op. cit.* p. 149.

140 Ruy Castro, *op. cit.*, p. 133

coluna esportiva em O *Globo*, desentendeu-se com um jornalista da empresa e se afastou do jornal do amigo. Nesse mesmo ano, criou os Jogos da Primavera, uma competição que reunia atletas de clubes e colégios do Rio de Janeiro, com o objetivo de mobilizar os jovens e atraí-los para os esportes. Por duas semanas de setembro, sua idéia era transformar o Rio de Janeiro no palco de uma olimpíada. Segundo Castro, Marinho percebeu a grandeza do evento e propôs a Mario Filho que os dois jornais se associassem na promoção[141]. O dono do *Jornal dos Sports* apostou que poderia fazer sozinho, como fez, levando Marinho a encerrar uma amizade de décadas entre os dois[142].

APROXIMAÇÕES E CRUZAMENTOS

O que as trajetórias de Cásper Líbero, Thomaz Mazzoni e Mário Filho têm em comum? Por que se dedicaram ao jornalismo esportivo na década de 20, um período em que esta especialidade tinha pouco prestígio, era mal vista e mal remunerada? Por que foram eles, e não outros jornalistas, os profissionais mais bem-sucedidos na tarefa de liderar publicações dedicadas ao esporte na década de 30? De que forma ajudam a entender o futebol e o jornalismo esportivo no Brasil? Pretendo, a seguir, sugerir algumas respostas e hipóteses em torno dessas indagações.

Apesar das origens distintas, uma primeira pista pode ser encontrada justamente no período de formação dos três personagens. No caso de Mario Filho, o capital político acumulado pelo pai em Recife, onde era deputado estadual e dono de jornal, revelou ter outro valor ao se transferir para o Rio de Janeiro, em 1915. Mario Rodrigues virou um mero redator do *Correio da Manhã* ao se instalar com a família na capital federal, morou de favor em casa de amigos e, em seus primeiros anos, dependeu de ajudas variadas para sustentar a mulher e os nove filhos. Ruy Castro,

---

141 *Ibidem*, p. 224.

142 Os Jogos da Primavera foram realizados, anualmente, entre 1949 e 1972, atraindo cerca de 20 mil jovens por ano. A abertura chegou a contar com a presença do presidente da República.

na biografia que dedicou ao dramaturgo Nelson Rodrigues, descreve esse período inicial dos Rodrigues no Rio de Janeiro como de sérias privações e penúria[143]. Em 1928, aos 18 anos, Mario Filho já trabalhava como gerente do primeiro jornal do pai, *A Manhã*, e aos 19 ocupou-se da seção de esportes do diário.

Sobre Mazzoni, sabe-se que chegou ao Brasil ainda criança, numa leva de imigração que transferiu parte considerável de uma pequena cidade italiana, Polignano a Mare, para o bairro do Brás, em São Paulo. Este foi, como se sabe, um movimento migratório motivado por falta de oportunidades econômicas na Itália e atraiu, de maneira geral, cidadãos de origem humilde. Do pouco que se conhece sobre a biografia de Mazzoni, registra-se que, aos 19 anos, em 1920, estava trabalhando em um pequeno jornal esportivo, que circulava duas vezes por semana. Em seus obituários não há menção alguma à sua formação escolar, o que pode ser uma indicação de que não chegou a concluir um curso superior.

Diferentemente do que se sabe a respeito de Mario Filho e pode-se imaginar sobre Mazzoni, os fatos conhecidos da biografia de Líbero indicam que não enfrentou dificuldades econômicas na infância. Ainda assim, é possível imaginar que, nascido e criado no interior de São Paulo, não tenha sido sem percalços a sua "entrada" na capital. Formado na faculdade de Direito do Largo são Francisco, como rezava a cartilha da elite política e econômica da época, Líbero não teve sucesso em seu primeiro trabalho como jornalista em São Paulo, transferindo-se logo para o Rio de Janeiro, onde também protagonizou duas iniciativas mal-sucedidas na imprensa. Ainda na capital federal, conseguiu ser nomeado procurador da República no Mato Grosso, uma sinecura de baixo prestígio, à qual logo renunciou. Só em 1918, aos 29 anos, de volta a São Paulo, com a ajuda de políticos do PRP, o partido ao qual seu pai fora desde sempre associado, conseguiu adquirir o vespertino *A Gazeta*, um jornal então em dificuldades e de pouco prestígio. Dez anos depois, sem que o jornal tenha se transformado numa referência – como era, por exemplo, o concorrente *O Estado de S.Paulo*,

143 Ruy Castro, *op. cit.*, p. 23.

Líbero fundou o suplemento *A Gazeta – Edição Esportiva*, embrião da *Gazeta Esportiva*.

Na década de 30, os três personagens vão se aproximar e cruzar em diferentes situações. Tanto *A Gazeta*, dirigida por Líbero, quanto *Crítica*, comandada por Mario Rodrigues e depois por Mario Filho, apoiaram o governo Washington Luiz e fizeram campanha pela eleição de Julio Prestes em 1930. Não foi um apoio desinteressado, como vimos, já que os dois jornais foram ajudados financeiramente pelo governo. A revolução, em outubro, resultou no empastelamento de ambos os jornais, mas não impediu que, durante o Estado Novo, Líbero e Mario Filho se tornassem simpatizantes da causa governista e amigos de Getúlio Vargas.

Em nome do nacionalismo – e estimulado pelo afluxo de recursos oficiais para o seu jornal –, Líbero associou *A Gazeta* incondicionalmente à ditadura Vargas. No final da década de 30, usa competições esportivas criadas e patrocinadas pelo jornal para promover Vargas e o governo. Mazzoni, chefe da seção de esportes do jornal, defende em sua coluna um papel mais ativo do Estado como forma de reduzir a desorganização do futebol brasileiro. Em 1938, promove no jornal uma campanha para arrecadar recursos para a seleção e, em seguida, integra como "jornalista oficial" a delegação brasileira que vai à Copa do Mundo na França. Mario Filho, primeiro no *Globo*, depois no *Jornal dos Sports*, que adquire em 1936, em sociedade com Roberto Marinho e a ajuda dos presidentes do Flamengo e do Fluminense, também se torna um importante interlocutor do governo Vargas, com uma série de propostas sobre a estrutura do futebol.

O papel desses três personagens, como vimos, teve conseqüências práticas na política esportiva do país. Líbero engajou-se pessoalmente, com sucesso, numa negociação com vistas a conciliar os diferentes interesses de clubes paulistas, que haviam criado duas ligas diferentes, no final da década de 20. A militância de Mazzoni e Mario Filho é elencada como um elemento importante na criação, em 1941, do Conselho Nacional de Desportos, órgão estatal destinado a organizar e regular os esportes no país. Na década de 40, íntimo do presidente, Mario Filho era visto como uma espécie de ministro informal dos Esportes. Em 1949, vai engajar o seu jornal na campanha pela construção do Maracanã, que ajudaria o Brasil a abrigar a Copa do Mundo de 1950.

O confronto dessas biografias, ainda que muito diferentes, indica que os três foram típicos *outsiders* em seus meios, tendo enfrentado uma série de dificuldades pessoais e profissionais antes de se estabelecerem. No caso de Mario Filho e Mazzoni, arrisco dizer que o investimento inicial em esportes deve ser entendido mais como uma oportunidade de sobrevivência profissional vislumbrada no começo da carreira do que uma efetiva opção dos personagens em questão. Já Líbero parece ter percebido no jornalismo esportivo, inicialmente, uma oportunidade de alavancar o seu negócio – opção a que foi levado, tudo indica, pela posição de baixo prestígio que o seu jornal possuía. O jornalismo esportivo resultou assim, para os três, na forma possível, não necessariamente a desejada, de acúmulo de capital econômico e social.

Cásper Líbero, com a importante ajuda de Mazzoni, e Mario Filho foram hábeis em entender que o futebol, na década de 30, havia se tornado um fenômeno de massas e exigia, por isso, um jornalismo mais popular, com forte apelo à emoção do leitor. Foram bem-sucedidos nessa operação, tudo indica, justamente por conta de suas trajetórias pessoais e profissionais, ou seja, por não terem construído suas carreiras em jornais de prestígio, que sempre relegaram o jornalismo esportivo a um segundo plano. Também não é possível ignorar que a ligação dos três com o governo Vargas e, pessoalmente, com o presidente resulta num acúmulo de prestígio pessoal, que alimenta negócios e carreiras, da mesma forma que legitima a política nacionalista e o interesse do Estado em intervir nos esportes.

Crise no futebol e nos jornais

O surgimento e desenvolvimento da *Gazeta Esportiva* e do *Jornal dos Sports* bem no período em que ocorre a transição do futebol amador para o profissional é um fenômeno que encontra semelhanças em outros países da América do Sul e também da Europa, observa o economista Marcelo

Weishaupt Proni[144]. O autor cita trecho de estudo do sociólogo argentino Juan Jose Sebreli, que faz essa constatação em seu país e vai além:

> (...) a ligação ente os meios de comunicação e o futebol se faz ainda mais estreita a partir da profissionalização, quando se trata de fazer propaganda para que a mercadoria se venda mais. Não é um acaso que a propagação massiva do futebol e o surgimento do rádio comercial acontecem no mesmo ano de 1931[145].

A visão de Sebreli parece reduzir os jornais a mera peça de propaganda do futebol, e lhes atribui o poder de criar uma demanda artificial pelo esporte, quase como se o sucesso do futebol houvesse sido fabricado pela mídia. Como lembra Toledo, "a recepção do futebol está assentada numa história cuja sensibilidade fora gestada anteriormente à própria formação do campo midiático tal qual nós o conhecemos hoje"[146]. Proni enxerga o exagero e o maniqueísmo de Sebreli, mas lembra que

> a transição para o regime profissional exigia que houvesse uma demanda cativa (e em expansão) por espetáculos futebolísticos. E os meios de comunicação que apoiaram essa transição assumiram uma postura 'progressista'[147].

Essa parece uma boa explicação para o fato de *Jornal dos Sports* e *A Gazeta Esportiva* terem sido os únicos veículos que sobreviveram à onda de

---

144 Marcelo Weishaupt Proni, *A metamorfose do futebol*, Campinas, Unicamp, 2000, p. 36, adaptação de tese de doutorado defendida em 1998.

145 Juan José Sebreli, *Fútbol y masas*, p. 127-128, *apud* Proni, *op. cit.*, p. 36

146 Luiz Henrique de Toledo, *Lógicas no futebol*, *op. cit.*, p. 18.

147 Marcelo Weishaupt Proni, *op. cit.*, p. 36

jornais e revistas nascidos entre os anos 20 e 30, na esteira da popularização do futebol, e que alcançaram o auge entre as décadas de 40 e 70.

Por outro lado, o que explicaria a decadência de ambos os jornais a partir dos anos 80? A *Gazeta*, que chegou a vender 534 mil exemplares no dia seguinte à final da Copa de 70, tirava pouco mais que 15 mil exemplares por dia no final da última década do século XX, aproximadamente o mesmo número que o *Jornal dos Sports*. O jornal paulista, como vimos, circulou pela última vez em 19 de novembro de 2001, mas ainda existe hoje na forma de um site, na internet[148]. Depois da morte de Mario Filho em 1966 e, pouco mais de um ano depois, do suicídio de sua mulher, Célia, o jornal carioca passou a ser dirigido por Mário Júlio, filho do casal. Com um histórico de problemas de alcoolismo, Júlio morreu em 1972, aos 44 anos. Sua segunda mulher, Cacilda, herdou o jornal e o vendeu, em 1980, para a família Veloso, proprietária das Casas da Banha, uma rede de supermercados carioca. Desde então, o jornal já trocou de mãos várias vezes, sem recuperar o brilho dos tempos de Mario Filho.

A trajetória de nenhum dos dois jornais foi, até hoje, minuciosamente estudada, a ponto de podermos detalhar os seus altos e baixos ao longo dos anos ou explicar porque ambos entraram na década de 90 como arremedos do que foram e significaram. Mas, suspeito, é possível tentar associar o início do abalo sofrido pelos dois diários esportivos ao período em que o futebol brasileiro viveu a sua mais aguda crise financeira, justamente entre os anos 70 e 80.

São duas as principais interpretações para essa crise. Na visão de Ronaldo Helal, a crise se explica pela permanência de um modelo de organização do futebol que ele chama de "tradicional", "baseado no amadorismo dos dirigentes e na política de troca de favores entre clubes e federações"[149]. Esse modelo é responsável pela desorganização dos campeonatos, que geram jogos deficitários, expulsando o torcedor dos estádios e levando um maior número de jogadores para o exterior. O Campeonato Brasileiro de

148 http://www.gazetaesportiva.net.

149 Ronaldo Helal. *Passes e impasses*: futebol e cultura de massa no Brasil, Rio de Janeiro, Vozes, 1997.

1979, que reuniu 94 clubes, é sempre lembrado como exemplo de uso político pernicioso do futebol. O inchaço do campeonato, que praticamente o inviabilizou, foi explicado pelo almirante Heleno Nunes, o principal dirigente do futebol no período, como uma forma de angariar apoio político para o então partido do governo. Atribui-se a Nunes uma famosa frase a esse respeito: "Onde a Arena vai mal, um clube no Nacional".

Marcelo Proni admite que a falta de atratividade dos espetáculos e a má organização prejudicam a arrecadação dos clubes, mas chama a atenção para o fato de o Brasil ter vivido, entre 1981 e 83, uma grave recessão, com inflação descontrolada e queda profunda da atividade econômica. Os clubes foram "arrastados pela recessão econômica para uma situação financeira extremamente precária, forçando a maioria deles a se desfazerem de parte importante de seu patrimônio líquido: os 'passes' de seus melhores atletas"[150].

As duas explicações para a crise do futebol brasileiro fazem sentido, e não são excludentes. O que nos interessa é a constatação de que, ao longo desse período, os dois principais jornais esportivos do país começam a cair, e não se levantam mais. Não se pode dizer que tenham sido abalados pela concorrência, uma vez que a única novidade de peso no mercado editorial, no período, foi o surgimento da revista *Placar*, da editora Abril, em março de 1970, com circulação semanal[151]. É possível pensar no impacto da televisão, que passa a transmitir jogos de futebol com alguma freqüência (e em cores, com o advento da nova tecnologia) a partir da década de 70, e em ritmo massificado na década seguinte, mas é uma hipótese de difícil verificação. É notório que o rádio, usado de forma intensiva em transmissões esportivas justamente a partir da década de 30, não afetou o interesse pelos jornais esportivos, muito pelo contrário[152]. Se

150 Marcelo Weishaupt Proni, *op. cit.*, p. 148-149.

151 Para mais informações sobre a trajetória de *Placar*, veja Paulo Vinicius Coelho, *Jornalismo esportivo*, São Paulo, Contexto, 2003, págs. 97-99.

152 Restam outros fatores a serem analisados, mas não disponho de dados para isso. Por exemplo, se o perfil dos leitores mudou ao longo do tempo, tendo envelhecido e não sido renovado.

for correta a hipótese exposta anteriormente que *A Gazeta Esportiva* e o *Jornal dos Sports* cresceram apoiados na popularização do futebol, faz sentido imaginar que tenham começado a decadência no momento em que a desorganização atingiu o auge e os clubes enfrentaram a maior crise de sua história.

Em 1987, a crise no futebol atingiu o seu ápice. A Confederação Brasileira de Futebol anunciou que não teria recursos para bancar a realização do campeonato nacional daquele ano porque uma parte do dinheiro da Loteria Esportiva, cuja arrecadação estava em queda, não seria mais destinada para o futebol. Os clubes teriam que arcar com os custos do campeonato. Nasceu, naquele ano, uma organização chamada Clube dos Treze, reunindo as principais equipes do futebol brasileiro. Num movimento de rebelião à CBF, a nova entidade organizou em 1987, em associação com a Rede Globo, a Coca-Cola e a Varig, a Copa União, com apenas 16 clubes. Esse evento marca, para muitos, o início do processo de "modernização" do futebol brasileiro, em outras palavras, a entrada do futebol na era do marketing e do patrocínio esportivo. É um processo longo e tortuoso, uma "onda" que o *Lance!* tentará, dez anos depois, surfar.

II – O TÉCNICO DO TIME

A EMERGÊNCIA DE UM "NOVO VELHO HOMEM DE IMPRENSA"

Este estudo se propõe a analisar a entrada em cena de um novo ator no restrito clube dos donos de jornais, o empresário Walter de Mattos Jr. Criação sua, o *Lance!* chegou às bancas em 26 de outubro de 1997. Ao fim de dois anos de vida, já era o diário esportivo mais vendido do país. Nos seus primeiros cinco anos de existência, assistiu ao fechamento do seu principal concorrente em São Paulo, a *Gazeta Esportiva*, ao fechamento e posterior relançamento da principal revista de esportes do país, *Placar*, e às inúmeras tentativas, até agora sem sucesso, de revigoramento do seu principal concorrente no Rio de Janeiro, o *Jornal dos Sports*. Oito anos depois da estréia, em 2005, o *Lance!* anunciava um faturamento de 70 milhões de reais e ocupava o posto de nono jornal de maior circulação do país. Em 2007, aparecia como o décimo maior diário do Brasil[1].

Em sua origem, a iniciativa de Mattos é uma tentativa de construir um modelo empresarial alternativo ao modelo familiar vigente na segunda metade da década de 90. Em vários aspectos, como se verá, o projeto do *Lance!* acabou ficando aquém das suas pretensões, quando não, simplesmente, reproduziu aspectos que supostamente considerava ultrapassados. Dada a carência de estudos sobre empresas jornalísticas no Brasil, sobre-

---

1 Fonte. Instituto Verificador de Circulação. Os dez maiores jornais em 2007 foram: 1. Folha de S.Paulo (circulação média de 302.595 exemplares/dia); 2. O Globo (280.329); 3. Extra (273.560); 4. O Estado de S.Paulo (241.126); 5. Super Notícia (238.611); 6. Meia Hora (205.768); 7. Zero Hora (176.412); 8. Diário Gaúcho (155.328); 9. Correio do Povo (154.188); 10. Lance! (112.625).

tudo as criadas na segunda metade do século XX[2], a reconstituição da gênese do projeto de Mattos poderá ajudar a verificar não apenas o que ele representou de novidade no campo da mídia brasileira, bem como uma melhor compreensão desse próprio campo.

Com esse objetivo, creio que poderá ser útil descrever primeiro, ainda que brevemente, dois outros projetos mais ou menos simultâneos ao de Mattos, protagonizadas por personagens que tentaram desafiar a mesma lógica, mas de maneiras diferentes. As iniciativas do empresário Nelson Tanure e dos criadores da editora Camelot são dignas de nota pelo volume de recursos financeiros envolvidos, pela forma original como foram viabilizadas e, ainda, pelo perfil de seus protagonistas. As histórias não têm vínculos diretos umas com as outras, apresentaram resultados muito distintos, mas atestam o esboço de mudança que vem ocorrendo no perfil dos comandantes da mídia brasileira.

Antes, porém, julgo necessário esboçar um breve quadro da situação da mídia brasileira nos anos 90. Esse retrato ajudará a compreender em que contexto mais geral se insere a iniciativa de fundar um diário esportivo no país e quais as razões que levam Mattos a buscar um modelo alternativo para a montagem do negócio.

A CRISE DA IMPRENSA

Por volta de 1990, dez grupos familiares controlavam, direta ou indiretamente, a quase totalidade dos meios de comunicação de massa no Brasil: Abravanel (*SBT*), Bloch (*Manchete*), Civita (*Abril*), Frias (*Folha de S.Paulo*), Levy (*Gazeta Mercantil*), Marinho (*Globo*), Mesquita (*O Esta-*

2 Há bons estudos sobre as origens de jornais centenários, ou quase, como a *Folha de S.Paulo* (Gisela Taschner, *Folhas ao vento*, Rio de Janeiro, Paz e Terra, 1992) ou *O Estado de S.Paulo* (Maria Helena Capelato e Maria Ligia Prado, *O bravo matutino*, São Paulo, Alfa Ômega, 1980).

do de S.Paulo), Nascimento Brito (*Jornal do Brasil*), Saad (Bandeirantes) e Sirotsky (*Rede Brasil Sul*)[3].

Quinze anos depois, quatro desses grupos haviam sofrido abalos sérios. No caso da Bloch, dona de uma emissora de tevê, rádios AM e FM e uma dezena de revistas, um abalo definitivo, que levou a empresa à falência. *Jornal do Brasil* e *Gazeta Mercantil*, afundados em dívidas, foram vendidos (ambos para o empresário Nelson Tanure). E a família Mesquita, que controlava *O Estado de S.Paulo*, aceitou deixar a gestão da empresa nas mãos de executivos profissionais indicados por seus credores.

Dos seis outros principais grupos de mídia do país, três foram socorridos por sócios estrangeiros. A editora Abril vendeu, em 2004, 13,8% de suas ações a fundos norte-americanos de investimentos administrados pela Capital International Inc. Posteriormente, em maio de 2006, o grupo de mídia sul-africano Naspers adquiriu por 422 milhões de dólares 30% do capital da editora brasileira, incluindo os 13,8% da Capital International Inc. A Globo, então principal proprietária, virou sócia minoritária do empresário britânico Rupert Murdoch na tevê por satélite Sky Brasil e vendeu 36,5% do capital votante da NET (tevê por assinatura) para a Telmex, grupo mexicano de telecomunicações. O grupo Folha, sócio da Portugal Telecom em seu negócio de internet (o UOL), vendeu 20% da totalidade do seu capital, que inclui dois jornais e gráfica, para esta empresa de telecomunicações[4].

---

3 Sigo aqui, e nas próximas páginas, os dados apresentados por Caio Túlio Costa em *Ombudsman, O Relógio de Pascal*, São Paulo, Geração Editorial, 2006, especialmente o capítulo 17, "Tem futuro?", p. 197-233. E também o estudo de Venicio Artur de Lima, *Mídia*: Crise política e poder no Brasil, São Paulo, Editora Fundação Perseu Abramo, 2006, capítulo 4, "Mídia no Brasil: concentrada e internacionalizada".

4 Para abrir o capital do UOL na Bolsa de Valores, no início de 2006, numa operação em que captou 621 milhões de reais, a Folha retomou, em dezembro de 2005, o controle integral do jornal e manteve a sociedade com a Portugal Telecom apenas na operação da internet. Na avaliação de Caio Túlio Costa, *op. cit.* p. 202, "era muito mais fácil levantar recursos com uma empresa de internet em comparação a uma empresa que abrigasse mídia tradicional, como a do jornal".

No início de 2004, estimava-se que a mídia nacional acumulava uma dívida ao redor de 10 bilhões de reais. Segundo um relatório que o próprio setor enviara ao BNDES, na esperança de obter um socorro do banco, que não foi dado, 80% das dívidas eram em dólar e 83,5% tinham vencimento no curto prazo. Em dois anos, segundo dados do Ministério do Trabalho, rádios, tevês, jornais, revistas e agências de notícias cortaram 17 mil empregos[5].

O que se passou nesses 15 anos, capaz de abalar de forma tão significativa a estrutura da mídia brasileira? Seria fugir ao objetivo deste trabalho aprofundar esta questão, mas é possível, de passagem, apontar os principais fatores que modificaram – e ainda estão modificando – a configuração do campo da comunicação no Brasil.

Salta aos olhos, em primeiro lugar, um problema quase generalizado de gestão. A partir de 1994, com a implantação do Plano Real, responsável pela queda da inflação e pela valorização do real frente ao dólar, e diante da ausência de crédito de longo prazo no país, as principais empresas do setor se endividaram em moeda estrangeira, no exterior. Foram estimuladas pela crença de que a política cambial do primeiro governo Fernando Henrique Cardoso (1995-1998), que manteve o real atrelado ao dólar, seria mantida *ad eternum*, o que não aconteceu. Como se sabe, a política foi alterada drasticamente logo depois da reeleição, duplicando ou triplicando as dívidas contraídas em dólar. No caso da mídia impressa, a alta do dólar, a partir de 1998, também teve impacto em todos os custos de insumos industriais usados na produção (papel, tinta, chapas, filmes, etc).

Os principais jornais do país se endividaram num esforço de renovação da sua infra-estrutura e busca de novos leitores. Segundo dados da Associação Nacional de Jornais, cerca de 700 milhões de dólares foram gastos na compra de rotativas e aumento de parques gráficos, a partir de 1995. A *Folha*, por exemplo, inaugurou naquele ano um novo parque gráfico, ao custo de 120 milhões de dólares, capaz de rodar o jornal inteiramente em cores. No mercado audiovisual, igual

5 "Mídia nacional acumula dívida de R$ 10 bilhões", *Folha de S.Paulo*, 15 fev 2004.

otimismo: a Rede Bandeirantes, em 1998, captou 100 milhões de dólares para quitar dívidas em reais, comprar novos equipamentos e lançar novos programas.

Quase 60% da dívida de 10 bilhões de reais, anotada em 2004, pertencia ao grupo Globo. O endividamento da empresa ocorreu em várias frentes. O maior peso é atribuído a investimentos mal dimensionados na área de televisão por assinatura e internet. Mas não só. Em 1998, o grupo lançou simultaneamente um jornal popular, o *Extra*, e uma revista semanal, a *Época*, declarando investimentos de 30 milhões de reais e 40 milhões de dólares, respectivamente[6].

A oportunidade de participar dos novos negócios que despontavam então também afetou os investimentos da editora Abril, de *O Estado de S.Paulo* e da Rede Brasil Sul. Além de tevê paga e internet, muitos grupos de comunicação se voltaram para telefonia, em associação com grupos de telecomunicação e bancos, principalmente. Roberto Civita, presidente da Abril, culpou os investimentos em tevê paga (TVA) pela dívida consolidada de 926 milhões de reais que o grupo anotou ao final de 2002. No final de 2006, a Abril acertou a venda dessa sua operação em tevê para a Telefônica, grupo espanhol, atuando no setor de telecomunicações[7]. A RBS tornou-se sócia de uma empresa de telefonia fixa (a CRT), de uma de telefonia celular (BCP) e de uma tevê por assinatura (Net Sul). Vendeu sua parte nas teles em 1998 e na tevê em 2001 e declarava, em 2004, uma dívida de 125 milhões de dólares. O grupo Estado tomou 120 milhões de dólares no exterior para se tornar acionista da BCP e fazer investimentos no seu parque gráfico. Em 2003, vendeu sua parte na empresa de telefonia, tendo perdido, estima-se, 95% do investimento.

O endividamento das empresas de comunicação reforçou um lobby no Congresso, iniciado ainda na década de 90, no sentido de permitir que

---

6 Em março de 2007, ao anunciar os resultados do ano anterior, o grupo informou uma receita líquida de 6,2 bilhões de reais e anunciou uma dívida, que vinha progressivamente sendo reduzida, de 686 milhões de dólares.

7 O negócio foi aprovado pela Anatel, órgão vinculado ao Ministério das Comunicações, em outubro de 2007.

empresas de comunicação tivessem sócios estrangeiros ou, tão importante quanto, pudessem ser adquiridas por empresas brasileiras (até então, somente pessoas físicas podiam ser sócias de jornais, revistas ou emissoras de tevê). Um projeto de emenda constitucional foi aprovado em dezembro de 2002, autorizando a participação estrangeira em até 30% do capital das empresas, além da permissão para que pessoas jurídicas se tornassem sócias ou proprietárias de veículos.

As mudanças no mercado de comunicação brasileiro, tal como descritas brevemente aqui, apresentam ao menos dois pontos de contato com o estado da mídia global. Em primeiro lugar, elas indicam um incremento da concentração do setor, ainda que aparentemente menos acentuado no Brasil do que nos países desenvolvidos[8]. Em segundo lugar, e mais importante do ponto de vista do que se pretende argumentar, as alterações verificadas no país nos últimos 15 anos expõem uma grande novidade: a chegada ao mercado de grupos industriais, empresários e investidores financeiros cuja tradição de negócios não se encontrava no campo da comunicação. Figuras que buscam entrar na mídia em associação – ou, ainda mais ousadamente, em substituição – a empresas de estrutura familiar e longa tradição no ramo.

O senso comum tende a considerar empresas familiares como um modelo arcaico de gestão empresarial. Não é sempre assim. Há empresas familiares, enraizadas nos mais diversos ramos de atividade, com importância fundamental para a economia. Em termos mundiais, empresas comandadas e administradas por parentes são responsáveis por mais da

---

8 "O número de corporações midiáticas está se reduzindo, a tal ponto que é possível contá-las nos dedos das mãos. Se nos meados dos anos 80 do século passado estas transnacionais eram cerca de meia centena, em 1993 tinham-se reduzido a 27 e no final de 2000 eram apenas sete: Disney, Time-Warner, Sony, News Corporation, Viacom, Vivendi-Universal e Bertelsmann. Todas elas provêm de países ricos: EUA, Europa e Japão". Ver Sally Burch et al "Se cayó el sistema", *apud* Caio Túlio Costa, *op. cit.*, p. 199.

metade dos empregos e, dependendo do país, geram de metade a dois terços do PIB[9].

Por volta de 1990, todos os dez grupos que controlavam, direta ou indiretamente, a quase totalidade dos meios de comunicação de massa no Brasil eram empresas familiares do tipo tradicional, ou seja, mantinham o capital fechado, não eram obrigadas a prestar contas dos seus negócios a ninguém de fora do núcleo familiar e as decisões estratégicas dos seus investimentos eram tomadas exclusivamente por membros das respectivas famílias[10].

UMA IDÉIA PECULIAR DE PODER

Entre os empresários que buscaram espaço nesse mercado em crise, o nome mais conhecido é o de Nelson Tanure. A partir de 2000, e ao longo dos sete anos seguintes, o empresário adquiriu sucessivamente o *Jornal do Brasil*, a *Gazeta Mercantil*, a revista *Forbes*, a rede de televisão *CNT* e a editora Peixes, todas agrupadas sob o guarda-chuva da holding Companhia Brasileira de Multimídia (CBM). Para espanto de quem pesquisa a história dos protagonistas da mídia brasileira, os passos de Tanure estão farta e abertamente documentados na imprensa, diferentemente do que ocorre com outros proprietários de veículos da comunicação, cujas trajetórias raramente são objeto de interesse da própria mídia.

A profusão de registros na imprensa pode ser explicada, em princípio, pela atuação polêmica do empresário nas duas décadas que precederam a sua entrada no mercado da comunicação. Mas não é difícil imaginar que, justamente por "não ser do ramo", e conduzir seus negócios com uma

9 Ver Eric Lethbridge, "Tendências da empresa familiar no mundo", *Revista do BNDES*, 4 (7), Rio de Janeiro, jun 1997. Disponível em http://www.bndes.gov.br/conhecimento/revista/rev707.pdf.

10 Em 2006, essa situação era praticamente a mesma em relação às empresas familiares que permaneciam no mercado. A única exceção é o UOL, como vimos, cujo capital foi aberto naquele ano e passou a ser cotado em Bolsa de Valores.

agressividade incomum, a sua vida e os seus negócios são tratados com uma sem-cerimônia, para não dizer desrespeito, que os seus concorrentes não dedicam a qualquer outro empresário do setor[11].

O perfil mais agressivo de Tanure, entre os muitos textos violentos já publicados sobre ele na imprensa, saiu em *O Estado de S.Paulo*, em 2005. O pretexto para a publicação foi o fato de o dono do *Jornal do Brasil* ter se apresentado como candidato à compra da Varig, então em situação pré-falimentar[12]. O texto começa assim:

> Em seus 33 anos como empresário, Nelson Tanure coleciona uma seqüência notável de negócios em que comprou e não pagou, vendeu e não entregou. O homem que quer comprar a Varig, e que confessa desinteresse por gestão, adquire empresas insolventes para tirar proveito de seu lado bom – caixa momentâneo, ativos, contratos ou prestígio. E ignora seu lado ruim – as dívidas que atormentam seus donos, mas não a ele, que, afinal, não as paga.

Para confrontar o perfil publicado no *Estadão*, sugiro a leitura de um texto que funciona como uma espécie de biografia oficial, naturalmente acrítico, publicado no *Jornal do Brasil* alguns meses depois que

---

11 É possível ver alguma semelhança com o tratamento que uma parte da imprensa reservava a Assis Chateaubriand (1892-1968), o empresário pernambucano que, entre 1920 e 1960, ergueu um império de comunicação formado por quase cem jornais, revistas, estações de rádio e emissoras de televisão. Ver Fernando Morais, *Chatô, o rei do Brasil*, São Paulo, Companhia das Letras, 1994.

12 "O vôo turbulento do capitão Tanure", de Lourival Sant'Anna, *O Estado de S.Paulo*, 18 dez. 2005. Tanure processa Sant'Anna por causa desse texto. Em meados de 2008, o caso não estava concluído.

o empresário assumiu o comando do diário carioca, no final de 2000[13]. Começa assim:

> Caçula dos seis filhos de um comerciante libanês, Nelson Tanure saiu de Salvador em 1977, aos 25 anos, para tentar a sorte no Rio. Na bagagem, um curso superior de Administração de Empresas, fluência em inglês e francês e a intenção de ser representante comercial de empresas estrangeiras. Vinte e quatro anos depois, o empresário não mudou em alguns aspectos básicos: continua sendo introspectivo, tímido e apegado à família.

Os 24 anos que separam a partida de Salvador do desembarque no *Jornal do Brasil* mostram o esforço de Tanure em se estabelecer como um empresário do ramo naval. No final dos anos 70, adquiriu uma companhia de equipamentos de petróleo, a Sequip. Nos anos 80, comprou a Sade, de equipamentos industriais. Depois, investiu no setor naval, primeiro adquirindo o estaleiro Emaq, que incorporou o estaleiro Verolme, o qual, por sua vez, deu origem à empresa Verolme Ishibrás (IVI). No relato de *O Estado de S.Paulo*, o primeiro negócio de Tanure deu-se ainda em Salvador, numa incorporadora imobiliária, chamada Sinasa. O empresário diz que o negócio era de seu pai, não dele. Tanure também nega a informação de que, ao se instalar no Rio, trabalhou como vendedor de turbinas para hidrelétricas, representando uma empresa francesa.

Tanure ganhou maior notoriedade no governo Collor (1990-1992). Em meio à série de denúncias que marcaram o período, descobriu-se que a empresa Sade foi beneficiada por um aporte de capital (11 milhões de dólares, segundo Tanure; 26 milhões de dólares segundo o *Estadão*), feito de forma simultânea por dez fundos de pensão de empresas estatais. Todos os textos que relatam esse caso polêmico, inclusive a biografia oficial,

13 "Entre a obra e o espírito", incluído no caderno especial "110 Anos", *Jornal do Brasil*, 9 abr. 2001.

não deixam de sublinhar que o empresário era amigo de Zélia Cardoso de Mello, então ministra da Economia[14]. A explicação de Tanure para o socorro que o governo Collor deu à Sade ajuda a visualizar o seu *modus operandi*:

> Eu fui a Zélia pedir que o governo, de quem eu era fornecedor e credor, me pagasse o que devia. Ela disse que isso seria impossível, mas que iria me ajudar, através de alguns fundos, que, aliás, já eram sócios da companhia. O governo me devia R$ 20 milhões e os fundos só entraram com R$ 9 milhões, o que, obviamente, não resolveu o problema[15].

As inúmeras reportagens negativas sobre Tanure sempre procuram apresentar o empresário como um homem astuto, oportunista, especializado em fazer fortunas adquirindo empresas em dificuldades ("arruinadas", nas palavras do jornal paulista), por valores inferiores ao que valem, e com dívidas a receber. Nunca se diz que, dentro das regras do capitalismo, não há nada de errado nesse procedimento. Tanure também é freqüentemente acusado, ao lidar com empresas quebradas, de não honrar dívidas trabalhistas. Mais sensível a este tema, sua biografia oficial aborda a questão, ao falar da quebra do estaleiro Verolme Ishibrás:

> Ele diz que decidiu fechar a IVI ao perceber que as promessas de ajuda do governo ao setor "eram pura ilusão". O empresário demitiu e indenizou cerca de 11 mil operários[16].

14 Os textos mais negativos, como o já citado e outros, também lembram que Tanure emprestou sua casa em Petrópolis para encontros amorosos, clandestinos, do então ministro da Justiça, Bernardo Cabral (um homem casado), com a ministra Zélia. Ver, por exemplo, "O misterioso Tanure", *Istoé Dinheiro*, São Paulo, edição 148, 28 jun. 2000.

15 "Entre a obra e o espírito", *op. cit.*

16 *Ibidem.*

Por que Tanure decidiu investir na imprensa? No momento em que a mídia brasileira enfrentava a maior crise de sua história, tudo indica que o empresário enxergou no ramo da comunicação uma excelente oportunidade de ganhar dinheiro, como outras que teve antes. Embora pretenda fazer crer que o seu interesse é puramente empresarial, que vê a mídia como um negócio qualquer, ao falar desse assunto em 2001 Tanure já deixa no ar que compreende a especificidade do campo:

> Para justificar sua opção em investir em imprensa, Tanure cita uma frase do filósofo alemão Friederich Nietzsche: "Lá, onde mora o perigo, também mora a salvação". Em seguida, adapta o adágio para o mundo empresarial: "Onde estão os problemas é que estão as grandes chances", detalha. Para o empresário, as firmas tradicionais detêm algo mais que o seu valor material. "Elas têm ativos intangíveis, valiosíssimos", diz. "A tradição do JB, por exemplo, tem um valor inestimável"[17].

Cinco anos depois, em outra entrevista, Tanure ouvirá novamente a pergunta (por que investir em mídia?) e a responderá de forma parecida, mas explicitando a sua compreensão a respeito do valor intangível das marcas que adquiriu:

> Estamos cansados de ver inúmeras aventuras no mundo de mídia com marcas novas que rapidamente morrem. Então, concretamente, a razão que nos levou a investir e a correr mais risco em empresas de situação difícil é que

17 "Entre a obra e o espírito", *op. cit.*

> as marcas eram importantes para o sucesso na atividade de mídia[18].

Ao descrever os elementos de estruturação do campo jornalístico, o sociólogo Érik Neveu chama a atenção, em primeiro lugar, justamente para a oposição que se estabelece entre as publicações "estabelecidas" e as *outsiders*. Enquanto as marcas antigas contam em seu favor com toda uma herança de recursos ligados à sua história (o prestígio acumulado, os furos de impacto que deu ao longo dos anos, as causas que apoiou, etc), os novos jornais ou revistas lutam para construir sua imagem do nada, do vazio – uma tarefa naturalmente muito mais difícil. Essa oposição, observa Neveu, é tão maior quanto o campo for pouco aberto aos novatos, o que era o caso no Brasil, em meados da década de 90[19].

Tanure sempre foi visto como um "aventureiro" por outros empresários do ramo da comunicação, como de resto Walter de Mattos também era chamado. Tinha consciência de que era um *outsider.* Para além do valor econômico das marcas que adquiriu, pode-se especular, vislumbrou também a possibilidade de ser mais bem-sucedido e menos rejeitado no meio adquirindo jornais tradicionais que criando novos. O *Estadão,* ao falar dos objetivos de Tanure, é categórico a esse respeito. O centenário jornal paulista afirma que, por trás do suposto interesse empresarial, escondia-se na verdade outro objetivo:

> Para melhorar a imagem, resolveu que era hora de comprar jornais de prestígio falidos – e não pagar. Para isso, seu artifício é criar uma empresa nova, que fica com os ativos, como a marca, e deixa para trás os passivos. No fim do

18 "Nelson Tanure – empresário rompe o silêncio e fala dos seus planos e das brigas que comprou ao entrar no mundo da mídia". Quarta entrevista da série Protagonistas da Imprensa Brasileira. Disponível em http://www.jornalistasecia.com.br/prot04.htm, consultado em 5 de dezembro de 2006.

19 Érik Neveu, *Sociologia do jornalismo*, Edições Loyola, São Paulo, 2006, p. 66.

> ano 2000, Tanure convenceu José Antonio do Nascimento Brito, o Josa, um dos cinco herdeiros e presidente do Jornal do Brasil, a associar-se a ele na JB Comercial, uma empresa criada para arrendar a marca – eufemismo para comprar sem assumir o passivo – por 50 anos. A família, que ficou com a dívida de R$ 2,7 bilhões, nada recebeu[20].

Tanure observa em sua defesa que seria "uma piada" procurar lapidar a imagem por meio de operações como a descrita na reportagem ("comprar jornais de prestígio falidos e não pagar")[21]. O empresário também nega que não tenha honrado o passivo trabalhista do *Jornal do Brasil.* Faz uma distinção entre essas dívidas – com os funcionários – e as dívidas com o governo ("não assumimos, por acordo entre as partes, o passivo tributário"), embora ambas se relacionem, já que as dívidas com a Receita Federal, com o FGTS e o INSS podem se refletir nas pendências trabalhistas.

Por que a compra de um jornal melhoraria a imagem de alguém? Mais especificamente, de "um jornal de prestígio"? Talvez, com conhecimento de causa, o *Estadão* esteja sugerindo que o empresário vislumbrava a oportunidade de entrar em um setor cujas empresas, além de realizarem lucros, acumulam ao longo do tempo "capital simbólico" (prestígio) e exercem um poder real, socialmente reconhecido, nas mais variadas esferas do país. E que o exercício desse poder ajudaria Tanure a se tornar uma pessoa mais respeitada – como ocorre com os donos de outros jornais e revistas.

Desde meados do século XIX a imprensa se atribui o papel de "quarto poder" do Estado, à altura dos poderes Executivo, Legislativo e Judiciário[22]. Por interesse, inicialmente, de pesquisadores ingleses e norte-americanos, depois estendido a inúmeros outros centros acadêmicos, as ciências huma-

---

20 "O vôo turbulento do capitão Tanure", *op. cit.* O grifo é meu.

21 A resposta de Tanure à reportagem do *Estadão* encontra-se na internet, no site http// jbonline.com.br/falsodossie/index.html. Acessado em 22 de ago. 2006.

22 Asa Briggs e Peter Burke, *Uma história social da mídia*, Rio de Janeiro, Jorge Zahar editor, 2004, p. 197.

nas se dedicam há quase um século a estudar a extensão desse poder[23]. Neveu lembra, porém, que um dos poderes da mídia tem sido o de justamente valorizar uma crença na sua suposta influência e, citando Bourdieu, propõe pensar sobre esse poder (e seus limites) como "uma relação" e não como "um objeto escondido no cofre-forte do diretor de redação"[24]. Ou seja, defende a idéia que o poder da imprensa não está na mão de umas poucas pessoas, que dirigem as empresas de comunicação, mas se estabelece, entre outros, a partir das relações entre os jornalistas de uma mesma empresa, nas negociações dos jornalistas com as suas fontes e na luta concorrencial entre as empresas de comunicação por espaço e prestígio dentro do campo. Em seu famoso livro sobre o assunto[25] e também em outros textos que dedicou ao tema[26], Bourdieu vai além, ao defender que o poder dos jornalistas hoje está cada vez mais condicionado por limitações políticas (o poder do Estado) e, sobretudo, por imperativos econômicos, que obrigam as empresas de comunicação a pensar primeiro nas vendas (ou nos índices de audiência, no caso das tevês). Ainda que a visão do sociólogo francês seja alvo de discussões[27], a maioria dos teóricos da comunicação concorda que a influência da imprensa se expressa mais na sua capacidade de definir a pauta de debates, o que os norte-americanos chamam de *agenda setting*, do que no "controle

---

23 Armand e Michele Mattelart, em *História das teorias da comunicação*, São Paulo, Edições Loyola, 1999, fazem um notável esforço no sentido de sistematizar essa discussão. Ver também Mauro Wolf, *Teorias das comunicações de massa*, São Paulo, Martins Fontes, 2003.

24 Érik Neveu, *op. cit.* p. 141.

25 *Sobre a televisão*, Rio de Janeiro, Jorge Zahar Editor, 1997.

26 Por exemplo, "A televisão, o jornalismo e a política", em *Contrafogos, táticas para enfrentar a invasão neoliberal*, Rio de Janeiro, Jorge Zahar Editor, 1998, ou "The political field, the social science field and the journalistic field", em Rodney Benson e Érik Neveu (org): *Bourdieu and the journalistic field*, Cambridge, Polity Press, 2005.

27 Ver, por exemplo, Benson e Neveu, "Field theory as a work in progress", em *Bourdieu and the journalistic field*, *op. cit.* O artigo procura sistematizar as polêmicas a respeito das idéias de Bourdieu sobre o assunto.

orwelliano dos espíritos"[28]. Não é pouco poder, em todo caso. Como mostram estudiosos das mais variadas correntes, esse princípio de seleção que os jornalistas operam na realidade pode ser decisivo na consagração, ou não, de agentes da indústria cultural, na percepção que temos de inúmeros fenômenos sociais, no juízo que fazemos de agentes políticos e econômicos e, em última instância, na própria reprodução da estrutura social[29].

Como se fosse um crime almejar exercer o poder que a compra de um jornal iria lhe proporcionar, Tanure fez questão de enfatizar, no momento em que adquiriu o *Jornal do Brasil*, que o seu interesse no negócio era exclusivamente ganhar dinheiro:

> Estou aqui basicamente para implantar o projeto de reconstrução do jornal e de criação e desenvolvimento da Companhia Brasileira de Multimídia. Ou seja, colocar o ovo em pé.
>
> Quem priva da minha intimidade sabe que desprezo o poder. O poder é sem dúvida a mais efêmera e traiçoeira tentação do homem. O único poder que respeito é do conhecimento e da inteligência. Hoje, na minha maturidade, estou em busca de uma vida menos agitada, mais espiritualizada.

---

28 Érik Neveu, *op. cit.*, p. 141. Na visão de alguns teóricos, a internet tende a esvaziar o poder dos veículos tradicionais de comunicação e coloca em questão mesmo a capacidade deles de definir a pauta de debates.

29 A bibliografia a esse respeito é extensa e de variada orientação teórica. Boas discussões, ainda que inconclusivas, podem ser encontradas, por exemplo, em Bourdieu: *Sobre a televisão*, *op.cit.*; Serge Halimi, *Os novos cães de guarda*, Petrópolis, Vozes, 1998; Bill Kovach e Tom Rosenstiel, *Os elementos do jornalismo*, São Paulo, Geração Editorial, 2003; Roger Silverstone, *Por que estudar a mídia?*, São Paulo, Edições Loyola, 2002; John D. H. Downing, *Mídia radical*, São Paulo, Senac, 2003; Denis de Moraes (org.), *Por uma outra comunicação*, Rio de Janeiro, Record, 2003, especialmente "Globalização comunicacional e transformação cultural", de Jesús Martín-Barbero, "Mídia global, neoliberalismo e imperialismo", de Robert W. McChesney e "Pela ciberdemocracia", de Pierre Levy, além de Mattelart, *op. cit.* e Wolf, *op. cit.*.

> Cultivo a virtude da humildade. O poder não faz parte do meu estilo, do meu self. Não tenho nenhum vínculo com qualquer grupo político, seja de que matiz for[30].

Ao falar, seis anos depois, sobre essa mesma questão, Tanure vai deixar mais claro o que está por trás da sua idéia de poder. Na visão do empresário, um jornal que tem poder influi na vida do país como se fosse um partido político e recebe recursos do governo indevidamente. Além do mais, diz ele, acreditar que a imprensa tem poder é um anacronismo, um vício que muitos carregam. A essa visão negativa da política e do poder, o empresário contrapõe um discurso sobre a eficiência da gestão econômica e faz uma crítica explícita à gestão familiar que o antecedeu no *Jornal do Brasil*. Tanure quer

> levar para dentro da empresa o conceito de que aquilo é uma empresa. Ela não é um partido político, não é o quarto poder da república, não deve ser subsidiada. Para que uma empresa sobreviva, ela precisa de resultados positivos. Ou seja, no fim do mês, na conta do padeiro, tem que entrar mais dinheiro do que sair. Aparentemente essa é uma visão simplória, mas não é. Não é especialmente numa empresa que vem carregada de vícios, de pessoas que acham que ali está um dos pilares do País[31].

O negócio com a família Nascimento Brito abriu o apetite de Tanure. Em 2001, ele dizia: "É possível que a tarefa de reestruturar e consolidar

---

30 "Desprezo o poder", incluído no caderno especial "110 Anos", *Jornal do Brasil*, 9 abr. 2001.

31 "Nelson Tanure – empresário rompe o silêncio e fala dos seus planos e das brigas que comprou ao entrar no mundo da mídia", *op. cit.*

o *Jornal do Brasil* seja a última da minha vida de empresário"[32]. No início de 2002, obteve os direitos de publicação no Brasil da revista *Forbes*. Em 2003, adquiriu o controle da *Gazeta Mercantil*, o mais tradicional jornal de economia do país, junto à família Levy, de forma semelhante ao negócio que fez no JB, arrendando a marca por cerca de 60 milhões de reais por um período de 60 anos. Em 2006, arrendou por cinco anos a rede de tevê CNT, controlada pela família Martinez, do Paraná, por valor não revelado. No início de 2007, adquiriu a Editora Peixes, uma das maiores do país, e tentou negociar a compra da Editora Três, que publica a revista *IstoÉ*. Notícias não confirmadas, mas repetidas em diversas colunas de jornais, também mencionam o interesse de Tanure, em diferentes momentos, por adquirir uma fatia dos Diários Associados (dono dos jornais *Correio Brasiliense* e *O Estado de Minas*), da revista *Carta Capital* e de *O Dia*.

Por seus movimentos recentes, Tanure não dá sinais de que, como dizia inicialmente, pretendia apenas "colocar o ovo em pé". Ao contrário, o empresário luta abertamente para se posicionar no campo como um protagonista importante. Apesar do esforço que tem feito, ou por causa dele, continua sendo visto por seus concorrentes como um "aventureiro". Foi dessa forma, textualmente, que a empresária Gigi Carvalho, do grupo *O Dia*, classificou Tanure, ao ver o empresário citado pela revista *Veja*, no início de 2007, como um dos supostos interessados na compra do jornal carioca, ao lado de dois grupos religiosos: "Não estamos em negociação com qualquer representação religiosa, empresários ou arrivistas e aventureiros que, de passagem, vivem hoje no e do mundo da comunicação"[33].

O arrendamento da CNT, rebatizada como JBTV, pode até ter sido pensado como uma formar de ajudar Tanure a alterar essa percepção negativa a respeito do lugar que ocupa no campo, mas o negócio não deu certo. A tevê ficou poucos meses no ar, sendo fechada ainda em 2007. Pelo seu poder de penetração juntos aos segmentos de baixa renda e escolaridade, além do seu alcance nacional, que nenhum veículo impresso possui, a televisão é um instrumento de poder – político e econômico – de alta monta.

32 "Entre a obra e o espírito", *op. cit.*

33 *O Dia*, 29 jan. 2007.

Associado ao conjunto de revistas e aos jornais em sua mão, o projeto de tocar uma emissora de tevê poderia dar a Tanure o lustre de prestígio que lhe falta para ser considerado um protagonista importante – e não mais um "aventureiro" – no campo.

DONO, MAS "DE PASSAGEM"

Enquanto a saga de Nelson Tanure parece ao alcance de qualquer pesquisador, a história do nascimento, vida e morte da editora Camelot é um dos episódios menos conhecidos da história recente da mídia brasileira. Criação de dois banqueiros e um jornalista, chegou a ter dez revistas e ser uma das cinco maiores editoras do país em termos de receita, mas deixou poucos registros de sua iniciativa.

A associação de Jair Ribeiro e Giampaolo Baglioni com Antonio Machado de Barros teve início em 1998, com a aquisição das primeiras revistas, sofreu um abalo dois anos depois, quando o jornalista deixou a sociedade, e se encerrou de forma abrupta em 2002, quando os dois financistas se desfizeram do negócio. Ainda que breve, é uma história que merece ser resgatada pela originalidade da sua constituição. Trata-se da primeira tentativa de investimento de mídia no Brasil feita, estrito senso, pelo capital financeiro. Em vez de financiarem investimentos de terceiros, ou se esconderem como sócios ocultos, dois banqueiros assumiram o comando de um empreendimento no setor editorial.

Até hoje, os três criadores da Camelot jamais discutiram em público o negócio. Imagino que as próprias características da associação – e os perfis dos sócios – justifiquem a discrição. E também, possivelmente, o desejo de não serem associados a um empreendimento que, ao fim e ao cabo, deu errado. As informações disponíveis na internet são escassas. O relato que se segue foi obtido a partir de depoimentos informais colhidos pelo pesquisador e de notícias esparsas publicadas em jornais especializados em mídia, ao longo do período.

Ribeiro e Baglioni, principais acionistas do Banco Patrimônio, fizeram para as Organizações Globo, em 1998, uma emissão de títulos privados no exterior. Ou seja, ajudaram a empresa a captar recursos por meio da venda de títulos financeiros no mercado internacional, pelos quais ela se comprometia a pagar aos investidores uma taxa fixa de juros por ano, ao longo de alguns anos. Foi a primeira vez que um grupo de comunicação brasileiro fez uma operação desse tipo no exterior[34].

Barros, por sua vez, havia deixado a Editora Abril, depois de 23 anos, para trabalhar no embrião do projeto de portal da internet da Globo. Jornalista especializado em economia, foi editor de *Veja*, depois diretor de redação de *Exame* e, por fim, ao longo de doze anos, diretor de uma unidade de negócios da Abril, um dos cargos mais altos na hierarquia da editora. Debaixo do seu guarda-chuva, nessa função, ficavam as revistas *Exame*, *Vip*, *Informática Exame*, entre outras, e também projetos que envolviam as revistas em eventos, seminários, ediçao de livros, além da operação inicial de internet da empresa, o Brasil Online.

Quando Barros conheceu Ribeiro e Baglioni, o Banco Patrimônio já havia constituído um *private equity*, chamado fundo Patrimônio Brazil Private Equity Fund, por meio do qual o banco captou, junto a investidores no Brasil e no exterior, 250 milhões de dólares para investimentos em empresas brasileiras. *Private equity* são fundos especializados em aquisição de empresas. O termo, sem tradução em português, designa as operações em que um determinado investidor (geralmente fundos de investimento) adquire a participação em uma empresa por meio da compra de ações em operações particulares entre as partes. O fundo faz um aporte de capital considerável e, em contrapartida, entra como sócio ou acionista, com todos os direitos, inclusive com responsabilidade sobre a gestão da empresa. O objetivo principal, naturalmente, é alcançar o maior índice de retorno

34 A Rede Bandeirantes, como relatado anteriormente, fez algo parecido no mesmo ano.

do investimento no menor tempo, com o menor risco possível. Para, posteriormente, vender a empresa e recolher os lucros[35].

O *private equity* é, por essa razão, visto como um passageiro a bordo de um ônibus. Entra em um ponto para descer três ou quatro paradas depois. Um dono, mas de passagem. Não há preocupação de o investidor ser ou não do ramo. O que pesa é a avaliação de se o negócio pode ser rentável ou não. Tudo se resume à capacidade de gerar resultados em um tempo razoável.

O *private equity* do Banco Patrimônio investiu em pelo menos quatro setores além de mídia: indústria fotográfica, serviços médicos, alimentação e educação. O fundo, até hoje, é um dos controladores da rede de lojas Fotoptica, da rede Casa do Pão de Queijo, da rede de universidades Anhanguera e dos laboratórios Delboni Auriemo.

Em 1998, Barros propôs ao Banco Patrimônio o investimento do *private equity* no setor da comunicação. O diagnóstico do jornalista era de que havia uma miríade de pequenas editoras no mercado, donas, isoladamente, de uma ou duas revistas de grande valor, mas incapazes de crescer em um setor controlado por poucos e grandes grupos. Seria a oportunidade, visualizou, de montar uma grande operação a partir de pequenas operações de compra de revistas. Assim nasceu a editora Camelot.

Ao discutirem no conselho de investidores do *private equity* como atuar, os sócios estabeleceram formalmente, num primeiro momento, que evitariam entrar em áreas que pudessem causar atritos com a editora Abril ou com as Organizações Globo. A discrição com que atuaram explica, também, a falta de notícias, mesmo na imprensa especializada, sobre os negócios do Patrimônio. Por que não chamar a atenção? Só é possível especular sobre as razões que levaram a Camelot, apesar do tamanho que adquiriu, a se manter tão longe dos holofotes. Os sócios, tudo indica, tinham a clara noção de que forasteiros não são bem-vindos no negócio – como não são em qualquer outro ramo estabelecido. E supunham, ao menos no primeiro momento, que poderiam achar o seu lugar no campo desde que

35 Veja Léo Rosenbaum, "Aspectos legais das operações de private equity", Jornal *Valor Econômico*, 19 out. 2006, p. E2.

não incomodassem demais os grupos mais poderosos. A opção por comprar revistas já existentes, além de atender a um projeto de maximização de lucros, também pode ser vista como uma forma de a editora tentar atenuar a tensão existente no campo entre *outsiders* e "estabelecidos".

Ao longo de um ano e meio, oito revistas foram compradas e apenas uma nova foi criada pela própria editora. Foram dados tiros para todos os lados: uma revista feminina (*Querida*), uma para estudantes de inglês (*Speak Up*), uma de comportamento (*Viver Bem*), uma para gourmets (*Gula*), outra para facilitar a vida doméstica (*Cozinha Fácil*), uma para interessados em obras e reformas caseiras (*Reformar e Construir*), duas para aficionados por carros e aventuras (*Automóvel e Requinte*, *Automóvel Aventura*) e uma para ajudar na administração dos negócios pessoais (*Vida Pessoal*).

Em algum momento da constituição da editora, ao longo de 1999, os sócios investidores chegaram à conclusão que para viabilizar a operação, do ponto de vista dos negócios, precisariam adquirir uma revista semanal. Ou seja, entenderam que, para crescer, teriam que enfrentar a concorrência em um de seus maiores filões[36]. O alvo escolhido foi a revista *IstoÉ*. Há controvérsias sobre por que as negociações de quase um ano fracassaram. Como os investidores não falam, resta ouvir a explicação de Domingo Alzugaray, proprietário da Editora Três, que publica a *IstoÉ*. Ao falar das várias propostas que recebeu para vender sua revista, Alzugaray conta:

> Primeiro veio o Grupo Patrimônio, que estava coordenando uma operação editorial, com a idéia de chamar Camelot, que ainda não existia como empresa. Também estivemos negociando vários meses, e aí eles chegaram ao preço que eu queria pela editora, não apenas pela revista IstoÉ. Então passei um fim de semana com Cátia (sua esposa) na fazen-

36 A revista *Veja*, da editora Abril, é a principal semanal do país, com tiragem de 1,1 milhão de exemplares e responsável por mais de 50% do bolo publicitário do segmento.

> da, voltei de lá e respondi que não. Por eles já estava fechado. Eu voltei atrás. Da quantia oferecida, 60% ficavam para mim e 40% apenas cobririam todo o passivo. Mas, a partir da venda, o que eu iria fazer? Jogar milho para os pombos no Central Park de Nova Iorque?[37]

Os donos da Camelot almejaram a *IstoÉ* exclusivamente por razões econômicas? Ou será que, depois de algum tempo, perceberam a inviabilidade de manter um projeto de mídia de grande vulto sem o apoio de uma publicação famosa, que acrescenta prestígio e poder a quem é dono dela? Alzugaray, na passagem acima, resume com franqueza e em poucas frases tudo o que significa ser dono de uma revista de prestígio: "A partir da venda, o que eu iria fazer? Jogar milho para os pombos no Central Park de Nova Iorque?". De que valeria embolsar uma fortuna e ficar sem o capital simbólico que a revista lhe proporcionava?

Fracassado o esforço para adquirir a semanal da Editora Três, a Camelot negociou os direitos de publicação no Brasil de um título norte-americano, a revista de economia e negócios *Forbes*. A revista seria, nos planos da editora, o título-âncora, em torno do qual os demais títulos se apoiariam para crescer. Em meados de 2000, enquanto era formada a equipe que iria fazer a *Forbes* brasileira, Barros deixou a presidência da editora, sendo substituído por Baglioni. E menos de dois anos depois, Ribeiro e Baglioni decidiram encerrar a operação de mídia do *private equity*, vendendo todas as revistas. A *Forbes* acabou sendo adquirida por Nelson Tanure e as demais foram incorporadas pela editora Peixes, uma editora de porte médio, então de propriedade de Ângelo Rossi, ex-sócio da família Civita (Abril) em outros negócios. No início de 2007, como vimos, Tanure adquiriu a Peixes.

A saída de Barros da Camelot coincide com a famosa crise que atingiu a Nasdaq, a bolsa de valores americana especializada em ações de empresas de tecnologia. Depois de quatro anos de crescimento vertiginoso – acima

37 "Domingo Alzugaray mostra as cartas", *Em revista*, publicação oficial da Aner (Associação Nacional dos Editores de Revistas), n.2, São Paulo, mar. 2003.

da realidade, segundo a advertência de inúmeros analistas –, em outubro de 2000 a "bolha" estourou. Supõe-se que os recursos do *private equity* do Patrimônio estivessem apoiados, em parte, em carteiras de ações de investidores da Nasdaq. O fato é que, antes da saída do jornalista, o conselho de investidores do Patrimônio baixou uma norma, exigindo que a Camelot não deveria depender mais de aportes trimestrais do *private equity*. A editora tinha então um ano e meio de vida e ainda não era viável apenas com os recursos que gerava. Nos planos iniciais, previa-se que a Camelot precisaria de cinco anos para viver da geração de caixa próprio.

Depois da saída da Camelot, Antonio Machado de Barros fundou um portal na internet chamado CidadeBiz e tornou-se colunista dos jornais *O Estado de Minas* e *Correio Brasiliense*. O Banco Patrimônio foi vendido ao banco norte-americano Chase Manhattan. Jair Ribeiro chegou a trabalhar como diretor do Chase, depois da venda. Em 2005, Ribeiro anunciou a criação de uma empresa de tecnologia, chamada Braxis IT Services, da qual Baglioni também é sócio. Ribeiro é ainda o mentor e sócio principal da Casa do Saber, um centro de estudos aberto em São Paulo, em 2004, que oferece cursos de filosofia, história e artes para a classe média alta da cidade.

Na iniciativa da Camelot, chamam a atenção a especificidade do tipo de investimento feito – capital financeiro – e a ausência de um rosto visível no comando da operação. O capital financeiro, por princípio, é refratário à polêmica. O sucesso dos negócios nessa área depende diretamente da discrição com que os agentes financeiros operam. Cabe, por isso, perguntar se um negócio que depende tanto da acumulação de prestígio – algo de que Tanure tinha noção ao decidir adquirir o *Jornal do Brasil* – pode prosperar sem alguém que encarne publicamente os seus objetivos. São raros os jornais ou revistas importantes no mundo que tenham se tornado uma referência sem um nome – seja de um empresário, seja de um jornalista – claramente identificado com o empreendimento[38].

38 A revista inglesa *The Economist*, fundada no século XIX, é uma das notáveis exceções a essa regra. Ela se tornou uma das mais respeitadas publicações do mundo sem um notório empreendedor e sem exibir qualquer assinatura em seus textos, apenas com base

O fracasso do projeto reforça a posição de personagens que estão dentro do mercado e não vêem como bons olhos a chegada de forasteiros. Ainda assim, cabe sublinhar que, sete anos depois, todos os títulos da Camelot haviam sido transferidos para as mãos de Tanure, o mais visível forasteiro em atividade no mercado. Seria necessário avaliar outras experiências semelhantes, mas de duração mais longa, para poder atestar se é viável para o capital financeiro investir diretamente, como gestor, em projetos de imprensa. O mesmo vale para a questão do "comando invisível". Numa indústria em que, ao longo do século XX, os veículos sempre tiveram a "cara" de seus donos, será viável manter um negócio sem aparecer?

Qual é a diferença fundamental entre o projeto de Tanure e a experiência da Camelot? Ambos surgiram na mesma época, com a mesma percepção de que havia uma oportunidade de investimento num setor que iria brevemente sofrer mudanças importantes, liberalizantes, em sua legislação e cujas empresas estavam, em sua maioria, endividadas ou em dificuldades. No esforço de atenuar o impacto que representa a entrada de "forasteiros" no setor, ambos tentaram investir em marcas já existentes (o primeiro, no *Jornal do Brasil* e na *Gazeta Mercantil*; o segundo, sem sucesso, na *IstoÉ* e depois na *Forbes*). Ainda que justificada por uma lógica econômica, a compra desses títulos estabelecidos embutia o desejo de herdar o capital simbólico que eles acumularam ao longo de suas histórias. Dessa forma, afrontaram os seus concorrentes diretos e foram vistos como "intrusos" pelo mercado. A maior diferença, a meu ver, está ligada à forma como se procederam os investimentos dos dois grupos. Tanure sempre contou com o auxílio de crédito fornecido por investidores que não aparecem, sejam bancos que lhe fornecem empréstimos, sejam sócios não conhecidos, enquanto os criadores da Camelot eram, eles próprios, ao mesmo tempo, os captadores e gestores dos recursos investidos. Daí a minha suposição de que o precoce fechamento da editora pode estar ligado a uma dificuldade em equacionar uma ambigüidade resultante desse duplo papel, qual seja, o de se manterem invisíveis num negócio que exige visibilidade.

---

na defesa intransigente e inteligente de um ideário forte, o liberalismo, e uma qualidade editorial sem par entre os seus concorrentes.

Em busca de prestígio

Walter de Mattos é um personagem peculiar nesse cenário. De certa forma, situa-se numa posição intermediária, entre Tanure e os criadores da Camelot. Embora fosse visto como alguém "de fora", não era um completo *outsider*, como o dono do *Jornal do Brasil*, já que passou por um importante período de "treinamento" dentro do campo antes de fundar o seu jornal. Também não era um investidor do mercado financeiro, como Ribeiro e Baglioni, mas se cercou de sócios oriundos desse setor. É empresário e, ao mesmo tempo, atua junto aos jornalistas da empresa. Fato incomum na imprensa brasileira, desde o nascimento do *Lance!*, sempre operou nas duas pontas do negócio: é o principal gestor da empresa e, também, o comandante da operação jornalística.

A sua trajetória é típica de um *self-made man*, um profissional liberal que chegou, por méritos próprios, a dono de um bem-sucedido negócio. Embora conserve, como se verá, algumas características dos donos de jornais da "velha guarda", o empresário representará, também, um segmento da elite econômica que nunca antes se arriscara a ter um papel tão visível no campo da mídia no Brasil.

Em meados de 1997, ainda vivendo os primeiros meses como dono de jornal, Mattos projetava para os subordinados no *Lance!* uma imagem em tudo oposta à de seus pares, empresários do ramo da comunicação. Vestia-se de maneira informal, nunca de terno e gravata[39]. Mantinha uma sala isolada no imóvel da redação de São Paulo e uma sala bem visível, com paredes de vidro, no alto de um mezanino, na redação do Rio[40]. Convocava os editores para conversas em sua sala, mas com freqüência entrava

---

39 Em quase dez anos na *Folha de S.Paulo*, por exemplo, não me lembro de ter visto Otavio Frias Filho, diretor de redação e um dos donos do jornal, sem terno e gravata.

40 Jornalistas costumam se referir à sala do diretor de redação, quando isolada, como "aquário". É assim no *Globo*, no Rio, por exemplo. Um estudo mais detalhado sobre os sentidos visíveis e ocultos na arquitetura e design dos locais de trabalho dos jornalistas ainda está por ser feito.

no espaço dos jornalistas para comentar aspectos da edição, fazer perguntas e dar instruções. Coloquial, costumava entremear a fala com gírias e palavrões, estes usados mais a título de interjeição do que de ofensa.

O período em que se deu a minha observação foi curto – fiquei no *Lance!* apenas oito meses – e depois de sair do jornal não estabeleci relação profissional ou pessoal com Mattos. Ainda assim, ele não se opôs ou colocou qualquer empecilho ao meu projeto de pesquisa, quando o procurei quatro anos depois, em meados de 2002, para realizar uma primeira longa entrevista sobre o jornal[41]. Nem quando, em 2003, pedi um segundo encontro para falar de sua trajetória pessoal[42], embora tenha pontuado que nunca fizera isso antes[43]. O ineditismo da situação talvez explique o tom medido de suas palavras nessa segunda entrevista, as longas pausas para reflexão em diversos trechos da conversa, as várias tentativas de correção de rumo, as idas e vindas no relato.

O diálogo a seguir, que marca o início da entrevista, dá uma idéia das dificuldades envolvidas na tarefa:

> **Pergunta:** Se você pudesse contar um pouco da sua vida... Você é carioca...
>
> **Resposta:** Sou carioca... 61, 6 de outubro de 61. Mesmo dia do aniversário do Lula.
>
> **Pergunta:** De quem?
>
> **Resposta:** Do Lula. Foi o dia do primeiro turno da eleição deste ano. Família classe media.
>
> **Pergunta:** Classe média?
>
> **Resposta:** É...

---

41 Entrevista de Walter Mattos Junior ao autor, São Paulo, 11 dez. 2002.

42 Entrevista de Walter de Mattos Junior ao autor, 3 set. 2003.

43 Em 2006, viria a tratar publicamente de fatos lembrados durante a entrevista que concedeu para esta pesquisa. Foi em uma entrevista concedida ao projeto "Protagonistas da imprensa brasileira", em 21 mar. 2006. Disponível em http://www.jornalistasecia.com.br/protagonistas.htm, acessado em 26 out. 2006.

Mattos se define espontaneamente como de classe média. É uma classificação, diga-se, que não corresponde à trajetória que vai descrever ao longo da entrevista, mas que combina com a imagem pública que ele procurava transmitir na época[44].

Carioca, criado na zona sul da cidade, entre os bairros Jardim Botânico, Leblon e Ipanema, boa parte de sua formação se deu no Colégio Brasileiro de Almeida, uma escola freqüentada pela elite carioca nos anos 60 e 70, mas não famosa pelo seu rigor acadêmico, como o Santo Inácio, por exemplo. Passou uma temporada na Suíça, quando tinha 15 anos, e outra na Inglaterra, logo depois de prestar o vestibular. "Meu pai tinha uma cabeça de investir nessa coisa de educação", conta. A primeira viagem seria decisiva em sua trajetória pessoal e profissional, menos pelas lições escolares do que pela teia de relações sociais que estabeleceu. Em particular, a amizade com Eliane Carvalho, conhecida como Dadá, filha de Ary Carvalho, então proprietário do jornal *O Dia*[45]. Por meio de Dadá, conheceu Ligia, de apelido Gigi, a filha mais nova do empresário, com quem viria a se casar, em 1987.

Depois de obter vaga para economia na Uerj e jornalismo na Faculdade Helio Alonso, Mattos passou oito meses na Inglaterra estudando inglês. De volta ao Rio, iniciou – e decepcionou-se – com os dois cursos universitários. "Especialmente com o de jornalismo, que eu achava um nível muito fraco". O primeiro emprego, antes dos 18 anos, quando estava no primeiro ano da faculdade de economia, foi obtido com a ajuda do pai, um profissional da área de relações públicas. Ele era amigo do empresário José Carlos Fragoso Pires, armador, proprietário do grupo Frota Oceânica, e figura conhecida das colunas sociais da imprensa carioca.

---

44 Não o indaguei se o esforço de se colocar como uma figura de classe média teria a ver com o medo de se expor por causa da violência urbana. É cada vez mais comum, em função desse problema, pessoas de alta renda procurarem disfarçar a origem social, por exemplo, circulando com carros considerados populares.

45 O empresário, na ocasião, também era dono de emissoras de rádio AM e FM, uma concessão de tevê UHF e um jornal popular, *A Notícia*, entre outros.

Mattos trabalhou com Fragoso Pires dos 17 aos 27 anos, até o final de 1988. Em pouco tempo, chegou ao cargo de diretor de planejamento e finanças de um dos maiores grupos da indústria naval brasileira. Como se sabe, esse é um setor historicamente dependente de encomendas e recursos estatais. O estaleiro de Nelson Tanure, como vimos, chegou a ser acusado de se beneficiar de forma indevida de ajuda estatal durante o governo Collor. Fragoso Pires foi alvo de denúncia semelhante no governo FHC[46], em 2000, acusado de acumular uma dívida de 500 milhões de dólares com o setor público, em especial com o BNDES[47].

Ao longo dos quase dez anos em que trabalhou com Fragoso Pires, Mattos formou-se em economia, voltou à Inglaterra para mais um período de seis meses de estudos, um MBA na London Business School, pago pelo armador, fez um segundo MBA no Ibmec, no Rio, e... "E aí, eu me casei com a filha do Ary Carvalho". O casamento coincide com um período de frustração profissional, segundo o seu relato:

> Eu estava batendo no teto da companhia. Era amigo do dono, pessoa de confiança absoluta dele, mas ele tinha três filhos e um cara que era o principal executivo. Eu era diretor de planejamento e de finanças. Fui na casa do Fragoso Pires, eu já estava casado, disse que não dava mais, que queria tocar um negócio, queria ganhar mais dinheiro. Ele falou que já já ia aparecer um negócio e eu ia tocar. E o Ary estava me cantando para ir trabalhar com ele, mas eu não queria, tive uma vida toda independente...

Entre Fragoso Pires e Ary Carvalho, Mattos inscreveu-se para fazer um doutorado em Business Administration, em Harvard. Com a ajuda

---

46 "Uma aposta de alto risco", revista *Época*, edição 120, 4 set. 2000.

47 Mais adiante, ainda neste capítulo, volto a explorar a ligação de Mattos e Tanure com a indústria naval e a posição que tomaram diante do pedido de empréstimo dos grupos de comunicação ao BNDES, em 2003.

de Mario Henrique Simonsen, "conhecido do meu pai e amigo do Ary", Mattos pediu – e obteve – bolsa do CNPq. Mas não estava realmente interessado em passar três anos nos Estados Unidos, estudando. Até que capitulou ao sogro. Nas suas palavras:

> Eu já tinha casado com a filha dele há uns oito meses, aí ele foi à minha casa um dia à noite e fez um drama. "Eu vou vender, não tenho ninguém para me ajudar." Lembro que fui dormir, conversei com a Gigi, que tentava não influir em nada, ela tinha medo de eu ir, e pensei: "Vou um tempo, ver como é que é, dou uma força". Fui conversar com ele, ele fez a proposta de eu ser o principal executivo, já não era para ser só um diretor. Aí fui conversar com um tio, mineirão, advogado, e ele mandou botar no papel. Lembro que aí botei dez coisas no papel. Condições. Muita ousadia. Aí fui com o Ary e ele foi aceitando cada coisa que eu fui falando. Seja coisa material, seja outra coisa. Tipo: cada negócio novo que fizesse eu tinha direito de comprar dez por cento, ser sócio, coisas desse tipo. Ele foi aceitando tudo. Quando chegou na décima eu falei que a gente tinha que escrever um acordo. Aí ele ficou puto. Disse: "Como?". Eu era genro dele, como eu estava desconfiando dele? Foi foda. Tive uma iluminação naquela hora. Falei: "Olha, eu posso sair daqui amanhã e morrer. Eu estou largando uma carreira, um negócio, sou casado com sua filha". E eu sabia que, àquela altura, a irmã mais velha da minha mulher tinha um marido que trabalhava na empresa, e tinha se afastado de lá. "Porra, se amanhã o senhor morre, vai me deixar numa situação... Quem vai garantir que tudo isso vai ser cumprido?" Aí, muito a contragosto, ele concordou em fazer um papel.

Com a capitulação, Mattos se tornou o terceiro genro de Ary Carvalho empregado no grupo, um clássico modelo de gestão de empresa familiar. Joaquim Carlos Barros, marido de Ariane, a filha mais velha do empresário, já trabalhara no *Dia*, na área administrativa (e depois foi transferido para o *Diário Popular*, em São Paulo). Marcos Cruz, marido de Dadá, a filha do meio, era gerente-jurídico do jornal. Último a chegar, Mattos, casado com Gigi, a caçula, foi nomeado diretor-superintendente, o segundo cargo na hierarquia da empresa, com ascendência sobre os outros dois genros de Carvalho. Ao descrever sua chegada ao jornal, Mattos ajuda a desenhar a figura do sogro:

> Era início de 89, eu tinha acabado de fazer 27 anos. Eu era o típico paraquedista. Genro. Não entendia porra nenhuma daquele negócio. Por mais que eu tivesse credenciais do ponto de vista acadêmico, de uma carreira... Ele fez uma reunião, no dia em que eu cheguei lá, às cinco da tarde. E ele disse: "De agora em diante é com o Walter". Essa reunião terminou a uma da manhã, os números estavam todos errados, a forma como apresentavam... E nunca mais ele fez uma reunião com nenhum diretor, nunca mais ele recebeu um diretor. Os caras falavam comigo, e eu falava com ele. E acabou a relação dele com todos os diretores da empresa.

O período em que Mattos trabalha no *Dia* coincide com um grande salto do jornal. Quando adquirido por Ary Carvalho de Antônio Chagas Freitas, ex-governador do Rio de Janeiro, em 14 de outubro de 1983, *O Dia* era um jornal popular bem sucedido, em termos de tiragem, com circulação diária de 180 mil exemplares nos dias da semana e 300 mil aos domingos, mas com problemas de imagem e de caixa. O jornal combinava notícias policiais pesadas, noticiário político favorável aos interesses de Chagas Freitas, cobertura esportiva e prestação de serviços às classes D e E.

> Ary Carvalho herdou um jornal populista, policialesco, com um ranço político onde se misturavam o sensacionalismo barato, crimes sanguinolentos e proselitismo político. Como empresa, misturava os vícios de uma instituição privada mal administrada com o paternalismo e ineficiência de uma repartição pública.[48]

Com a contratação de Mattos, em 1989, Ary Carvalho aprofunda o plano de renovação do jornal ou, nas palavras dos especialistas em marketing, de "reposicionamento da marca". A estratégia consistiu em ampliar o universo de leitores, mirando a classe C e, até, a classe B – leitores com maior poder de compra que, numa situação de estabilidade econômica, poderiam adquirir o jornal e atrair anunciantes. Para não ter prejuízos com a perda de leitores da classe E, que garantia a venda em bancas, mas não rendia publicidade, Carvalho lançou *A Notícia*, que herdou o estilo "espreme que sai sangue" do velho *Dia*.

Em busca de leitores mais qualificados, *O Dia* investiu em várias frentes. Na redação, contratou profissionais qualificados, vindos do *Jornal do Brasil* e do *Globo*, diminuiu a ênfase no noticiário policial, criou um caderno de variedades e, até, um de automóveis – uma decisão surpreendente num jornal que, acreditava-se, era lido por um público que se locomovia, principalmente, por meio de transportes públicos. Do ponto de vista gráfico, a mudança foi significativa. O jornal adquiriu um novo parque gráfico, informatizou a redação e, em 1992, apresentou-se de cara totalmente nova, colorido, aos leitores. Estabeleceu-se uma verba anual de 4% da receita para gastos em marketing, "quase o dobro da média mundial para o setor"[49]. As principais campanhas publicitárias colocadas em prática nos anos 90 tinham o objetivo de diminuir o preconceito contra o

---

48 Luiz Eduardo Teixeira Brandão. "A volta por cima de um diário popular", in Revista Brasileira de Management, 1(3), Rio de Janeiro, maio/jul. 1989, p. 50-58.

49 Luiz Eduardo Teixeira Brandão, *op. cit.*, p. 54.

jornal. Uma das peças mostrava pessoas famosas, no Rio, lendo o jornal e perguntava: "Você já viu quem está lendo *O Dia*?".

O reposicionamento da marca trouxe novos anunciantes. Entre 1988 e 1995, houve um crescimento de 120% no volume de anúncios[50], bem como um incremento significativo dos leitores de classes C e B. Em 1995, a revista *Veja* estimou em 42 milhões de dólares o investimento total feito na modernização do Dia[51]. Naquele ano, o jornal havia se tornado o recordista de vendas em bancas no Brasil, cerca de 11 milhões de exemplares ao mês (300 mil nos dias de semana, 600 mil aos domingos). Com o "reposicionamento" que promoveu em *O Dia*, Carvalho mirou diretamente *O Globo* e *Jornal do Brasil*, então os jornais de maior prestígio do Rio de Janeiro. O empresário obteve grande sucesso em termos comerciais, como veremos em seguida, mas será que conseguiu ampliar o prestígio do jornal e o seu, pessoal, ao longo dos anos?

As mudanças no jornal, evidentemente, embutiam um enorme esforço em granjear prestígio e poder para o seu proprietário. Por motivos que podem estar relacionados à sua trajetória pessoal e aos rumos que seguiu em seu percurso profissional, Carvalho sempre foi visto como um personagem menor no campo da imprensa. Um indicador nesse sentido é dado pelo *Dicionário Histórico-Biográfico Brasileiro*, da Fundação Getúlio Vargas, uma obra de referência no gênero, que lista os principais personagens, instituições e eventos da história contemporânea brasileira, de 1930 aos dias atuais, em 6.620 verbetes. O DHBB não dedica a Carvalho um verbete próprio, apenas referências em outros verbetes, diferentemente do espaço que ocupam os seus principais concorrentes, Manoel Francisco do Nascimento Brito e Roberto Marinho, ambos protagonistas de alentados verbetes nessa obra.

Do cruzamento de informações colhidas no DHBB[52] e algumas notícias na imprensa, sabemos que Carvalho nasceu em 1934, em Birigui, interior de São Paulo, em uma família de origem modesta. Segundo a filha

50 *Ibidem*, p. 55.

51 *Ibidem*.

52 Ver os verbetes "O Dia", "Última Hora", "Zero Hora" e "Chagas Freitas".

Eliane, seu pai "era um brasileiro típico, menino pobre, que venceu na vida"[53]. Aos 14 anos, mudou-se para a capital, onde viria a se formar em Direito, na USP. Aos 20 anos, trabalhava num jornal de bairro, a *Folha de Pinheiros*, quando conseguiu um emprego como repórter em *A Última Hora*. Fez carreira no jornal e, depois de diversas promoções, em 1961, aos 27 anos, foi convidado por Samuel Wainer (1912-1980) para ser o diretor de Redação da edição de *Última Hora* no Paraná, que vendia 6 mil exemplares ao dia. No ano seguinte, transferiu-se para Porto Alegre, para comandar a edição gaúcha do jornal.

Fundado por Wainer em 1951, com o auxílio de recursos oficiais, UH destacou-se no panorama da imprensa brasileira por manifestar apoio explícito ao governo Vargas, em dissintonia com todos os demais jornais de prestígio do país, que faziam oposição violenta ao presidente[54]. Tal antagonismo se repetiu durante o governo João Goulart, a quem UH apoiou até 31 de março de 1964, enquanto quase todos os seus concorrentes fizeram dura oposição ao presidente, pediram a sua queda e festejaram o golpe militar. Nos primeiros dias de abril de 1964, a sede da *Última Hora*, no Rio de Janeiro, foi apedrejada e Wainer teve os seus direitos políticos cassados. O jornalista fugiu para a Europa, onde permaneceu até 1967. O comportamento de Ary Carvalho nesse episódio é motivo de controvérsias. Segundo os textos publicados por ocasião de sua morte, em 2003[55], nos dias seguintes ao golpe Carvalho procurou Wainer na embaixada do Chile, onde o jornalista encontrava-se asilado, e propôs comprar a edição gaúcha de *Última Hora*. Wainer não aceitou a proposta, mas vendeu alguns equipamentos (máquinas de escrever e de fotografia, um arquivo fotográfico, quatro jipes e cinco lambretas) para

53 "Ary Carvalho, o homem que modernizou *O Dia*", *O Globo*, 5 jul. 2003.

54 A história de *Última Hora* é contada de forma desabrida por seu próprio criador, Samuel Wainer, no livro de memórias, publicado postumamente, *Minha razão de viver*, Rio de Janeiro, Record, 1987.

55 "Morre o jornalista e empresário Ary Carvalho", *O Dia*, 4 jul. 2003; "Ary Carvalho, o homem que modernizou *O Dia*", *O Globo*, 5 jul. 2003; "O jornalista que virou empresário", *Jornal do Brasil*, 5 jul. 2003.

Carvalho. Com esse capital, o jornalista tornou-se empresário e fundou o jornal *Zero Hora*, em Porto Alegre. Na versão do jornalista José Silveira, registrada no DHBB, Carvalho não apenas se solidarizou com o golpe militar como pediu ao comandante do II Exército apoio para encampar *Última Hora*. Na seqüência, mudou o nome do jornal para *Zero Hora* e passou a defender o regime militar[56].

Cinco anos depois da fundação, sem conseguir viabilizar o negócio, Carvalho vendeu *Zero Hora* ao grupo RBS, que o controla até hoje. O empresário mudou-se para o Rio em 1970, onde dirigiu *O Jornal*, do grupo Diários Associados. Em 1973, adquiriu a edição carioca de *Última Hora*, então um jornal de linha popularesca, sufocado pela censura, sem nenhum prestígio e escassos leitores. Manteve o título até 1987, quando o vendeu para o empresário José Nunes Filho[57]. Antes disso, em 1983, em outro episódio polêmico, Carvalho adquiriu O *Dia* e uma série de imóveis na rua Riachuelo, no centro do Rio de Janeiro, de Antônio de Pádua Chagas Freitas (1914-1991). Ex-governador do Rio de Janeiro, Chagas Freitas foi um político tão conservador quanto habilidoso, cuja biografia registra o feito de ter conseguido alinhar-se com o regime militar mesmo sendo filiado ao MDB, o partido de oposição ao governo. A venda do jornal foi atribuída na época à desilusão de Chagas Freitas com a política, após ter sido publicamente rejeitado por Miro Teixeira, o candidato que indicou para a sua sucessão ao governo, em 1982. Em 1991, logo após a sua morte e oito anos depois da venda de O *Dia*, a família do ex-governador entrou com uma ação na Justiça, argumentando que Chagas Freitas não estava no pleno gozo de suas faculdades mentais ao vender o jornal. Prova disso seria o valor auferido pelo negócio imobiliário, que teria rendido um lucro exagerado ao comprador. Em 1999, o Supremo Tribunal Federal deu ganho de causa a Carvalho.

---

56 Alzira Alves de Abreu et alli, *Dicionário histórico-biográfico brasileiro*, Rio de Janeiro, Fundação Getúlio Vargas, 2. ed, 2001, volume V, verbete "Zero Hora", p. 6.146.

57 Com uma dívida de 450 milhões de cruzeiros, a falência da *Última Hora* foi decretada em 26 de julho de 1991.

Não que as biografias de Nascimento Brito e, sobretudo, de Roberto Marinho não registrem episódios polêmicos, mas ambos conseguiram, por motivos diversos, ao longo de suas trajetórias, acumular infinitamente mais capital simbólico que Ary Carvalho. Dos três, Manuel Francisco do Nascimento Brito (1922-2003) é o de origem mais abastada. Nasceu na capital federal, filho de um engenheiro, que foi diretor da Associação Comercial do Rio de Janeiro, fez a formação básica no Colégio São Bento, um dos mais tradicionais da cidade, e tornou-se, aos 21 anos, piloto e oficial da Força Aérea Brasileira. Diplomou-se em direito e começou uma carreira nessa área, atuando na empresa aérea Cruzeiro do Sul, mas o casamento, em 1946, com a enteada do conde Pereira Carneiro, então proprietário *do Jornal do Brasil,* levou-o ao jornalismo.

Em 1946, o *Jornal do Brasil* tinha a má fama de ser "o jornal das cozinheiras", por dedicar suas primeiras páginas a anúncios classificados e colocar em segundo plano o noticiário político. É a pior fase de um matutino que fez história na imprensa brasileira. Fundado, em 1891, por Joaquim Nabuco, para fazer apologia da monarquia e atacar a república recém-estabelecida, o jornal chegou a se depredado por suas posições. Em 1893, afastado Nabuco e o grupo ligado ao Império, Rui Barbosa foi nomeado diretor, levando o jornal a adotar o ideário republicano, mas extremamente crítico ao governo Floriano Peixoto. A gestão de Barbosa durou meses, sendo encerrada com uma invasão militar do jornal e o seu fechamento. O *Jornal do Brasil* só voltou a circular um ano depois desse episódio e adotou uma linha mais moderada, privilegiando a informação de interesse popular (jogo do bicho, crônica policial, os problemas das classes menos favorecidas) em detrimento da opinião política. Em 1919, foi adquirido pelo conde Pereira Carneiro, que reforçou o esforço de moderação política em busca de um equilíbrio financeiro para a empresa. Ainda assim, como fizeram outros veículos, o diário apoiou a candidatura Washington Luiz em 1926 e, em 1930, criticou a Aliança Liberal de Getúlio Vargas, o que levou a nova invasão e empastelamento da sua sede, em outubro daquele ano, na seqüência da revolução. Ao longo do governo Vargas, Pereira Carneiro radicalizou a opção por transformar o jornal num produto comercialmente viável, "um boletim de anúncios", como defendia o diretor Pires do Rio, levando-o a perder peso político e prestígio[58].

Pereira Carneiro, morto em 1953, foi sucedido na direção do jornal por sua viúva, a condessa Maurina Dunshee de Abranches Pereira Carneiro, que decidiu reformular o jornal e abriu espaço para o genro, Nascimento Brito, atuar de forma decisiva no processo. Em 1956, ele contratou o jornalista Odílio Costa Filho para dar início à reforma editorial do jornal. Naquele ano foi criado o *Suplemento Dominical do Jornal do Brasil*, que se tornaria um dos mais famosos suplementos culturais da imprensa brasileira. Três anos depois, a primeira página é reformulada, e os anúncios classificados perdem o espaço que ocupavam.

Ao longo das décadas de 60 e 70, o *Jornal do Brasil* recuperou o prestígio, ainda que adotando uma política editorial dúbia tanto em relação ao governo João Goulart quanto ao regime militar. Apoiou a proposta de reformas de base de Goulart, em 1962, mas lamentou a guinada "esquerdista" do governo e se juntou ao coro que festejou o golpe de 1964. Nos anos seguintes, o jornal adotou uma posição relativamente progressista em termos políticos e ortodoxa em matéria de economia. Repudiou o AI-5, em 1967 e, por meio de alguns colunistas, como Carlos Castelo Branco e Alceu do Amoroso Lima (Tristão de Athayde), veiculou críticas ao governo. Essa posição se intensificou no governo Geisel (1974-1979), a quem o jornal criticou por seu estilo centralizador e por medidas econômicas consideradas estatizantes. Na visão de Nascimento Brito, o prestígio conquistado por essa posição de relativa independência durante o regime militar impediu o *Jornal do Brasil* de obter uma concessão para explorar uma rede nacional de televisão, ainda na década de 70.

Em 1981, o jornal teve voz importante na denúncia ao inquérito militar que apurou o atentado ocorrido no Riocentro, em 1º de maio, atribuído oficialmente a um grupo de esquerda, quando na verdade foi cometido por dois militares de extrema direita. No ano seguinte, na primeira eleição pelo voto direto para governador, o jornal também foi fundamental na denúncia de que havia um esquema montado na apuração dos votos para beneficiar o

58 Alzira Alves de Abreu et alli, *op. cit.*, v. III, verbete "Jornal do Brasil", p. 2.869.

candidato do partido governista, Moreira Franco, em prejuízo do candidato da esquerda, Leonel Brizola. O *Jornal do Brasil*, enfim, consolidou-se ao longo desse período como o mais importante jornal do Rio de Janeiro e um dos mais respeitados do país. Nascimento Brito, à frente do empreendimento, conquistou inúmeros prêmios, no Brasil e no exterior. Em 1992, assumiu a presidência do Museu de Arte Moderna do Rio, além de exercer cargos honoríficos, na PUC, na UERJ e na George Washington University.

Ainda na década de 70 tem início a crise financeira que iria levar o jornal, 20 anos depois, a perder parte do prestígio acumulado e culminaria, em 2000, na venda da empresa para Nelson Tanure. Os problemas do *Jornal do Brasil* são atribuídos, em primeiro lugar, à mudança da sede, do centro do Rio para um prédio de luxo erguido na empobrecida e isolada zona portuária. Além do investimento no imóvel, muito maior do que as necessidades do jornal, havia a expectativa de que a cidade cresceria naquela direção, o que nunca ocorreu. Nessa época, o *Jornal do Brasil* fez uma aposta tecnológica por um sistema de impressão, chamado *letter press*, quando a maioria dos jornais do mundo já usava o *offset*, o que também causou problemas à empresa. Por fim, a não concessão da sonhada rede nacional de tevê teria impedido o crescimento da empresa.

As décadas de 60 e 70 foram decisivas na configuração do campo da mídia brasileira, em função da criação de grandes redes de televisão, estimuladas pelo regime militar, no contexto de um projeto de "integração nacional", no qual o Estado era entendido como centro irradiador de todas as atividades[59]. As restrições do governo ao *Jornal do Brasil* nessa área ajudam a explicar uma rara manifestação pública de Nascimento Brito sobre o seu principal concorrente, o grupo Globo, a quem acusou, em uma entrevista à revista *Veja*, em 1977, de transformar os programas jornalísticos da emissora em noticiosos do governo[60].

Roberto Marinho (1904-2003), como vimos no capítulo I, era o filho mais velho de Irineu Marinho, um jornalista de origem remediada, que conseguiu fundar dois jornais, *A Noite*, perdido para um sócio, e de-

59 Ver a esse respeito, por exemplo, Alzira Alves de Abreu, *op. cit.*

60 Ibidem, v. II, p. 289, verbete "Brito, Nascimento".

pois *O Globo*. Irineu Marinho morreu dias depois do lançamento de *O Globo*, em 1925, mas seu filho, então com 21 anos e hábitos de "playboy", preferiu não assumir a responsabilidade de dirigi-lo. Em 1931, finalmente, Roberto Marinho ocupou o comando da direção de *O Globo*. A história do vespertino é a de um empreendimento muito bem-sucedido, do ponto de vista empresarial, mas de menor prestígio e influência, ao menos até a década de 80. Um dos motivos está ligado ao fato de que o jornal adotou ao longo de sua história uma postura de pouca ou hesitante militância política, privilegiando o noticiário de interesse cotidiano, inclusive o esportivo, em detrimento do jornalismo político e de opinião. Quando tomou posições, quase sempre seguiu as tendências governistas. E quando esteve na oposição, assumiu a defesa das posições da elite econômica do país[61].

O jornal apoiou a Aliança Liberal de Getúlio Vargas, contra o candidato de Washington Luis, e elogiou a revolução que "empolgou o país" em 1930, mas cobrou a promessa de redemocratização e acompanhou com simpatia o movimento revolucionário desencadeado a partir de São Paulo, em 1932. Saudou, porém, a Constituição de 1934, que permitira a Vargas eleger-se presidente de forma indireta, e elogiou a Lei de Segurança Nacional, de 1935, criada em resposta aos movimentos integralista e comunista. Roberto Marinho fez restrições ao Estado Novo, mas aceitou participar do Conselho Nacional de Imprensa do Departamento de Imprensa e Propaganda, o órgão do regime que censurou a imprensa no período. A partir de 1945, e até 1964, simpático à UDN, Roberto Marinho apoiou o marechal Eduardo Gomes nas eleições contra o general Eurico Gaspar Dutra (1945) e contra Getúlio Vargas (1950), e depois as candidaturas de Juarez Távora contra Juscelino Kubitschek (1955) e a de Jânio Quadros contra o general Henrique Lott (1960). Ao longo do governo JK, colocou-se contra a construção de Brasília e em defesa de uma política econômica ortodoxa, de controle da inflação e restrições ao crédito, apoiou o Fundo Monetário Internacional, com o qual o presidente acabou rompendo. Como toda imprensa, com exceção da *Última Hora*, fez acirrada oposição ao governo

61 Ibidem, v. II, pp. 2.540-2.548, verbete "O Globo" e v. III, pp. 3.584-3.588, verbete "Marinho, Roberto".

Vargas, por entender que ele abriu "as comportas para as ondas de subversão", e festejou o golpe militar de 1964, que derrubou o governo João Goulart, como uma vitória da democracia.

O período pós-64 marca o início da expansão das Organizações Globo e a transformação de Roberto Marinho no principal protagonista do campo da mídia brasileira. Em 1965, com financiamento de seis milhões de dólares do grupo norte-americano Time-Life, Marinho inaugura a TV Globo do Rio de Janeiro. No ano seguinte, adquire a emissora que passará a reproduzir a sua programação em São Paulo; chega a Belo Horizonte em 1968, a Brasília em 1971 e a Recife em 1972. Uma CPI, no Congresso, concluiu em 1966 que o acordo com o Time-Life feria a Constituição brasileira, mas a investigação não teve conseqüências legais e o governo Castelo Branco arquivou o inquérito em 1967. Em 1969, a Globo estreou o Jornal Nacional, primeiro programa diário de televisão a alcançar praticamente todo o território do país. O apoio de Roberto Marinho ao governo expressou-se de forma explícita na televisão, por meio da divulgação de notícias favoráveis e ausência completa de críticas, mas atingiu também o jornal em um de seus mais visíveis baluartes: a defesa do liberalismo. Durante o regime militar, o apoio à privatização de empresas públicas (o jornal foi contra a criação da Petrobrás, por exemplo) foi deixado de lado e o jornal encampou a política de estatizações do regime.

Em meados da década de 70, ao completar dez anos, a TV Globo transmitia quatro novelas por dia, o *Jornal Nacional* era o programa mais visto no país, atingindo 25 milhões de pessoas, e a emissora tornara-se responsável por 70% da programação nacional exibida. Por conta de seu governismo, enfrentou alguns percalços na transição do regime militar para a democracia, mas nada que tenha atrapalhado a sua consolidação e crescimento. No início da década de 90, a Globo possuía cinco emissoras próprias e 63 afiliadas, que reproduziam a sua programação, cobria 99% do território brasileiro, era responsável por 78% da audiência total das televisões e absorvia 75% da verba publicitária do setor.

No final de 1983, a emissora ignorou os primeiros comícios em favor de uma emenda que aprovaria a volta de eleições diretas para presidente e, depois de acompanhar o assunto com excessiva discrição no início de 1984, viu-se forçada, por causa de críticas e protestos, a mudar o seu comportamento. Na disputa que ocorreu, em seguida, entre Tancredo Neves e Paulo Maluf, Roberto Marinho manifestou apoio explícito ao candidato da Aliança Democrática. Sinal do poder que iria ter no novo regime, horas depois da eleição pelo Colégio Eleitoral, Tancredo almoçou com o próprio Marinho e com Antônio Carlos Magalhães, que viria a ser nomeado ministro das Comunicações. Marinho foi um aliado de primeira hora também de José Sarney (1985), Fernando Collor de Mello (1989), Itamar Franco (1992) e Fernando Henrique Cardoso (1994). E, embora não tenha sido apoiado por Marinho quando se candidatou, em 2002, o presidente Lula compareceu ao enterro do empresário, no ano seguinte.

O prestígio alcançado por Roberto Marinho, que herdou um jornal do pai, está muito ligado ao poder pessoal que acumulou a partir do momento em que a Rede Globo se tornou protagonista na vida política e cultural do país. O de Nascimento Brito parece estar relacionado, em primeiro lugar, aos laços familiares que estabeleceu e, posteriormente, à história acumulada pelo jornal que dirigiu e ao seu papel em um momento importante dessa história. Por conta própria, sem o apoio de parentes, Ary Carvalho fez carreira à sombra de Samuel Wainer, um jornalista que ficou famoso por se colocar na contracorrente de toda a imprensa. Ao se "separar" de Wainer, Carvalho seguiu um caminho radicalmente oposto ao do "mestre", apoiando o regime militar e apostando em um jornalismo popular, com pouco peso político. Em resumo, não é possível ignorar que acumulou importante capital político ao longo de sua trajetória, seja no período em que conviveu com Wainer, seja ainda em seu caminho posterior, ainda que não tenha conseguido angariar o mesmo prestígio e o poder de seus concorrentes.

Para além de alguns dados objetivos conhecidos (o presidente Sarney, por exemplo, consultou Roberto Marinho antes de nomear Maílson da Nóbrega como ministro da Fazenda em 1988), há também, como vimos, inúmeros fatores subjetivos em jogo, ligados à percepção que temos sobre a importância dos empresários nesse ramo, o peso de seus jornais e a sua capacidade de influenciar. São, em todo caso, fatores difíceis de mensurar. Sugiro acrescentar um indicador numérico na tentativa de comparar o prestígio de Ary Carvalho frente ao de Manuel Francisco do Nascimento Brito e Roberto Marinho no mercado de jornais fluminense. Por coincidência, os três empresários morreram num intervalo de seis meses, ao longo do ano de 2003, vinte anos depois que Carvalho adquiriu o *Dia*. Sugiro ver como a *Folha de S.Paulo*, então o principal jornal do país em termos de vendas e de prestígio, e a *Veja*, a principal revista semanal, noticiaram as três mortes. Não é um termômetro absoluto, mas adiciona um dado objetivo à avaliação.

Nascimento Brito morreu em 8 de fevereiro, dois anos depois de vender o JB para Nelson Tanure. No dia seguinte, a *Folha* trouxe uma chamada na primeira página ("Morre o patriarca do 'Jornal do Brasil'") e dois textos na página 14: "Morre aos 80 o empresário Nascimento Brito", com 7.099 caracteres, e uma "Repercussão", com comentários de pessoas famosas, com 1.700 caracteres. No dia seguinte, o jornal paulista noticiou o enterro, num texto de 2.565 caracteres, intitulado "Corpo do empresário Nascimento Brito é cremado em cerimônia". Ary Carvalho morreu em 4 de julho. Sua morte não foi noticiada na primeira página da *Folha*, somente à página 13, com dois textos: "Ary Carvalho, de 'O Dia', morre aos 69" (3.850 caracteres) e uma "Repercussão" (1.800 caracteres). A morte do antigo dono do JB, em resumo, mereceu uma chamada de primeira página e três textos, num total de 11.365 caracteres, contra dois textos dedicados ao proprietário de *O Dia*, com um total de 5.650 caracteres. Por essa métrica, naturalmente incompleta, um Nascimento Brito equivale a dois Ary Carvalho.

Roberto Marinho morreu em 6 de agosto. A cobertura da *Folha* para o acontecimento prolongou-se por quase uma semana. Vamos nos limitar apenas ao noticiário dos dois primeiros dias. No dia 7, na edição que circulou em São Paulo, o jornal trouxe uma chamada de primeira página e mais três páginas (da 12 a 14) com notícias, artigos e informações sobre o proprietário das Organizações Globo. Foram nove textos, com um total de 34 mil caracteres[62]. No dia seguinte, o enterro do empresário foi noticiado em três páginas (da 12 a 14), em 12 textos e quadros, que

62 Alguns títulos da *Folha* em 7 de agosto: "Morre Roberto Marinho, criador da Globo", "Um grande legado" (por Carlos Heitor Cony), "Presidente decreta luto oficial de três

somam 37,5 mil caracteres[63]. Medidos pela quantidade de tinta e papel da *Folha de S.Paulo*, um Roberto Marinho equivale a sete Nascimento Brito e a quase 13 Ary Carvalho.

Em *Veja*, a morte de Nascimento Brito é publicada como um tópico, sem título, na seção "Datas", num texto de 1.700 caracteres[64]. Já a morte de Ary Carvalho merece um texto igualmente em "Datas", mas com 679 caracteres, abaixo de uma nota sobre o falecimento de Katharine Hepburn, com 850 caracteres[65]. Ou seja, pelo metro da semanal, um Nascimento Brito vale 2,5 Ary de Carvalho – um pouco mais do que na *Folha*. Já a morte de Roberto Marinho ocupa quatro páginas em *Veja*, com uma reportagem principal, intitulada "Interrompemos nossa programação", de 9.900 caracteres, além de um quadro, com marcos da história da Globo, de 1.300 caracteres, num total de 11.200 caracteres[66]. Por este método, um Roberto Marinho vale 6,5 Nascimento Brito e 16,5 Ary Carvalho – índices não muito diferentes dos medidos na leitura dos obituários da *Folha*.

Cumpre dizer, ainda, que esta mensuração de caracteres está longe de poder servir como uma métrica mais geral. Tradicionalmente, a imprensa tende a sublinhar o relevo político de personagens do mundo jornalístico, assim como tratar dos problemas do meio de uma forma mais visível do que dedica a muitas outras áreas tão ou mais importantes.

Em todo caso, Mattos tinha a clara noção do que representava, em termos de prestígio, trabalhar em um jornal popular como o *Dia*. Ao relatar por que recusou um primeiro convite do sogro, para ser diretor da

dias", "Jornalista deixa mulher, filhos, netos e bisnetos", "Empresário influiu durante 7 décadas", "Grupo é o maior império de mídia do país".

63 Títulos do dia 8: "Enterro de Marinho leva autoridades ao Rio", "Funeral eleva tráfego de aviões para a cidade", "Grupo Folha envia condolências", "No velório, Lula elogia 'homem de vanguarda'", "Brizola ressalta diferenças, mas elogia Marinho", "Globo fatura R$ 4,5 bi e emprega 20 mil", "Um empreendedor nato" (por Luis Nassif), "Roberto Marinho" (editorial).

64 *Veja*, n. 1.790, São Paulo, 19 fev. 2003, p. 73.

65 Ibidem, n. 1.810, São Paulo, 9 jul. 2003, p. 79.

66 Veja, n. 1.815, São Paulo, 13 ago. 2003, pp. 80-83.

empresa, chega a classificar o diário como "um jornal de quinta (categoria)" e explicita o incômodo que lhe causava ser associado àquela marca:

> Eu trabalhava numa multinacional brasileira, carro, motorista, ganhava bem, viajava, tinha um mundo, digamos assim. E ir pra um jornal de quinta, as próprias instalações eram feias. Tanto que até quando eu fui trabalhar lá, durante muito tempo, eu chegava em algum lugar e falava que trabalhava no *Dia*, as pessoas me olhavam meio assim. Aí eu disse não.

O acordo de Ary Carvalho com Walter de Mattos estabelecia que o dono do jornal cuidava da linha editorial e o seu principal executivo de todo o resto. Uma relação de total confiança, diz Mattos. "Todos os segredos, todo o conhecimento que ele acumulou ao longo da vida, ele teve a sensibilidade de compartilhar." Uma relação nascida sob o signo familiar, mas que sobreviveu muito bem ao fim do casamento de Mattos com Gigi Carvalho. "Quando eu me separei da filha dele, ele ficou um ano e meio sem falar com a filha. Era muito passional." Ainda assim, a situação de partilha do poder não deixava o executivo satisfeito. Na visão de Mattos havia uma situação de comando duplo. O editor-chefe, principal jornalista do diário, discutia com Carvalho questões editoriais e com Mattos os problemas administrativos. "Se eu apertasse o editor, ele corria para o Ary", conta.

Mattos queria ter autoridade também sobre a redação. Critica abertamente decisões editoriais tomadas, sobre as quais não teve poder de veto. "Quando *O Dia* contratou a Nélida Piñon e o Millôr para escreverem no jornal, já era um prenúncio do desvio de rota que, a meu ver, acabou trazendo muitos problemas."

A crítica de Mattos diz respeito ao que, na sua visão, foi "uma maluquice" no projeto de "reposicionamento" do jornal em direção à classe B, ao longo da década de 90. A certa altura, não contente em ser "um jornal de família que o trabalhador leva para casa"[67], *O Dia* partiu para uma competição aberta com os principais diários da classe média carioca, *O Globo* e o *Jornal do Brasil*. A contratação dos colunistas citados, na visão do empresário, foi um dos muitos sinais de "perda de foco" no projeto.

Mattos achava que a empresa devia investir em outro jornal de âmbito nacional, dedicado à elite econômica do país, e manter *O Dia* como um diário popular, forte junto às classe C e B no Rio de Janeiro. Chegou-se a cogitar, dentro da empresa, a compra do *Jornal do Brasil*, então em sérias dificuldades financeiras, mas o projeto não avançou. O empresário então se dedicou a um plano ainda mais ousado: a criação de *O Independente*, inspirado no diário inglês *The Independent*. Mattos registrou o título e contratou um jornalista renomado, Marcos de Sá Correa, para tocar o projeto.

> Eu acreditava, por exemplo, que dava para levantar dinheiro de investidores. O Ary nunca acreditou nisso. Eu acreditava que eu lançava um jornal desses vendendo 30 cotas, para os 30 maiores empresários do Brasil. Tinha um credo, toda uma montagem... Era um projeto para você botar 100 milhões de dólares no bolso para partir e saber que você ia agüentar cinco anos[68].

Ary Carvalho não topou. Pior. "Ele me enrolou e enrolou o Marcos. Até levou o Marcos para ser editor-chefe do Dia", diz Mattos[69]. É

67 Luiz Eduardo Teixeira Brandão, "Jornal O Dia: Formulação e implementação de uma Estratégia Empresarial", trabalho vencedor do prêmio "Mário Henrique Simonsen" do I Concurso Nacional de Case Studies promovido pela ABAMEC - Associação Brasileira dos Analistas do Mercado de Capitais e FGV - Fundação Getúlio Vargas. Rio de Janeiro, FGV/ABAMEC, 1996.

68 Entrevista de Walter de Mattos Junior ao autor, São Paulo, 11 dez. 2002.

69 O jornalista foi editor-chefe do *Jornal do Brasil* entre os anos 80 e 90 e, antes, ocupara cargos importantes na revista *Veja*.

nessa época, segundo semestre de 1995, que Mattos afirma ter voltado a sentir o que havia percebido em 1988, depois de anos com Fragoso Pires, na Frota Oceânica. "É aquela história de bater no teto de novo", elabora. O divórcio com o ex-sogro foi doloroso, como se pode ler no longo extrato a seguir:

> Escrevi uma carta de quatro ou cinco laudas. Foi depois de um almoço, em dezembro de 95. Na carta, fiz um balanço do período. Em uma passagem eu dizia que não poderia forçar (*a empresa a*) ir para um caminho que não fosse o caminho do dono, e que em algum momento isso iria causar algum problema. Se alguém tinha que abrir mão disso era eu, e não ele. Aí eu dizia explicitamente que estava saindo, e que queria começar a conversar com ele sobre isso. Durante três semanas ele não tocou no assunto comigo. Aí um dia ele me chamou, fez uma tentativa de me segurar. Tinha um negócio da *Notícia*, que eu tinha relançado embaixo do *Dia*. Eu queria transformar *A Notícia* em tablóide. E era uma frustração em certo sentido juvenil, porque eu podia fazer tudo e as coisas que eu não conseguia fazer me frustravam muito, e começaram a frustrar cada vez mais. Ele falou que eu podia fazer do jeito que eu queria e tal. Aí eu fui muito sacana. "Então vamos fazer o seguinte: o senhor recebe *O Dia* em casa. Se um dia o senhor receber *O Dia* lá e o formato dele mudou pra tablóide?". E ele: "Não. Nesse dia a gente vai brigar". Ele não estava preparado para abrir mão daquilo. E é legítimo. Tinha que ser uma coisa dele. Ele queria que eu ficasse e, naquele momento, ele ia me prometer qualquer coisa. Mas eu sabia que, se fosse cumprido, ia ser à custa de muita frustração dele[70].

70 Entrevista de Walter de Mattos Junior ao autor, 3 set. 2003.

Mattos trabalhou por cerca de nove anos no *Dia*, sempre na posição de principal executivo do grupo de Ary Carvalho. O seu discurso mostra como, nessa posição, ao longo do tempo, amadureceu o desejo de deixar de ser um funcionário para se tornar um proprietário. Para dar esse salto, acumulou um capital específico do campo, em parte visível, em parte não. O maior troféu de um executivo da área de comunicação, e também de jornalistas que exercem cargos de comando em redações, são os números exibidos no início e no fim de suas gestões, ainda que o jornalismo seja um trabalho eminentemente de equipe. Na primeira entrevista que concedeu, para tratar da criação do *Lance!*, Mattos aproveitou uma pergunta sobre o tempo que permaneceu no *Dia* para expor o seu currículo:

> Quase nove anos. Do final de 1988 até 1996. Fui vice-presidente quase o tempo todo. Quando eu cheguei lá, *O Dia* vendia 180 mil exemplares. Quando eu saí, vendia 340 mil. A edição dominical, que vendia 200 e poucos mil exemplares, quando eu saí vendia 500 e tantos mil. Chegou a ter edições de mais de um milhão de exemplares. Eu era o CEO, o principal executivo.[71]

Menos visível, porém mais determinante para a decisão de sair do jornal, talvez seja a percepção de Mattos a respeito do prestígio que acumulou no campo – junto à concorrência, aos anunciantes e aos credores – por sua participação decisiva no processo de reposicionamento do *Dia*, visto como muito bem-sucedido do ponto de vista do negócio. É esse capital, como se verá, que vai ajudar o empresário a fazer a transição de executivo para proprietário.

Em março de 1996, Mattos deixou o jornal do ex-sogro. Em julho, viajou para a Europa. Entre março e julho, movimentou-se com muito desembaraço. Marcos Falcão, do Icatu, e Bruno Rocha, do Dynamo, dois bancos de investimento, o procuraram, oferecendo-se para investir em al-

71 Entrevista de Water de Mattos Junior ao autor, São Paulo, 11 dez. 2002.

gum negócio. Mattos tinha o projeto do *Independente*, registrado em seu próprio nome, mas não ousou levá-lo adiante – o investimento exigido era muito alto. No período, recebeu a oferta, conta, para comprar o *Jornal dos Sports*, que não ia bem financeiramente, como vimos, mas a negociação não deu certo. Outro negócio esboçado no período, conta, foi a aquisição de um jornal do grupo João Santos, no Espírito Santo, proprietário de um conglomerado regional, com emissora de tevê, rádios, jornais etc. A negociação também deu errado. Se ainda havia restado alguma dúvida, depois da intensa relação com Ary Carvalho, Mattos entendeu claramente, no fracasso dessas operações de compra, que jornais não são exclusivamente fonte de renda e lucros:

> Eu percebi que podia ficar o resto da minha vida tentando comprar e não comprar nada. Porque a decisão [*de vender um jornal*] não é racional. O cara não compra ou vende porque você está oferecendo um preço justo ou não. Aquilo tem um valor político, um valor emocional. Eles colocam um preço totalmente fora da realidade...

Como Mattos, também Nelson Tanure e os sócios da editora Camelot tiveram idêntica percepção. Tanure tem sido relativamente bem-sucedido, até o momento, sobretudo nas investidas que fez em grupos de comunicação tecnicamente falidos, em situações nas quais os antigos donos (as famílias Nascimento Brito e Levy, do *Jornal do Brasil* e da *Gazeta Mercantil*) já não tinham mais como impor condições para impedir os negócios. Tentativas que fez, até onde se sabe, em grupos com melhor saúde financeira não deram certo. Jair Ribeiro e Gianpaolo Baglioni consumiram energia e recursos na tentativa de adquirir a *IstoÉ* em 1999, mas não obtiveram sucesso, apesar de fazerem uma oferta milionária, porque Domingo Alzugaray, ainda ambicionando desfrutar do prestígio acumulado como dono da revista, avaliava que a empresa tinha saúde e fôlego para se valorizar mais. Em março de 2007, devendo dois meses de salários aos funcionários, Alzugaray concordou em negociar a revista com Nelson Tanure, mas logo voltou atrás, optando, em maio daquele ano, por solicitar recuperação judicial.

A "ONDA" DO FUTEBOL

Com algumas possibilidades no ar, mas nada concretizado, Mattos viajou para a Europa. Diz que passou seis semanas estudando francês e depois fez um giro com o objetivo de visitar jornais esportivos. Conheceu o *L'Équipe*, na França, a *Gazzetta dello Sport*, na Itália, o *AS* e o *Marca*, na Espanha. Na viagem, confirmou o impacto que a reestruturação do futebol nesses países teve sobre as empresas jornalísticas.

Por "reestruturação do futebol", entenda-se o processo iniciado ainda nos anos 70 e impulsionado na década seguinte, especialmente na Inglaterra e na Itália, mas que logo alcançou Espanha, França e Alemanha, de transformação do esporte em um negócio rentável, o chamado "futebol-empresa". Desde a adoção do profissionalismo, em substituição ao amadorismo, na primeira metade do século XX, não ocorria uma mudança tão profunda na estrutura do esporte e nas relações entre os seus principais agentes (dirigentes, atletas, torcedores). Essa metamorfose ocorreu pela combinação, principalmente, de três fatores: a transformação dos clubes de futebol em empresas com fins lucrativos, o impulso à comercialização dos direitos de transmissão para a tevê dos torneios esportivos em bases rentáveis e o incremento dos investimentos em marketing de empresas que fornecem equipamentos e serviços para o negócio. Do ponto de vista cronológico, esse é um processo que corre em paralelo ao sucesso, em todo o mundo, do discurso que prega a liberalização econômica, a desregulamentação dos mercados, a reforma do Estado, a privatização, a busca da competitividade, entre outros valores do neoliberalismo. Como vimos na introdução, muito por influência dessa ótica liberal, as mudanças no futebol serão sempre vistas como um "processo de modernização", a despeito dos inúmeros problemas que provocaram e continuam a provocar[72].

Uma das dificuldades das pesquisas sobre esse assunto[73] reside no fato de que a metamorfose do futebol no Brasil começou com uma diferença de mais de uma década em relação à Europa. Muitas das mudanças com o objetivo de adequar o esporte ao novo modelo implicam em alterações de legislação, que ainda estão em discussão ou em fase de implantação, dificultando a avaliação que os autores fazem sobre os seus impactos.

Na Espanha, o processo de mudanças teve início no final da década de 80, quando o governo socialista propôs uma alteração na legislação, convertendo os clubes de futebol, então em grave crise financeira, em sociedades anônimas. Para atender aos interesses dos dois principais clubes do país, Real Madrid e Barcelona, a lei tornou opcional a possibilidade de os times se transformarem em empresas, mas obrigou todos a apresentar balanços positivos ao final de cada temporada e a reinvestir seus lucros exclusivamente em atividades esportivas. Em outubro de 1990, surgiu uma nova Liga Nacional, já sob a égide da lei federal. Em pouco tempo, os clubes, saneados, puderam contratar grandes astros estrangeiros, os investimentos em marketing cresceram e o campeonato espanhol começou a atrair atenção, rivalizando com o campeonato italiano, que havia passado por processo semelhante uma década antes[74].

A imprensa esportiva, que já tinha tradição nos países latinos, floresceu em conseqüência dessas mudanças. Mattos se interessou, em particular, pela trajetória do *Marca*, na Espanha. Fundado em 1938, era um jornal decadente quando foi a leilão em meados dos anos 80. No primeiro

72 Ver, a esse respeito, Marcelo Weishaupt Proni, *op. cit.*

73 Há outros estudos, mais técnicos, sobre esse processo. Veja, por exemplo, Marvio Pereira Leoncini, *Entendendo o negócio futebol*, tese de doutorado apresentada à Escola Politécnica da USP, São Paulo, 2001; Antonio Carlos Kfouri Aidar, Marvio Pereira Leoncini e João José de Oliveira (org.), *A nova gestão do futebol*, São Paulo, FGV Editora, 2002; Luiz Fernando Pozzi, Marcia Regina da Costa (org), "Futebol empresa" em *Futebol, espetáculo do século*, São Paulo, Musa, 1999.

74 Ver Marcelo Weishaupt Proni, *op. cit.*, pp. 54-56 e 198.

leilão, não apareceu comprador. No segundo, em 1984, foi levado "praticamente de graça", na visão do empresário, por cerca de 1 milhão de dólares. Transformou-se, em poucos anos, num extraordinário caso de sucesso empresarial[75]. Ao encerrar o seu tour pelo jornal espanhol, Mattos afirma que teve "um clique", "uma visão". Numa série de vídeos que encomendou para registrar o nascimento do *Lance!*, o empresário anota:

> Eu estava na Espanha, saindo de um dia de trabalho, de entrevistas, de conhecimento, de pesquisa, no *Marca*, que é o maior diário de esportes do mundo, e no táxi, indo para o meu hotel, de volta, eu tive a certeza de que ia fazer isso aqui[76].

De volta ao Brasil, em setembro de 1996, Mattos informou aos seus dois sócios potenciais, Marcos Falcão, do Icatu, e Bruno Rocha, do Dynamo: "Olha, esse aqui dá para fazer". A declaração deixa implícita a informação de que os dois investidores estavam decididos a apostar antes em Mattos do que em algum projeto específico. Há outros sinais, como já vimos no caso da editora Camelot, a indicar que sobravam recursos no mercado financeiro no período, dispostos a apostar numa possibilidade de investimento rentável.

Em busca de mais sócios, Mattos desenvolveu um "plano de negócios" e elaborou a primeira conceituação do jornal, num texto de quatro páginas, intitulado "A Onda": "Eu falava dessa onda do esporte que estava varrendo o mundo e que eu pensava que ia varrer o Brasil". Três premissas estão presentes no documento e na conversa de Mattos:

---

75 No início de 2006, tinha uma tiragem diária de 400 mil exemplares.

76 São oito fitas de vídeo, todas realizadas pela produtora Made for TV, do Rio de Janeiro, e dirigidas por Dora Lima. As fitas a que tive acesso estão numeradas de 1 a 8, faltando a fita número 2. O depoimento citado se encontra na fita 1, intitulada "O Walter e o Lance!", com data de 8 de julho de 1997.

1. Desde o Plano Real, lançado em julho de 1994, o Brasil vivia um raro período de estabilidade, sem inflação e com perspectivas de crescimento econômico. A queda drástica da inflação teve como conseqüência um aumento do consumo das classes C e D, com reflexos, até, na circulação de jornais. A política cambial, ainda não muito questionada, mantinha o real apreciado frente ao dólar, numa proporção de 1 para 1[77].

2. O Brasil vivia a perspectiva de "modernização" da sua legislação esportiva. Elaborava-se, à época, o que veio a ser chamado de Lei Pelé, um conjunto de normas que abraçava as expectativas de transformar o futebol em um negócio rentável, obrigando os clubes a virarem empresas e a profissionalizarem a sua gestão.

3. Discutia-se abertamente no país a proposta de alteração da legislação de mídia. O projeto de emenda ao artigo 222 da Constituição, apresentado no Congresso, autorizava a participação de até 30% de capital estrangeiro nas empresas de comunicação, algo até então proibido, e o controle por pessoas jurídicas brasileiras do negócio (a propriedade só era então permitida a pessoas físicas).

É nesse contexto que um terceiro investidor, o Banco Bozano Simonsen, de propriedade de Julio Bozano, por meio de Paulo Ferraz, o seu principal executivo, compromete-se com o projeto. E logo em seguida, entra um quarto sócio, o empresário Tobias Cepelowicz, proprietário da Petroserv, uma empresa do ramo petrolífero, fornecedora da Petrobrás. Uma entrada triunfal:

> Na hora de fechar o grupo, entrou esse cara da Petroserv. Porque um outro cara que estava negociando o tempo todo saiu na última hora. E a Petroserv foi assim, pelo telefone. Ele tinha demonstrado interesse, mas eu dizia que o grupo estava fechado... Aí um dia eu falei: "Olha tem um espa-

---

77 É curioso como, embora fosse bem conhecida a análise de que o real estava artificialmente atrelado ao dólar, decisões de investimento como a do *Lance!*, e mesmo de outros meios de comunicação, como vimos no início deste capítulo, não levassem esse problema em conta.

> ço". Foi um negócio impressionante. E eu: "Mas quanto você...?". E ele: "Uns 3 milhões de dólares". O cara assim no telefone. E eu: "Então está bom. Esse espaço vai ser seu". E ele tinha tanta confiança nos outros caras, o pessoal do Icatu e o Bruno [Rocha, do Dynamo], que ele aparecia durante as reuniões, olhava, e ia embora. E dizia: "O que eles assinarem eu vou estar de acordo".

Outros dois investidores que fizeram fama no mercado financeiro nos anos 80 e 90, André Lara Rezende e Rogério Castro Maia, também se associaram, por meio do Dynamo. "Eles confiaram no Bruno [Rocha], gostaram do projeto e botaram dinheiro via Bruno", conta Mattos. Na série de oito fitas de vídeo em que se registra o nascimento do jornal, há uma dedicada aos investidores. Foi a única fita não cedida por Mattos ao autor. "Não cedi de propósito. É muita bajulação. É muito elogio. A pessoa, naquela empolgação, é uma coisa um pouco constrangedora. Todo mundo entrou muito empolgado."[78]

Mais que vaidade, simplesmente, a decisão de registrar em vídeo o nascimento do jornal é outro elemento a revelar a ambição de Mattos. Como um filme de Hollywood, cujo lançamento em DVD hoje se faz acompanhar sempre de um documentário promocional sobre os bastidores da sua realização (o chamado *making of*), o empresário avaliou que a sua epopéia era digna de documentação. Não à toa, Mattos chama a série de vídeos de "documentário" e presenteou os sócios com cópias.

As reuniões e negociações em torno da montagem da sociedade para criar o futuro jornal avançaram entre outubro e dezembro de 1996. Mattos relata, com orgulho, que enfrentava os sócios nas reuniões sem o auxílio de advogados. "Teve reuniões de dia inteiro, 12, 13 pessoas, quatro, cinco advogados, e eu ia sozinho. Sem advogado. Eu tinha um advogado que eu consultava, mas ele não ia às reuniões. Eu tomava decisões ali." Ao sair de uma reunião na casa de Marcos Falcão, do Icatu, em 23 de dezembro

---

78 Entrevista de Walter de Mattos Junior ao autor, 3 set. 2003.

de 1996, Mattos acreditou ter chegado a um acordo com os sócios sobre como fazer o negócio. Mas um telefonema posterior, conta, colocando em dúvida algum aspecto da negociação, interrompeu o processo.

> Questões negociais. Realmente, eu não me lembro. Participação, quanto você vai ganhar, como é o mecanismo de remuneração, qual é a autonomia que você tem. Tem umas coisas hilárias. Uma hora você fica discutindo: "E se você morrer?". Aí entra essa questão. Como é que você resolve isso? É uma merda, mas é uma questão objetiva. Você é a pessoa-chave no negócio. E se você morrer? Como é que ficam as suas ações? Quem toma conta?

Havia, por acaso, alguma dúvida, alguma pendência por parte dos sócios, em relação a como seria definida a linha editorial do futuro jornal? A negativa é enfática: "Não, não, não. Desde o início, isso era uma premissa. Ninguém tinha nenhuma voz no conteúdo editorial. Eram questões de negócio". Essa é uma questão importante, mas de leitura não tão simples quanto afirma Mattos. Em nome da discrição, os investidores financeiros do novo jornal, assim como também os sócios da Camelot, preferiam atribuir a responsabilidade pelo sucesso do empreendimento a um gestor, no caso do *Lance!*, a Mattos. Dessa forma, abriram mão de discutir o conteúdo do jornal. Mas, ao cobrar bons resultados financeiros, depois que o jornal foi lançado, os sócios não acabariam, ao menos indiretamente, pedindo mudanças no conteúdo editorial? Mattos, como veremos, teve que lidar com essa pressão em diversos momentos da história do jornal. Em meados de 1998, por exemplo, ao completar um ano de vida, o jornal executou um profundo corte de custos, que causou a demissão de dezenas de jornalistas, entre outros profissionais. A decisão, tomada por pressão dos sócios, objetivou melhorar a saúde do negócio, mas seguramente afetou de forma negativa o conteúdo editorial do *Lance!*, seja porque jornalistas experientes deixaram a empresa e foram substituídos por mais jovens e inexperientes (com salários menores), seja porque o mesmo volume de material jornalístico passou a ser produzido por um número inferior de pessoas.

As negociações entram em 1997. Janeiro. Mattos aflito: "E a vida parada. Vai, não vai? Porque, se não vai, eu vou fazer outra coisa". O empresário marca uma viagem de férias com o filho, para fevereiro, no Carnaval. Mattos se empolga ao falar dos últimos lances da negociação. Descreve o momento com ares de suspense hollywoodiano.

> Eu tinha marcado de viajar, digamos, na terça, para encontrar o meu filho na sexta. Na terça, eu não pude viajar porque não fechou a negociação. Na quarta, o dia inteiro, eu também não pude ir. Chegou na quinta, eu falei: "É hoje, ou acabou. Porque amanhã de manhã meu filho vai estar no aeroporto e eu tenho que estar lá". A gente fechou o contrato às 9 da noite. Eu fui correndo. Tem uma minuta do contrato que vai para a casa de um cara, enquanto eu estou indo para o aeroporto...

O empresário revela ter pressionado os futuros sócios com uma informação falsa. Ele dizia que precisavam fechar o negócio até determinado dia porque, do contrário, não haveria tempo hábil de as rotativas que seriam encomendadas no exterior chegarem na data prevista para o jornal começar a circular, em setembro de 1997. "Mas eu já tinha, um mês antes, encomendado as máquinas". Um gesto ousado, de pôquer, orgulha-se:

> No início de janeiro, eu consegui com os fornecedores da máquina, a Goss, de eles começarem todo o trabalho de engenharia, e eu fiz um depósito pessoal [a título de sinal]. E se, num dado momento, não andasse nada, eu ia perder metade desse dinheiro, acho que era 500 mil dólares. Mas eu não dizia [para os sócios] porque eu ia me enfraquecer na negociação. Eles não sabiam. Eu já tinha comprometido um

> sinal que tinha que pagar em poucos dias 1 milhão e tanto de dólares. Eu joguei, digamos, eu blefei... Mas no fundo, eu acreditava naquilo...

Assinado o contrato com os quatro sócios, Mattos viajou para esquiar com o filho. Na volta, mais um sócio foi adicionado ao negócio. Não um sócio qualquer, mas a família Marinho, dona do principal conglomerado de mídia do país e disposta a participar do empreendimento como sócia minoritária. Mattos apresentou o projeto à Infoglobo, o braço editorial das Organizações Globo, então dirigido pelo executivo Luis Eduardo Vasconcelos, seu amigo pessoal:

> Como eu tinha uma conversa com a família Marinho, de proposta para ir trabalhar lá, várias propostas, e eu sempre dizia não, quando eu fui dizer definitivamente que eu não ia, o João Roberto [Marinho] falou: "O que você vai fazer?" Ele até usou uma expressão: "Se você está com esse comichão de fazer um negócio seu, vai. Porque se você for trabalhar com a gente, você nunca mais vai sair". Eu falei que já estava com os investidores [para o Lance!], mas ele falou: "Eu quero ver". Me surpreendi. Eu fiz ele assinar um tratado de confidencialidade para poder mostrar o que era. Fiz uma apresentação para os diretores todos, e eles aprovaram quando eu já estava com todo o desenho, os sócios, tudo montado[79].

A chancela das Organizações Globo ao negócio, ainda que com participação limitada a 10%, é um lance capital e explicita a posição peculiar de Mattos no campo. Ele não fazia parte da turma dos donos de veículos de comunicação, mas circulava com muito desembaraço entre eles. Era amigo

79 Entrevista de Walter de Mattos Junior ao autor, 11 dez. 2002.

de infância de Luis Eduardo Vasconcelos, um dos principais executivos da Globo, função semelhante à que ele havia tido em *O Dia*. Não era amigo, mas conhecia um dos herdeiros da Globo, João Roberto Marinho, que chegou a fazer "várias propostas" para tê-lo como funcionário. A entrada do principal grupo de comunicação do país dá um novo status ao negócio de Mattos. Ele até podia ser visto como um aventureiro, mas mostrava que tinha um sócio de peso na aventura. Para parte da concorrência, ainda assim, ou por isso mesmo, o aval do principal grupo de comunicação do país não tornou Mattos menos "forasteiro", porém mais ameaçador.

Mattos, na ocasião, era visto como "aventureiro" até mesmo dentro da redação de *O Globo*, onde iria recrutar, meses depois, seis jornalistas para o seu empreendimento. É sintomático, nesse sentido, o depoimento do jornalista Marcelo Barreto, então uma jovem promessa do diário carioca, que aceitou o convite para mudar de emprego.

> Acho que por fazer parte do projeto Calandra, um projeto de formação interna do Globo, que ia levar a gente por uma semana para a Universidade Columbia, nos Estados Unidos, me chamaram pra conversar. Sem nenhuma coação, mas eu passei por uns dois ou três sermões: "Olha o que você está fazendo, você vai se meter numa aventura". Sempre com muita cautela, mas o tom era esse. "Não tem nenhuma garantia que você volta depois, vê lá que você está fazendo". Tudo muito polidamente. Lembro que eu falei com um dos principais jornalistas do *Globo* e falei com uma pessoa, acho que de Recursos Humanos, que eu nunca tinha ouvido falar antes e também não guardei o nome depois[80].

80 Entrevista de Marcelo Barreto ao autor, São Paulo, 1 jul. 2003.

FUTEBOL E MÍDIA

Ao olhar em retrospectiva, Mattos admite que montou um grupo de sócios maior do que o necessário para fazer um jornal como o *Lance!*. O projeto, na realidade, era muito mais ambicioso.

> A nossa perspectiva é que o *Lance!* seria o embrião de um projeto de formação de um grupo de mídia. A gente ia aprender a fazer, em dois anos o projeto ia estar implantado, a legislação já teria mudado, nós íamos poder vender, eventualmente, um pedaço para um sócio de fora, que ia trazer mais capital, e a gente poderia, amanhã, comprar outros jornais.

Difícil saber qual era a exata ambição de Mattos quando ele diz que o *Lance!* seria o "embrião de um grupo de mídia", mas é possível especular que o empresário sonhava ampliar os negócios do jornal para outras mídias, especialmente a televisão – uma ambição que até hoje não se concretizou[81]. É certo que Mattos tinha em vista o processo de mudanças no futebol europeu, o qual já sinalizava, àquela altura, que o esporte se convertera em um produto hipervalorizado pela indústria do entretenimento. E os clubes, transformados em empresas, ao mesmo tempo em que ganharam autonomia "política" em relação ao Estado, tornavam-se extremamente dependentes das empresas de comunicação e de marketing esportivo[82].

---

81 Em 2005, oito anos depois, o jornal inaugurou, dentro do seu site, na internet, a TV Lance!, uma ferramenta ainda muito simples, com a qual exibe alguns lances de partidas e reportagens.

82 Marcelo Weishaupt Proni, *op. cit.*, p. 262.

Ainda na década de 90, o Canal Plus, francês, tornou-se dono da equipe de futebol Paris St. Germain. O italiano Silvio Berlusconi, dono de um império de mídia, adquiriu o AC Milan. Rupert Murdoch, um dos maiores empresários de mídia do mundo, tentou comprar o Manchester United, tradicional time de futebol da Inglaterra, por 623 milhões de libras esterlinas. Nesse caso, a Comissão de Monopólios e Fusões britânica vetou o negócio, por entender que afetaria a competição na indústria do entretenimento a possibilidade de Murdoch negociar direitos de transmissão de partidas sentado dos dois lados da mesa, como dono de emissora de tevê e de um time de futebol[83].

Toda a negociação de Mattos com os sócios dava como certa e iminente a aprovação da emenda ao artigo 222 da Constituição, o que só ocorreu em 2002, ou seja, mais de cinco anos depois de fechada a sociedade. A mudança iria permitir a entrada de sócios estrangeiros (até o limite de 30%) na imprensa e de pessoas jurídicas. Para se adequar à legislação então em vigor, a empresa criada para fazer o *Lance!* foi constituída apenas por pessoas físicas, financiadas por empresas, por meio de debêntures[84]. Indagado se a engenharia societária respeitou a lei, Mattos deu uma longa resposta, abaixo transcrita, na qual não fala diretamente, mas parece sugerir que a montagem da sociedade, incontestável do ponto de vista legal, estava protegida por outro acordo, oculto:

> Não era ilegal. A gente teve que fazer uma montagem legal. As debêntures. Na verdade, as empresas nunca foram sócias do *Lance!*. Agora [meados de 2002] é que elas vão ser. Era meu, do João Roberto Marinho, da Katy de Almei-

83 David Rowe, *Sport, culture and the media*, Berkshire, Open University Press, p. 82-83. Nos Estados Unidos, lembra o autor, desde a década de 90, grandes conglomerados de mídia são proprietários de equipes esportivas. O grupo Cablevision é dono de uma equipe de basquete (Knicks) e uma de hóquei (Rangers). O grupo Disney possui times de baseball (Angels) e hóquei (Mighty Ducks), e a Time Warner é dona do Braves (baseball) e do Hawks (basquete).

84 Debênture é um título de crédito.

> da Braga [do Icatu]... Só que com muito pouco dinheiro. A empresa que edita o *Lance!*, o capital dela é 300 mil reais. Entraram 30 e tantos milhões não como capital, mas como debêntures. Isso foi a montagem que eu criei. Então, eles não são acionistas. Então, eles não estavam descumprindo a lei. Mas, no fundo...
>
> **Pergunta:** Foi um artifício para se adaptar àquela lei...
>
> **Resposta:** Exatamente.
>
> **Pergunta:** Nunca houve uma contestação?
>
> **Resposta:** Não, porque é legal. Não pode contestar. Só se alguém viesse e dissesse: tem um acordo de acionistas oculto e tal. E aí? Vai ter que provar que existe um outro tipo de acordo. Porque, no fundo, o que a gente tem combinado era que, embora o outro lá fosse o debenturista, o acionista representa aquele cara. Formalmente, não representa. Mas é o João Roberto Marinho e a Infoglobo, que é financiadora. Então, está óbvio que o João Roberto Marinho quando está votando está votando pela Infoglobo, mas a Infoglobo não tem nenhum poder de voto. Então, não está descumprindo a Constituição. É o Walter Mattos Junior, pessoa física, e eu tenho uma empresa minha que é debenturista.

Outro aspecto não de todo claro na montagem do negócio é o total do investimento realizado. Mattos nunca permitiu que se estabelecesse com precisão o valor total do investimento inicial no jornal. Mas é possível ter uma idéia, cruzando informações de sete diferentes fontes, de qual foi a aposta feita no *Lance!* no início de 1997.

A primeira menção pública ao valor do investimento é feita por Mattos em entrevista a Dora Lima, encarregada de documentar, na série de vídeos institucionais, o nascimento do jornal. A gravação ocorreu no dia 28 de julho de 1997[85], seis meses depois de o "contrato de investimento" ter

85 "O Walter e o Lance!", *op. cit.*

sido assinado. Olhando para a câmera, ele declara: "É um investimento da ordem de 30 milhões, no total". É interessante notar que o empresário não menciona a moeda a que está se referindo. Ao longo de todo o primeiro semestre de 1997, um dólar comprava aproximadamente um real.

Quando o *Lance!* chega às bancas, uma reportagem do próprio jornal sobre os seus planos futuros informa: "A meta do LANCE!, cujo investimento está em 32 milhões de dólares, é até o fim do ano pôr em circulação 200 mil exemplares, somados Rio e São Paulo"[86]. No início de 1998, com o jornal já nas bancas, vão surgir pelo menos duas menções muito diferentes ao valor do investimento no *Lance!*. A primeira aparece no *Financial Times*, o respeitado jornal inglês especializado em economia. O jornalista Geoff Dyer, que assina a matéria, diz que o projeto do jornal está avaliado em 43 milhões de dólares[87]. Dyer não cita a fonte, mas sua reportagem conta, em outras passagens, com declarações atribuídas ao próprio Mattos e a Marcos Rechtman, diretor do Bozano Simonsen, um dos acionistas do jornal. Ainda em março de 1998, o jornalista Nilson Brandão Junior escreve na *Gazeta Mercantil*, então o principal jornal de economia do país, que o projeto do *Lance!* "demandou 30 milhões de dólares"[88].

Um outro valor – 35 milhões de dólares – aparece em reportagem publicada no ano seguinte, na revista *Dinheiro*[89], que trata de novos planos de investimento da empresa para o ano 2000. Em 2001, quando surgem os primeiros boatos de que a Infoglobo pretende se desfazer de sua parte no *Lance!*, o que ocorreria dois anos depois, o site Comunique-se diz que o jornal teve um "capital inicial de 30 milhões de dólares"[90]. Em 11 de dezembro de 2002, perguntei: "Qual foi o investimento inicial do

---

86 "Plano é ter mais três edições", Lance!, 26 out. 1997, p. 25.

87 A reportagem de Geoff Dyer, publicada em 4 mar. 1998, sob o título "Brazil publisher sees a sporting chance", foi a quinta de uma série do jornalista sobre mercados de mídia na América Latina.

88 "O Globo e O Dia disputam leitor fluminense", *Gazeta Mercantil*, 13 mar. 1998.

89 "Em cima do Lance", sem assinatura, *Dinheiro*, 22 dez. 1999.

90 "Organizações Globo decidem livrar-se do Lance", Comunique-se, 1º de outubro de 2001.

Lance!?". Cinco anos e seis meses depois de declarar um investimento de 30 milhões (no vídeo institucional *O Walter e o Lance!*), a sua resposta foi: "Investimento contratado: 20 milhões de reais, que eram 20 milhões de dólares".

AUTONOMIA EM QUESTÃO

Uma das maiores novidades no nascimento do *Lance!* diz respeito à participação de investidores privados, em particular três gestores de fundos de investimentos, na qualidade de sócios do jornal. O modelo, como se viu, seria parcialmente reproduzido, dois anos depois, pelos investidores que criaram a editora Camelot. Numa imprensa marcadamente de origem familiar, e diante de uma legislação que proibia a participação de capital estrangeiro na mídia, trata-se de uma inovação de peso a participação dos bancos Icatu, Dynamo e Bozano Simonsen na sociedade inicial. São empresas dedicadas a ganhar dinheiro com aplicações financeiras, ou seja, capital financeiro, ou especulativo, sujeito às vicissitudes do mercado.

Mattos garante que tanto o Icatu quanto o Dynamo entraram no negócio com capital próprio, e não com recursos que geriam de terceiros. Mas admite que o Bozano não procedeu da mesma forma, entrando no jornal com capital do fundo de *private equity* Bozano Advent, uma parceria do banco brasileiro com um fundo norte-americano, que naturalmente continha recursos de investidores estrangeiros[91]. Indiretamente, portanto, o *Lance!* nasceu com sócios estrangeiros, cinco anos antes de a Constituição ser alterada para permitir a entrada de capital estrangeiro, até o limite de

91 Hoje esse fundo é administrado no Brasil pelo Banco Santander Banespa. Uma curiosidade: o Banco Bozano Simonsen foi fundado em 1961 por Julio Bozano em parceria com Mario Henrique Simonsen. Um dos homens mais ricos do país, Bozano é muito amigo de José Carlos Fragoso Pires, dono da Frota Oceânica, a quem tentou suceder, sem sucesso, na presidência do Jockey Clube, do Rio de Janeiro, em 2000, mesmo ano em que vendeu o seu banco para o grupo Santander Banespa.

30%, em empresas de comunicação[92]. O mesmo raciocínio vale para a constituição da editora Camelot. Não é possível afirmar quem eram investidores que estavam por trás dos fundos que aplicaram no *private equity* do Banco Patrimônio, se todos eram brasileiros ou não[93].

Essa é uma situação nova no campo. Ainda que em muitos momentos da história da imprensa brasileira, jornais ou revistas possam ter sido controlados por sócios ocultos, que mantinham a posse (ou parte dela) dos veículos por meio de contratos de gaveta, pela primeira vez o controle da propriedade de um jornal é diluído dessa forma. Pequenos investidores,

---

92 Até onde eu tenha pesquisado, apenas o jornalista Geoff Dyer, do *Financial Times*, em reportagem citada anteriormente, também percebeu essa sutileza. No texto, ele observa: "Mr. de Mattos will not go into detail, but the structure of the company has allowed Lance to get around the legal requirement that only Brazilians can own newspapers – a law which has curtailed investment in the sector in the past. The progress of this new venture will be watched closely by a number of other investors – and not just in Brazil – who see the Brazilian media as an attractive prospect." (Na tradução livre do autor: "O sr. Mattos não entrou em detalhes, mas a estrutura da companhia permitiu ao Lance lidar com o requisito legal de que somente brasileiros podem possuir jornais – uma lei que, no passado, impediu investimentos neste setor. O progresso deste novo negócio será observado de perto por outros investidores – e não somente no Brasil – que vêem a mídia brasileira como uma perspectiva atraente.")

93 Há casos célebres, no Brasil, envolvendo a participação de estrangeiros em meios de comunicação de massa à época em que a Constituição proibia isso. Samuel Wainer, fundador da *Última Hora*, em 1951, sustentou até a morte que nasceu no Brasil, quando, na verdade, havia nascido na Bessarábia (na atual república da Moldávia), o que o impediria, se a lei fosse aplicada ao pé da letra, de ser dono de jornal. Essa questão foi levantada na CPI que investigou o jornal na década de 50. Ver a nova edição de *Minha razão de viver*, São Paulo, Planeta, 2005. O nome do norte-americano Victor Civita, fundador da editora Abril, não constava no expediente das revistas da empresa até 1960, quando ele se naturalizou brasileiro e pôde aparecer oficialmente como dono do negócio. A revelação está em Gonçalo Júnior, *O Homem-Abril*, São Paulo, Opera Graphica, 2005. O acordo entre o grupo Globo e a americana Time-Life, que viabilizou a implantação da Rede Globo, foi alvo de uma CPI, na década de 60. Ver Daniel Herz, *A história secreta da Rede Globo*, São Paulo, Ortiz, 14 ed., 1991.

no país e no exterior, cujo dinheiro estava aplicado nos fundos de investimento que compraram parte do *Lance!* e das revistas da Camelot, a rigor, se tornaram, eles próprios, sócios desses veículos. As implicações dessa engenharia são enormes. Em qualquer que seja o setor, se uma empresa constituída dessa forma vai mal, os fundos que investem nela não irão alcançar os resultados esperados e, em conseqüência, serão pressionados pelos investidores que ali aplicam para obter melhor desempenho.

Cabe verificar, portanto, se essa modalidade de composição acionária e comando, inédita até então no campo, é capaz de alterar de alguma forma a lógica de produção e, em última instância, o resultado final. O campo do jornalismo, como mencionado anteriormente, possui uma autonomia relativa, e enfrenta, mais que nunca, uma pressão muito grande do campo econômico[94]. Endividados, com dificuldade para manter os níveis de tiragem de outras décadas e pressionados pelas novas formas de comunicação (internet, etc)[95], jornais e revistas movem-se pela lógica da redução de custos e da busca de leitores a qualquer preço, o que implica em queda da qualificação profissional, do rigor e da qualidade editorial. Nada sugere, diante desse quadro, que um jornal cujo dono reporta-se a um grupo de sócios que, por sua vez, representam cotistas de fundos de investimento, está menos sujeito a esses condicionamentos da lógica mercantil. Muito ao contrário.

Outra questão a verificar é se o *Lance!* sofre o efeito da indiferenciação cada vez maior que atinge os produtos jornalísticos e se, de alguma forma, a estrutura do negócio, tal como foi montada, pode contribuir, ou não, para esse efeito. Como diz Bourdieu,

> diz-se sempre, em nome do credo liberal, que o monopólio uniformiza e a concorrência diversifica. Nada tenho, evidentemente, contra a concorrência, mas observo apenas que, quando ela se exerce entre jornalistas ou jornais que estão sujeitos às mesmas restrições, às mesmas pesquisas

94 Ver Pierre Bourdieu, 1997, *op. cit.*

95 Ver o capítulo "Tem futuro?", de Caio Túlio Costa, *op. cit.*

> de opinião, aos mesmos anunciantes (basta ver com que facilidade os jornalistas passam de um jornal a outro), ela homogeneíza[96].

O sociólogo está falando dos jornais e revistas da França na segunda metade da década de 90, mas esse efeito é facilmente observável hoje no Brasil, numa comparação das primeiras páginas dos jornais *Folha de S.Paulo*, *Estado de S.Paulo* e *O Globo*, por exemplo, ou entre as capas das revistas semanais *Veja*, *Época* e *IstoÉ* ou, mesmo, entre os assuntos abordados pelos telejornais principais da Rede Globo, Record e SBT. Estão todos cada vez mais parecidos, na defesa dos mesmos pontos de vista políticos e econômicos, na prioridade dada à cobertura dos assuntos "leves" (saúde, comportamento, diversão) em detrimento dos assuntos "sérios", na busca preferencial pelos ângulos mais "sensacionais" da notícia, nas promoções de marketing, etc. É difícil, porém, verificar essa hipótese em relação ao *Lance!*, dada a ausência de efetivos concorrentes no mercado. Como será visto no próximo capítulo, o seu conteúdo pode ser comparado mais facilmente aos jornais que o precederam, *Gazeta Esportiva* e *Jornal dos Sports* (este, embora ainda exista, é uma sombra do que foi entre os anos 30 e 60), e a um jornal argentino, *Olé*, cujo projeto foi fonte de inspiração para o seu.

Um caso recente explicitou o baixo grau de autonomia do campo jornalístico e a sua dependência do campo econômico. No final de 2003, as maiores empresas de comunicação, totalmente endividadas[97], pediram ao BNDES, por meio de suas três principais entidades de classe[98], 1,2 bilhão de reais para a compra de papel-jornal e 5 bilhões de reais para o refinanciamento de dívidas.

---

96 Pierre Bourdieu, 1997, *op. cit.* p. 31.

97 Elvira Lobato, *op. cit.*

98 Abert (Associação Brasileira de Emissoras de Rádio e Televisão), ANJ (Associação Nacional de Jornais) e Aner (Associação Nacional dos Editores de Revistas).

O pedido de ajuda causou certa polêmica nas páginas da própria imprensa e em veículos especializados em mídia. Receber um empréstimo do BNDES não iria afetar a autopropalada independência da mídia? Não iria caracterizar um privilégio ao setor? Alguém poderia argumentar que uma discussão nesses termos soa hipócrita, visto o histórico que a imprensa brasileira tem de relações promíscuas com o setor público, tendo sempre recebido benefícios fiscais extraordinários e, apresentando, até hoje, grande dependência de publicidade oficial[99]. Mas o fato é que, publicamente, muito por influência do jornalismo norte-americano, a partir dos anos 50, a mídia nacional conseguiu construir um discurso baseado no princípio de que a sua independência é incompatível com a ajuda estatal[100].

Curiosamente, Walter de Mattos e Nelson Tanure, que acumulavam experiência de trabalho num setor (o naval) que nunca teve vergonha alguma de pedir ajuda ao Estado[101], colocaram-se entre os poucos que fizeram algumas restrições públicas ao pedido de empréstimo. Não que as suas empresas não necessitassem de um crédito a juros camaradas, como o oferecido pelo BNDES. Muito pelo contrário. Tanto o *Lance!* quanto o *Jornal do Brasil* e a *Gazeta Mercantil* estavam longe de exibir uma situação financeira exemplar, da mesma forma que os demais jornais brasileiros. Mattos e Tanure queriam o empréstimo, mas o momento serviu aos dois empresários, e também à rede Record, outra *outsider*, como uma oportunidade para demarcarem publicamente suas posições no campo, em oposição aos grupos estabelecidos há mais tempo.

Em uma reportagem publicada na *Folha de S.Paulo*[102], foram ouvidos dez grupos de mídia: Globo, Abril, *Folha*, *O Estado de S.Paulo*,

---

99 Ver, por exemplo, Octavio Penna Pieranti, "Políticas para a mídia: dos militares ao governo Lula", em *Lua Nova*, 68, pp. 91-121, São Paulo, 2006.

100 Ver Carlos Eduardo Lins da Silva, *O adiantado da hora*: A influência americana sobre o jornalismo brasileiro, São Paulo, Summus, 1990.

101 Ao contrário, consideravam que era obrigação do Estado ajudar. Tanure, como vimos, disse que decidiu fechar um de seus estaleiros ao perceber que as promessas de ajuda do governo ao setor "eram pura ilusão".

102 "Empresas divergem sobre pedido ao banco estatal", *Folha de S.Paulo*, 15 fev. 2004.

SBT, *O Dia*, RBS, TV Record, Rede Bandeirantes e *Lance!*. Em comum, a certeza que o empréstimo não trazia qualquer risco à independência editorial. O representante da Record, porém, se manifestou contra a idéia que o empréstimo fosse usado para refinanciar dívidas do setor. Como banco de fomento, disse, o BNDES deveria priorizar empréstimos que tivessem repercussão na criação de empregos. "Quem não está para quebrar não pode ser punido para que outro não quebre", disse Dennis Munhoz, então presidente da emissora, de olho na dívida das Organizações Globo[103].

Já Mattos, além de também ser contra o uso do empréstimo para refinanciamento de dívidas, disse que o Estado não deveria dar qualquer forma de ajuda ao setor sem exigir contrapartidas "como a publicação de balanços e a governança corporativa"[104]. A *Folha*, porém, não reproduziu todo o argumento do empresário. Em uma palestra sobre o tema, meses antes, o dono do *Lance!* havia afirmado que a má vontade do banco estatal e também de bancos privados brasileiros em oferecer crédito a empresas de comunicação relacionava-se a um problema ético. "Esta proibição do BNDES e de boa parte do setor bancário se deve a práticas de chantagem usadas em vários momentos da história do país até os anos 70/80", denunciou, sem dar detalhes, apenas acrescentando que os empréstimos deveriam ser condicionados a "uma conduta ética pelas empresas enquanto devedoras"[105].

Tanure também tentou marcar posição. Apesar de não ouvido pela *Folha*, manifestou-se em uma audiência pública realizada no Senado para

---

103 A Record possui uma posição peculiar no campo da mídia. Pertencente até 1990 aos Machado de Carvalho, uma tradicional família paulistana, a emissora foi adquirida pela Igreja Universal do Reino de Deus. Desde então, vem conquistando espaço no mercado e, depois de ultrapassar o SBT, tornou-se a segunda maior rede de tevê do país. Afirma não possuir dívidas financeiras.

104 No vocabulário incorporado pelas empresas consideradas de "gestão moderna", "governança corporativa" é administrar o seu negócio preocupado não apenas com o resultado, mas também com transparência, prestação de contas, responsabilidade social etc

105 "A imprensa e sua crise como tema de interesse nacional: Alguns dados, reflexões e propostas". Palestra proferida em seminário no Banco do Brasil, em novembro de 2003 (data exata e local não especificados), de acordo com cópia cedida por Mattos ao autor.

discutir o assunto[106]. O ponto central de sua intervenção, porém, não foi o empréstimo, a respeito do qual se mostrou favorável, mas a crítica à "política comercial predatória" praticada por seus concorrentes, em particular o grupo Globo, acusado de oferecer preços especiais para anunciantes desde que eles façam a publicidade em mais de um veículo da empresa. "A concessão abusiva de descontos e outras práticas desleais e predatórias por setores de mídia impressa têm provocado efeitos altamente ruinosos", disse.

A Rede Record e o *Jornal do Brasil* aproveitaram o debate sobre a crise da mídia para acertos de conta com a concorrência (no caso de ambos, um inimigo comum, a Globo). Já o presidente do *Lance!* usou a discussão para lançar uma proposta de conotação moralizante, expressa tanto na exigência de "governança corporativa" quanto no apelo pela "conduta ética" das empresas do setor. Acredito ser possível enxergar esse apelo – retórico – de Mattos em favor de uma imprensa "renovada" como parte integrante de um pacote maior, que inclui também a sua defesa da "modernização" do futebol, com a qual, como vimos, o empresário justificou a própria criação do *Lance!*[107].

FUGA DE CAPITAL

Mattos tinha clara noção do que representava contar com sócios com o perfil dos seus acionistas, "algumas das melhores companhias de investimento do Brasil". Diante do vídeo que registra o nascimento do jornal, em julho de 1997, o empresário deixa isso bem claro:

---

106 "Empresas de mídia debatem sobre linhas de crédito com BNDES", *Gazeta Mercantil*, 6 maio 2004.

107 A negociação com o BNDES estendeu-se até julho de 2004, quando as três entidades representativas das empresas de comunicação enviaram uma carta ao banco informando que abriam mão da ajuda oferecida por divergirem das condições.

> O desafio era transformar o entusiasmo [dos sócios] em algo concreto, em algo que fizesse sentido do ponto de vista empresarial, algo que fizesse sentido para eles, que são empresas de investimento, em termos de expectativa de retorno para os seus investidores, porque essa é uma obrigação paralela que nós temos fundamental[108].

A idéia de que o *Lance!* tenha sido fundado com a ajuda de capitais especulativos, ou capitais de risco, voláteis por natureza, incomoda Mattos. Quando questionado sobre isso, em 2002, fez uma longa explanação sobre a diferença que havia entre os seus sócios e outros jogadores do mercado financeiro. Defendeu que a especialidade de Bruno Rocha, do Dynamo, um dos principais responsáveis pelo acordo inicial de acionistas, "é participação e gestão de empresas como filosofia de longo prazo":

> O fundo deles mais importante é onde eles têm assento nos conselhos das empresas. Eles não compram e vendem ação. Eles ficam lá. Compram participação relevante, conquistam assento no conselho e tentam melhorar a gestão dessas companhias. É a melhor face desse tipo de capitalismo, sem dúvida. É baseado nas filosofias do Warren Buffett, o grande guru dessa turma que tem essa cabeça mais de longo prazo. Ele é o segundo homem mais rico do mundo. É o cara que há 20 anos é sócio do *Washington Post*. Não é sócio do *Washington Post* para entrar e sair. É sócio há 20 anos. Ele senta no conselho.

O lugar peculiar que Mattos ocupa no mundo dos empresários de mídia aparece claramente nessas suas declarações. Estava montando um negócio com a ajuda de investidores do mercado financeiro, interessados em rentabilidade. Tinha, por isso, a preocupação de desenhar um negócio

---

108 *Op. cit.*

o mais rentável possível. Ao mesmo tempo, possivelmente como resultado da experiência acumulada com Ary Carvalho, dono do *Dia*, Mattos enxergava a especificidade no negócio de jornais. Sabia que precisava convencer os seus sócios de que um investimento em comunicação era algo específico, que exigia um tempo de maturação e uma postura diferentes. Não teve sucesso nessa tarefa.

Em dezembro de 2002, insatisfeitos com os rumos do negócio, que acumulava prejuízos, os principais sócios resolveram se desfazer de suas participações no *Lance!*. Em janeiro de 2003, anuncia-se que Mattos adquiriu as partes dos cinco sócios e se tornou o único proprietário do jornal. É verdade que os investidores esperaram cinco anos, um prazo considerado razoável, para verificar que o negócio não era rentável do ponto de vista do aporte de capital feito. No caso da editora Camelot, como visto, os investidores desistiram antes, menos de quatro anos depois do investimento inicial.

Há várias explicações para a desistência do capital financeiro em investir na mídia impressa brasileira. No caso do *Lance!*, parece claro que a demora na reforma da legislação sobre imprensa teve um peso, assim como o vaivém na reforma da legislação esportiva, até hoje tema de debates, e o fim da euforia nos mercados financeiros, a partir de 1998.

Tudo leva a crer que os investidores do *Lance!*, bem como os da Camelot, entenderam que a imprensa é um ramo cujas perspectivas de investimento ainda são nebulosas e não compensam os riscos envolvidos. Suspeito, também, que exista uma incompatibilidade entre a discrição necessária aos negócios no mercado financeiro e a visibilidade intrínseca ao negócio da imprensa. Ainda assim, considero que essas duas experiências são insuficientes, seja pelo tempo que duraram, seja pelas poucas informações disponíveis sobre os bastidores dos negócios, para um balanço mais seguro sobre todos os seus significados.

O SABER HERDADO

Com a criação do *Lance!*, Mattos vai dar o passo que Ary Carvalho não permitiu que ele desse em *O Dia*. Será o responsável por todas as áreas da empresa, decidirá sobre todos os passos, na administração e na redação. No expediente do jornal – a relação de todos os funcionários da empresa –, o nome de Walter de Mattos Júnior aparece duas vezes. Primeiro, no alto, como presidente da empresa. Depois, abaixo do item redação, o seu é o primeiro nome, na função de diretor. A presença de um mesmo nome na função de presidente e na de diretor de Redação era uma situação atípica tanto nas empresas da nova geração, como os jornais arrendados por Nelson Tanure ou as revistas da editora Camelot, quanto em empresas familiares, da velha guarda. Tanure exerce a presidência do *Jornal do Brasil* e da *Gazeta Mercantil*, mas contratou jornalistas profissionais para comandarem as redações. Em empresas familiares, como a *Folha* e o *Estado de S.Paulo*, por exemplo, a gestão dos negócios e a da redação costuma ser destinada a diferentes parentes. Na *Folha*, desde os anos 80, um irmão (Luis) cuida das contas e investimentos e o outro (Otavio) da redação. No *Estadão*, até o afastamento da família Mesquita do comando da operação, um dos herdeiros (Ruy) tinha ascendência sobre a redação do jornal, enquanto um sobrinho (Francisco), filho de um irmão seu, geria a empresa. Nas Organizações Globo, cada um dos três filhos de Roberto Marinho cuida de uma área estratégica (Roberto Irineu, tevê; João Roberto, imprensa; José Roberto, rádio) e mantêm jornalistas profissionais no comando das redações.

Para os dois jornalistas contratados para comandar as redações do *Lance!* no Rio e São Paulo, César Seabra e Leão Serva, o duplo papel de Mattos iria ocasionar muitos problemas e aborrecimentos. Lembra Seabra:

> Gosto muito do Walter, mas [rindo] gosto muito mais do Walter empreendedor do que do Walter jornalista. Ele continua como queria, ele continua querendo ser jornalista.

> Mas é uma coisa natural ele querer dar o tom dele, a cara dele para o jornal. Hoje, acho, a minha relação com ele seria muito mais tranqüila. Porque a gente vai mudando, enfim... A gente teve algumas... não brigas, mas algumas discussões porque ele queria se meter muito no produto e eu falava para ele cuidar da parte de grana, essas coisas todas. Eu tive dificuldades de trabalhar, em algum momento, mas não é um cara que eu guarde alguma coisa ruim. Eu acho que era um direito dele, enfim... Ele também estava empolgado... A empolgação de ver o jornal dele na rua. Era como se fosse uma espécie de brinquedo para ele. A gente não teve nenhuma briga grave, mas se eu tivesse visto o Walter como eu vejo hoje, eu teria uma vida muito mais legal, mais relaxada do que eu tive[109].

A relação com Leão Serva não chegou a ser tão conflituosa, mas o jornalista percebia claramente o problema causado pelo duplo papel do chefe:

> O Walter se concebia como editor-chefe do jornal, o elemento central superior. Mas não tinha tempo pra isso. Quando ele tinha dez minutos pra fazer isso, era no Rio e ele ia ao César. E o César achava que isso era meter o bedelho na tarefa dele. O César tinha dificuldades de aceitar que o chefe fizesse isso. Um chefe que ele via como o Roberto Marinho e não como o Evandro Carlos de Andrade[110]. Não era um editor do jornal como era o Evandro, que chamava ele para discutir a editoria de política. Era como se fosse o Roberto Marinho ou o João Roberto Marinho que entrasse na redação. Ele não via o Wal-

109 Entrevista de César Seabra ao autor, Rio de Janeiro, 28 fev. 2003.

110 O jornalista Evandro Carlos de Andrade foi diretor de redação de *O Globo* ao longo da década de 80 e início da década de 90.

> ter como um jornalista. A diferença é que o Walter fez jornalismo, queria ser jornalista, mas acabou sendo economista[111].

Em muitos momentos, Mattos misturou os papéis, tomando decisões editoriais que nenhum jornalista jamais tomaria, mas que ele podia tomar por ser o presidente da empresa. A ordem, por exemplo, para que o jornal tivesse no Rio um jornalista especializado em turfe e a aceitação de que em São Paulo o jornal não acompanhasse o assunto, nunca foi compreendida. Em primeiro lugar, era um anacronismo – os jornais já estavam abandonando esse tipo de cobertura havia anos. Em segundo lugar, não fazia sentido do ponto de vista editorial exigir esse tipo de cobertura no Rio e não fazer força para que o mesmo ocorresse em São Paulo, já que o volume de apostas no Jóquei paulistano era muito maior do que no carioca. Especulou-se, então, que Mattos tomou esta decisão num gesto de lealdade de classe, em homenagem ao pai, supostamente fanático por turfe, e a José Carlos Fragoso Pires, seu amigo e primeiro empregador, que na época era presidente do Jockey Club, no Rio.

Torcedor fanático do Flamengo, conselheiro do clube e, a certa altura, segundo confessou a amigos, alimentando a ambição de presidi-lo um dia, Walter de Mattos também levou sua paixão para as páginas do jornal, chegando mesmo a chocar os editores. André Fontenelle, um dos dois editores-executivos do *Lance!* em São Paulo, se recorda de um episódio em que a confusão entre o Mattos dono de jornal e o Mattos diretor de redação levou a uma situação-limite.

> Uma vez eu estava na sala do Walter e vi ele ligar para a redação e pedir que baixassem a nota [para a atuação] do Athirson. O Athirson era novato no Flamengo, tinha jogado mal. Ele ligou pra redação, perguntou qual era a nota do Athirson e mandou dar 2 [numa escala de 0 a 10]. Fiquei muito chocado, porque eu levava muito a sério a nota do

111 Entrevista de Leão Seva ao autor, São Paulo, 2 maio 2003.

> jogador. O jogador luta vários anos para jogar num time grande, e você pode manchar a carreira dele com uma frase, uma nota. Na hora não comentei nada, mas meses depois me senti seguro para falar. "Uma vez vi você abaixando a nota do Athirson, e fiquei chocado com isso." E ele tinha muito *fair play*, um *gentleman*, tinha um jeito muito britânico, talvez por ter estudado lá, e falou: "Puxa-vida! Se eu sou o diretor do jornal, e eu não tenho direito de fazer esse tipo de coisa de vez em quando..." Ele falou rindo, e eu tive que rir. Mas ele estava errado em fazer esse tipo de coisa, tanto que o Athirson é hoje ídolo da torcida do Flamengo. E no dia, bem que ele queria acabar com a carreira do cara no Flamengo[112].

Mattos sempre achou natural esse duplo comando, seja porque, como diz Serva, estudou jornalismo, além de economia, seja porque se considerava, graças à experiência em *O Dia*, um profissional muito próximo à rotina do jornalismo. O espanto que a sua prática causou junto a jornalistas experientes deve ser levado em consideração, por sinalizar uma reação a um procedimento que parece "velho", "abusivo", e não combinava com a imagem "moderna" e "informal" que o empresário procurava transmitir.

Uma pista para entender essa ambigüidade pode ser buscada no elogio fúnebre que o jornal *O Dia* fez publicar no dia seguinte à morte de Ary Carvalho, em 4 de junho de 2003. Assinado por Mattos, o texto começa com a seguinte definição a respeito de Carvalho: "Um velho homem da imprensa, no melhor sentido da expressão". Na visão de Mattos, o que caracteriza um homem desse tipo é o seu "imenso e justificado orgulho de sua relação com o mundo dos jornais".[113] E também o fato de que o sogro

---

112 Entrevista de André Fontenelle ao autor, São Paulo, 16 maio 2003. Dez anos depois de ocorrido o fato relatado por Fontenelle, jornalistas do *Lance!* comentavam que Mattos continuava a determinar mudanças em notas dadas a jogadores do Flamengo.

113 Walter de Mattos Junior, *O Dia*, 5 jul. 2003.

"defendeu sempre os interesses e direitos dos menos favorecidos com bravura, contrariando governos e amigos". Aliás, lembra o elogio, uma das máximas do patrão era: "Dono de jornal não pode ter amigos".

A regra, porém, tinha exceções. "Dr. Ary tinha amigos, sim. E eu, que fui genro, funcionário, sócio e companheiro de muitos anos da luta e sonhos comuns, tinha nele um grande amigo. Ele era generoso", escreve Mattos. Daí em diante, o tom confessional se impõe:

> Foi ele quem mais confiou em mim em toda a minha vida. Sempre digo que nem eu confiaria em mim daquela forma. Em meu primeiro dia como superintendente do Dia, Dr. Ary reuniu a diretoria e comunicou que eu passaria a dirigir o jornal. Daquele dia em diante, assim ele se comportou: nunca mais interferiu, mas sempre me passando seu conhecimento e sua experiência.
>
> Dr. Ary foi, durante muitos anos, com quem mais convivi. Foi sempre com carinho e generosidade com que fui tratado. Sem nenhum exagero, Dr. Ary foi um misto de pai e tutor[114].

ENCONTROS E DESENCONTROS COM A GLOBO

Um aspecto da história do *Lance!* que o aproxima, especificamente, do *Jornal dos Sports* diz respeito à sociedade com as Organizações Globo. Não deixa de ser curioso que João Roberto Marinho, filho de Roberto Marinho, se associe, de forma minoritária, a um jornal esportivo exatamente como o pai fizera, 60 anos antes – uma associação, como vimos no capítulo I, que terminou mal, com o estremecimento das relações entre Marinho e Mário Filho. A relação de Mattos com a família Marinho é, igualmente, repleta de episódios conflituosos. Quando se tornam sócios

114 *Ibidem.*

do *Lance!*, em 1997, os Marinho já são donos do principal conglomerado de mídia do país.

A primeira decepção de Mattos ocorre à época do lançamento do jornal. A data programada para ir às bancas era 19 de outubro de 1997, um domingo, mas os testes com as novas rotativas, realizados até a véspera, mostraram que tecnicamente ainda não era possível colocar o jornal na rua com a qualidade gráfica desejada. A decisão quanto ao adiamento foi tomada na noite de sábado, 18 de outubro, horas antes do horário previsto de começar a rodar a primeira edição. Ainda na noite de sábado, marca-se uma nova data, 26 de outubro. Mas a campanha publicitária já estava em andamento. Outdoors, mídia impressa e, sobretudo, televisão. Como a Globo era sócia do empreendimento, grande parte do espaço publicitário em tevê foi comprado junto à Rede Globo. Com o adiamento do lançamento do jornal, a campanha foi suspensa, mas a emissora não a realocou para a semana seguinte, sob a justificativa que a sua grade estava lotada, e ofereceu novo espaço apenas para março de 1998.

O lançamento caótico, em outubro de 1997, atrapalhou muito as vendas do jornal. Em março de 1998, o *Lance!* aproveitou, finalmente, o espaço publicitário adquirido em outubro do ano anterior para fazer uma espécie de relançamento. A mesma campanha promocional da "Bola de Ouro", mal divulgada em outubro de 1997, voltou a ser veiculada, premiando com uma bola de couro "oficial" o leitor que colecionasse 15 selos encartados no jornal. No dia 22 de março, cinco meses depois da estréia, Walter de Mattos finalmente festejou, em anúncio de página inteira no próprio jornal, que o *Lance!* "passou de 120 mil exemplares vendidos em bancas nos últimos dias"[115] – um número que, previa-se, deveria ter sido alcançado já nos primeiros dias.

"Vitaminado" pela promoção, o crescimento não se sustentou por longo tempo, voltando a ficar bem abaixo dos 100 mil exemplares diários. E, logo em abril de 1998, o jornal sofreu outro sério revés. A Globo resolveu lançar o *Extra*. Jornal popular, em formato tablóide, visava atacar *O Dia*, que vinha roubando leitores de *O Globo* desde que deixou de ser um jornal

115 *Lance!*, 22 mar. 1998, p. 11.

"espreme que sai sangue". Tal como *O Dia*, que trazia encartado o *Ataque*, um caderno esportivo de 12 a 16 páginas, o *Extra* também vinha com um suplemento esportivo, além de uma promoção que dava panelas aos leitores, tudo isso ao preço de R$ 0,25 – três vezes menos que o *Lance!* (custava R$ 0,75) e metade de *O Dia* (R$ 0,50). Uma facada nas costas, dada por um sócio querido. "Eles fizeram *dumping*"[116], se queixa Mattos:

> Logo depois que saiu o *Ataque* [em *O Dia*], o pessoal da Globo falou pra mim: agora nós temos que fazer um caderno de esportes diário também. E eles dizem que aprenderam muito com o *Lance!*, ao verem o lançamento de um jornal. Há quantos anos, décadas, não tinha o lançamento de um jornal grande? E eles saem com uma situação de dumping de preço. Isso foi muito duro. Você imagina ter um jornal, com aquela mídia, um jornal grosso, com qualidade, uma redação grande, o pessoal fazendo um jornal bom, fazendo um jornalismo esportivo bem decente (roubaram repórteres meus, bons) e custava R$ 0,25 só e dava tudo[117]. (...) Embora não tenha sido voluntário contra nós, [o *Extra*] era uma sabotagem[118].

Diante desse quadro, o *Lance!* aposta todas as suas fichas na Copa do Mundo, em julho de 1998. E esse é justamente o pior momento do jornal. As vendas, somadas, encostam em 30 mil exemplares. Alguns sócios cogitam fechar o jornal. Mas fazem as contas e avaliam que colocar mais algum dinheiro e esperar até dezembro sairia mais barato do que fechar naquele momento. Uma onda de demissões dizima 40 postos de trabalho,

116 Proibido por lei, se provado, o dumping é a venda de um produto por um preço abaixo do custo, com o objetivo de derrubar os produtores concorrentes.

117 Entrevista de Walter de Mattos Junior ao autor, São Paulo, 11 dez. 2002.

118 Entrevista de Walter de Mattos Junior ao autor, São Paulo, 3 set. 2003.

entre o Rio e São Paulo, incluindo César Seabra, um dos dois editores-chefes. O jornal se recupera um pouco no final de 1998, adiando os planos de fechamento, mas o interesse dos sócios pelo *Lance!*, Globo incluída, não existe mais. Em janeiro de 2003, finalmente, a empresa vende a sua parte no jornal esportivo, deixando uma ponta de mágoa em Mattos:

> A Globo nunca foi um problema na nossa sociedade, mas também nunca ajudou e de certo modo frustrou as expectativas dos demais sócios que esperavam um apoio maior dela no negócio. Penso que, ao contrário, ela talvez até tenha se beneficiado da montagem do projeto, adquirindo um importante know-how que utilizou para fazer o *Extra*[119].

Ao comprar as partes dos sócios e se tornar o sócio majoritário do *Lance!*, Mattos abre mão de uma boa parte do ideário "moderno" com que embalou a montagem do empreendimento. Seis meses depois, em agosto de 2003, ao ditar as linhas do elogio fúnebre a Ary Carvalho, chama o ex-sogro de "um velho homem da imprensa, no melhor sentido da expressão". Não se pode afirmar que seja, ele próprio, um "velho homem de imprensa", em função da sua trajetória, do modelo original que montou para o seu negócio e do seu próprio discurso, que afronta o mundo dos antigos proprietários de veículos de comunicação. Mas é inegável que o período de "treinamento" com Carvalho e o aval das Organizações Globo foram fundamentais para a armação e viabilização do empreendimento, permitindo a sua entrada no clube. Também parece claro que a saída dos sócios deixa o empresário numa situação muito semelhante à de outros velhos homens de imprensa, ancorados em empresas familiares. Mattos talvez seja um "novo velho homem de imprensa", um tipo que não se enquadra totalmente nos padrões no campo jornalístico, mas se adaptou bem a ele. Ainda é cedo para fazer um julga-

119 "Protagonistas da imprensa brasileira". Entrevista de Walter de Mattos Júnior, 21 mar. 2006. Disponível em http://www.jornalistasecia.com.br/prot05.htm, consultado em 3 nov. 2006.

mento definitivo, mas é possível considerar a hipótese, passados onze anos do nascimento do *Lance!*, de que essa sua dupla postura, equilibrando-se à frente tanto dos negócios quanto da redação, por anacrônica que seja, ajuda a explicar o desempenho do seu empreendimento.

Aproximações e cruzamentos

Procurei, ao longo deste capítulo, apresentar Walter de Mattos e mostrar como conseguiu viabilizar a criação de um jornal. Lembro que desde agosto de 1979, quando Mino Carta fundou o *Jornal da República* com recursos da empresa que editava a revista *IstoÉ*, de Domingo Alzugaray[120], um jornal diário, dessas proporções, não era lançado no país. Para entender melhor o percurso de Mattos, discorri antes sobre dois outros grupos que resolveram investir em mídia no mesmo período, a segunda metade da década de 90. Para finalizar este capítulo, tento, a seguir, sintetizar cinco características comuns que identifiquei nesses três novos protagonistas da imprensa brasileira, no período.

Da mesma forma que Tanure e os banqueiros que criaram a Camelot, Mattos investiu um volume expressivo de recursos em mídia no momento em que o setor enfrentava uma crise de grandes proporções. O discurso de Tanure é o que mais abertamente trata da "oportunidade" que se abria no mercado de jornais e revistas em conseqüência daquela crise esboçada na década de 90, mas essa percepção está clara também no discurso de Mattos e nos atos da Camelot. E, entre as oportunidades que a crise oferecia, uma das mais promissoras era a perspectiva de mudança na Constituição do país, ocorrida em 2002, que levou o Congresso Nacional a autorizar, pela primeira vez na história, a participação de empresas e de estrangeiros na imprensa. Era tão grande o entusiasmo dos sócios de Mattos e dos criadores da Camelot com essa possibilidade que a estrutura

120 Veja o relato de Vera Lúcia Rodrigues, *Dependência ou morte*, São Paulo, Germinal, 2005.

dos negócios que montaram comportava capital estrangeiro antes mesmo da aprovação da mudança constitucional.

No contexto da década de 90, marcado pela hegemonia do ideário neoliberal, os novos investidores em mídia insistem em realçar o caráter econômico dos projetos, ao mesmo tempo em que se esforçam no sentido de deixar em segundo plano o aspecto político dos empreendimentos. O discurso de Tanure, Mattos e dos sócios da Camelot sublinha os valores em voga, insistindo na necessidade de procedimentos de "gestão moderna" para combater estruturas supostamente ultrapassadas de gestão familiar. Não à toa, Mattos e a Camelot não apenas recorrem abertamente à participação de fundos de *private equity*, como tecem loas a esses fundos especializados em adquirir empresas para vendê-las pouco tempo depois, vistos como uma das formas "modernas" de investir e administrar negócios nestes novos tempos.

Outro aspecto a unir esses personagens, por oposição ao anterior, é a vontade de dissociar, ao menos publicamente, os seus investimentos em mídia de algo intrínseco a esse setor, a saber, o poder atribuído e, de fato, acumulado pelos proprietários de jornais e revistas. Tanure chega a falar explicitamente que "despreza o poder". Entendo que essa resistência está ligada a dois fatores. Em primeiro lugar, a uma percepção de que poderiam ser mais bem aceitos no campo se mantivessem uma atitude *low profile*, de discrição, tanto em relação à vida política quanto aos próprios concorrentes. Em segundo, essa parece uma atitude coerente com a lógica do discurso que defendem, de que os seus investimentos representam uma forma "moderna" de atuar na mídia, ou seja, de prevalência do econômico sobre o político. O fato é que a lógica própria da concorrência no campo da mídia exigiu que essa atitude fosse logo abandonada. Tanure, como vimos, atacou as Organizações Globo por sua "postura comercial predatória" à época em que se discutia um empréstimo do BNDES ao setor. A Camelot, ao tentar comprar a revista *IstoÉ*, afrontou diretamente a editora Abril, a principal do mercado de revistas. Já Mattos fez críticas à concorrência, acusando-a de ter um histórico de problemas éticos, também na ocasião em que tratou publicamente da questão da ajuda estatal à mídia.

Depois de décadas de estagnação por falta de investimentos e novos protagonistas, é natural que Mattos, Tanure e a Camelot tenham sido vistos como "aventureiros" e "forasteiros" pelo mercado de imprensa. A resistência que enfrentaram está relacionada à luta – natural em qualquer campo – por espaço, prestígio e poder. Pode-se entender a opção de Tanure em investir em títulos consagrados, mas falidos, como *Jornal do Brasil* e *Gazeta Mercantil*, dos quais esperava herdar o prestígio acumulado, como uma forma de atenuar essa resistência. A mesma explicação vale para o esforço de quase um ano, ao final, mal-sucedido, dos sócios da Camelot em adquirir a revista *IstoÉ*. Antes de partir para a fundação do *Lance!*, Mattos cogitou, igualmente, comprar um diário já estabelecido, o *Jornal dos Sports*, mas esbarrou em negociações difíceis, nas quais, tal como ocorreu com a Camelot ao negociar com Domingo Alzugaray, o valor pedido pelo jornal não refletia a sua situação econômica, mas embutia o seu prestígio acumulado.

O investimento em mídia também está muito ligado, como tentei demonstrar, a um esforço de acúmulo de capital simbólico por parte dos novos protagonistas nesse mercado. No caso de Tanure, marcado por negócios suspeitos e amizades polêmicas durante o governo Collor, a compra do *Jornal do Brasil* quase uma década depois também pode ser entendida, para além das suas explicações, como uma oportunidade de fazer um bom negócio, como uma forma de recuperar, escorado em um jornal centenário, a imagem arranhada e adquirir prestígio. Já Mattos, ao deixar para trás nove anos de trabalho com o sogro em *O Dia* e partir para a criação de seu próprio jornal, parece claramente estar em busca, também, da construção de uma biografia própria, dissociada da imagem de Ary Carvalho, um empresário, como vimos, de menor prestígio no campo. Sobre a Camelot, há poucas informações disponíveis, mas entendo que seja sintomático, por exemplo, que um dos sócios da editora, o banqueiro Jair Ribeiro, depois de desistir do investimento em mídia, tenha apostado num outro negócio, a Casa do Saber, um centro de estudos para a elite paulistana, em que o potencial de agregar prestígio parece tão significativo quanto as possibilidades de ganho econômico.

III – O ESQUEMA TÁTICO

A CONSTRUÇÃO DO LEITOR DE UM "JORNAL PRA CIMA"

No discurso com que embalou o projeto de lançar um novo diário esportivo, ainda em meados de 1996, Walter de Mattos chamava a atenção de seus possíveis sócios para o fato de que os dois jornais que dominavam o mercado até então, *Gazeta Esportiva* e *Jornal dos Sports*, estavam combalidos por problemas de má gestão, enfrentavam graves dificuldades financeiras e não conseguiam mais se comunicar com o grande público apaixonado por futebol. Estavam, na sua visão, envelhecidos[1]. Aos jornalistas experientes que convidou para participar do projeto, Mattos falava em fundar um "novo jornalismo esportivo", "moderno", "renovado". No concurso que promoveu para selecionar jovens repórteres e estagiários, o *Lance!* convidava os candidatos a integrar "a seleção brasileira de jornalismo". O que seria esse "novo jornalismo esportivo"? Qual era a novidade do *Lance!* em relação aos seus concorrentes? Para além da retórica de Mattos, o que havia de diferente no projeto do jornal?

Neste capítulo pretendo descrever como se desenhou o projeto editorial do *Lance!*, indicando algumas influências que o jornal reconheceu e outras que não admitiu, ainda que tenham existido, ao longo do processo. Vou também mostrar como se construiu a idéia de um leitor imaginário, jovem, de classe média, apaixonado por futebol, e quais recursos foram

1 A estréia do *Lance!* não provocou reações significativas dos dois diários concorrentes. A resposta mais visível da *Gazeta Esportiva* ao lançamento foi a publicação em seu próprio jornal de uma peça publicitária de caráter cômico, tendo como garoto-propaganda um ex-jogador do Corinthians dos anos 70, conhecido como Lance. O ex-jogador posava segurando o jornal ao lado da frase "Lance lê a Gazeta Esportiva".

mobilizados na tentativa de conquistá-lo. Com a ajuda de dados numéricos, vou tentar descrever quem, de fato, era o leitor do *Lance!* Por fim, vou analisar como este projeto editorial, calcado na emoção e num universo muito próximo ao da ficção, causou constrangimentos à equipe de jornalistas mais experientes convidada a integrar o projeto e dificultou o papel do próprio jornal na defesa de interesses políticos que estavam na base de sua criação.

Para entender o significado da proposta de Mattos e o impacto que teve sobre a equipe fundadora do *Lance!* é preciso, antes, fazer um breve histórico dos lugares que o jornalismo esportivo ocupou no campo do jornalismo desde os primórdios e a sua posição nos dias de hoje. Pretendo mostrar como a especialidade se constituiu, ao longo de um século, sob uma dupla pressão, expressa pelo recorrente baixo prestígio dos profissionais da área e por variadas – e graves – acusações de desvios éticos. Ao mesmo tempo, tentarei estabelecer alguns marcos que alteraram a forma do fazer jornalístico no Brasil ao longo do século XX, sem o que não somos capazes de enxergar alguns conflitos fundamentais dentro do campo.

Os lugares do jornalismo esportivo

Até onde fui capaz de ir com esta pesquisa, travei conhecimento de apenas dois estudos acadêmicos que buscam, de alguma forma, tipificar o jornalismo esportivo. O jornalista Ouhydes João Augusto da Fonseca é autor de um trabalho pioneiro, apresentado em 1981, mas nunca publicado, no qual faz um histórico do desenvolvimento da especialidade na imprensa brasileira, apresenta depoimentos e dados que explicitam as dificuldades iniciais dos profissionais da área e denuncia, como veremos, problemas éticos envolvidos no trabalho[2]. As profundas mudanças que ocorreram no

---

2 Ouhydes João Augusto da Fonseca, *O "cartola" e o jornalista:* Influência da política clubística no jornalismo esportivo de São Paulo, dissertação de mestrado apresentada à Escola de Comunicações e Artes da USP, São Paulo, 1981.

mercado desde a realização da dissertação tornam o trabalho de Fonseca, porém, pouco útil para explicar as atuais peculiaridades do campo.

O antropólogo Luiz Henrique de Toledo é autor de um estudo bem mais consistente, ainda que não dedicado exclusivamente ao jornalismo esportivo, no qual propõe um modelo de análise dos diversos significados culturais do futebol, a partir de três realidades dentro do campo esportivo, vividas por aqueles que ele chama de *profissionais* (jogadores, técnicos, dirigentes, juízes, preparadores, médicos etc), *especialistas* ("a crônica esportiva") e *torcedores*[3]. Toledo subdivide a "fala especialista" em três perspectivas: a que se legitima por um discurso emocional, afinado com o domínio do torcedor, a que se dedica às polêmicas estritamente técnicas (normalmente vocalizadas por ex-jogadores que se tornaram "comentaristas") e a que enfatiza os aspectos políticos do futebol[4]. Ao fazer um histórico da atuação dos *especialistas* no campo, o antropólogo expõe algumas clivagens que opuseram essas diferentes perspectivas, em particular a questão do clubismo e do bairrismo, que coloca o *especialista* diante do dilema de ser eqüidistante ou dar vazão à emoção[5]. E, ainda que também trate de sérios problemas éticos envolvidos na prática profissional, como a ligação de jornalistas em negociações de jogadores[6], a ênfase do pesquisador em sua "jornada esportiva" me parece estar em mostrar como a "dimensão da emoção (...) consiste num plano simbólico estruturante que permeia as relações entre os atores combinados, ao qual estão sujeitos os próprios especialistas"[7].

Além do estudo de Toledo[8], também recorro a três obras recentes que sinalizam um interesse do mercado editorial de livros para-didáticos

3 Luiz Henrique de Toledo, *op. cit.*, p. 15.

4 *Ibidem*, pp. 160-161.

5 *Ibidem*, pp. 168-172.

6 *Ibidem*, p. 172.

7 *Ibidem*, p. 174.

8 Ver também comunicação de José Carlos Marques, *O estigma de ser jornalista esportivo*. Apresentada ao XXVI Congresso Brasileiro da Intercom, Belo Horizonte, 2003.

pelo jornalismo esportivo. São textos escritos por jornalistas com reconhecida atuação no meio, destinados a estudantes universitários. Embora não aprofundem a discussão, são valiosos por mostrar como o profissional "de dentro" enxerga o próprio trabalho. É o caso de Paulo Vinicius Coelho, autor de um dos volumes, que trabalhou na primeira equipe do *Lance!*, bem como na revista *Placar* e no canal especializado em esportes ESPN[9], e também de Mauro Beting, Elias Awad, José Eduardo de Carvalho e Denise Mirás, co-autores de outro, que são conhecidos jornalistas esportivos em atividade em diferentes veículos no meio[10]. Igualmente, a experiência de Patrícia Rangel na área ajudou-a a redigir um volume explicitamente paradidático, que se propõe a ser um manual para candidatos ao *métier*[11].

O jornalismo esportivo, como procurei mostrar no capítulo I, se desenvolveu no Brasil concomitantemente à popularização do futebol. Desde o início, foi uma especialidade menos relevante dentro do jornalismo, nitidamente subalterna em relação ao jornalismo político, por exemplo, e atraía profissionais com menos habilidades e ambições que os redatores políticos e/ou literários. No depoimento de Adriano Neiva (1907-1990), jornalista esportivo e historiador, conhecido como De Vaney, vislumbra-se a situação desse profissional no início do século XX:

> As funções não eram fixas nem, muito menos, compensadoramente remuneradas. A maioria dos "cronistas" trabalhava de graça, só para ter o ensejo de escrever em jornal, já que essa era a sua inclinação, e para poder, principalmente, defender o seu clube, porque, naquele tempo, tal como hoje, o "cronista" tinha seu clube preferido, com a diferença de que, antes, àquela época, ninguém fazia segredo disso. Pelo contrário: eram comuns os escudos à lapela dos "cronis-

9 Paulo Vinicius Coelho, *op. cit.*

10 Sergio Vilas Boas (org.), *op. cit.*

11 Heródoto Barbeiro e Patrícia Rangel, *Manual do jornalismo esportivo*, São Paulo, Contexto, 2006.

> tas" e indispensável a sua presença nas comemorações dos triunfos. O redator profissional, mas que fazia da imprensa um simples "bico", tanto podia ser "cronista" de esportes no domingo, como redator policial na segunda-feira, crítico teatral na terça, repórter de rua na quarta, observador político na quinta ou – o que não era raro – tudo isso ao mesmo tempo... Não havia especialização[12].

A comprovar o que escreveu Ruy Castro sobre o trabalho dos repórteres esportivos no Rio de Janeiro em 1927 ("Não fosse pelo lanche que os clubes ofereciam nos dias de treino, alguns desses repórteres morreriam de fome"[13]), De Vaney se recorda que os jornalistas de esporte não recebiam salários regulares, mas viviam à base de vales. "A maneira de pagá-los tinha um quê de burlesco e muito de humilhação: o vale, esse vale que foi o vale de lágrimas de duas gerações de jornalistas"[14].

Mais do que De Vaney, será seu contemporâneo Thomaz Mazzoni que apontará os principais problemas da prática do jornalismo esportivo no período. Nas críticas que fará aos colegas, o chefe da edição de esportes de *A Gazeta* responsabiliza a imprensa, como vimos no capítulo I, pelo estímulo ao bairrismo e pelo acirramento da competição entre cariocas e paulistas nas primeiras décadas do século passado. Os jornalistas, escreve Mazzoni, são culpados não só pelo mau comportamento dos torcedores, mas também dos jogadores:

---

12 Adriano Neiva, "Escrevendo uma história", em *60 anos de futebol no Brasil*, FPF, São Paulo, 1954, p. 66, citado em Milton Pedrosa, "A crônica esportiva e o cronista de futebol", em *O olho na bola*, Rio de Janeiro, Gol, 1968, p. 9. Neiva usa o termo "cronista" para designar, genericamente, o jornalista esportivo. É uma forma antiga, em desuso, mas ainda evocada. A principal associação de jornalistas esportivos de São Paulo, fundada em 1941, por exemplo, mantém até hoje o seu nome original, Associação dos Cronistas Esportivos do Estado de São Paulo.

13 Ruy Castro, *op. cit.*, p. 114.

14 Adriano Neiva, *op. cit.*

> Se essa imprensa foge de sua verdadeira missão, se é escandalosa e perniciosa, envenena o ambiente: os jogadores vão a campo mal-intencionados, os 'torcedores' ficam de prevenção contra tudo que não seja do seu lado. (...) Maior é essa nobre missão quando se trata de futebol interestadual, porque este tem por finalidade fazer conhecer-se, unir e querer bem os brasileiros, das diferentes regiões[15].

Numa evidência do incômodo que lhe causavam os exageros no noticiário esportivo, Mazzoni também ataca o "sensacionalismo" da imprensa no prefácio do livro que publicou sobre a Copa do Mundo de 1938.

> Previno os leitores que não me animei a publicar este livro com o intuito de explorar o sensacionalismo, gênero esse, infelizmente, de jornalismo esportivo muito em voga em certa imprensa que de outro modo não teria público e que, no entanto, muito mal faz ao esporte[16].

Em outro texto, também da década de 30, Mazzoni acusa os colegas de inventarem entrevistas com jogadores, no esforço de promover e valorizar o noticiário. Sem meias palavras, mas omitindo os nomes dos responsáveis, Mazzoni atribui a alguns repórteres a violação inescrupulosa da regra mais fundamental do jornalismo:

> Na maioria das vezes é o entrevistador quem 'inventa' as declarações, e não o entrevistado... No Rio, chegou-se ao

15 Ver "A boa imprensa e o combate à indisciplina", em Thomaz Mazzoni, 1939, *op. cit.*, pp. 31-32.

16 "Duas palavras", em Thomaz Mazzoni, 1950, *op. cit.*, p. 7.

> cúmulo dos repórteres cumprimentarem um jogador na rua e, no outro dia, publicar uma sua entrevista![17]

Os textos de Adriano Neiva e Thomaz Mazzoni nos permitem visualizar o jornalismo esportivo praticado nas décadas de 20 e 30 como uma tarefa de profissionais despreparados, mal remunerados e alheios a alguns padrões éticos que, então, já eram valorizados, em particular a fidelidade à verdade factual e a sobriedade na forma de descrever os fatos. Não é possível, porém, esquecer o ambiente geral da imprensa no qual esse jornalismo esportivo está inserido. Como vimos no capítulo I, ao traçar uma breve história de *A Gazeta* (o jornal de Cásper Líbero, patrão de Mazzoni) e dos jornais da família Rodrigues, os periódicos da época faziam proselitismo político em troca de favores variados. A dependência de verbas governamentais levava o noticiário político a pender explicitamente para um lado em detrimento de outros, não raro de forma exagerada e "sensacionalista". Igualmente grave, a falta de transparência quanto à propriedade dos meios de comunicação dificultava compreender os reais interesses por trás da opinião dos jornais.

A partir da década de 40 e ao longo dos anos 50 e 60, período em que *A Gazeta Esportiva* e o *Jornal dos Sports* se tornam referência em termos de jornalismo esportivo, a imprensa brasileira viverá uma de suas mais notáveis transformações técnicas. Os jornais considerados mais importantes, de prestígio, vão se diferenciar mais claramente dos jornais populares ao incorporarem o modelo consagrado, meio século antes, pelos jornais de prestígio nos Estados Unidos. Dois valores formam a espinha dorsal desse modelo: liberdade de imprensa e objetividade. Por trás do primeiro está a idéia de que uma imprensa livre é a garantia de uma sociedade democrática – e os jornalistas, sempre em busca da verdade, são os cães de guarda desse valor. O segundo, a idéia de que só o registro mais factual

---

17 "A degeneração da entrevista aos jornais", em Thomaz Mazzoni, 1939, *op. cit.*, pp. 195-198.

possível da realidade, livre de opiniões, permite ao cidadão fazer as suas escolhas livremente[18].

A idéia de objetividade ajuda a balizar um conceito fundamental, compartilhado pelos jornalistas: o que é notícia. De forma anedótica, os profissionais gostam de explicar aos não-jornalistas que "se um cachorro morde um homem, isso não é notícia; se um homem morde um cachorro, é notícia". Há, evidentemente, um alto grau de subjetividade na definição do que é notícia, assim como na definição de qual é mais importante, na comparação entre várias notícias. Mas, ao procurar diminuir a margem de possibilidades por meio de regras e padrões, e formalizá-las nos chamados "manuais de redação", jornais e revistas vão procurar se expor menos à acusação de "sensacionalismo"[19].

A *Folha de S.Paulo*, por exemplo, considera quatro níveis de hierarquização possíveis para a notícia, em ordem decrescente de importância: 1. Notícias de incontestável interesse geral, capazes de modificar estruturas políticas, econômicas, culturais, de uma cidade, um país, o mundo; 2. Notícias de utilidade pública, que afetam a vida cotidiana (saúde, educação, ciência, economia, legislação etc); 3. Notícias que causam comoção pública, com as quais o leitor partilha a dor, a emoção etc; 4. Notícias que contêm análises originais. Um critério de desempate, em casos de dúvida sobre qual notícia é mais importante, é a exclusividade: uma notícia exclusiva, o furo, é mais importante que uma notícia de conhecimento dos concorrentes.[20] Com esses níveis de hierarquização em mente o editor escolhe as notícias que ocupam a primeira página do jornal e a posição de cada uma nesse espaço – o que também explica, pela dificuldade de se enquadrar nestes critérios, a ausência freqüente do noticiário esportivo

18 Uma boa descrição desse modelo encontra-se em Carlos Eduardo Lins da Silva, *op. cit.*

19 O *Diário Carioca*, jornal que circulou entre 1928 e 1965, é considerado o pioneiro na adoção do modelo norte-americano de jornalismo. Publicou o seu Manual de Redação em março de 1950.

20 *Manual de redação*, São Paulo, Publifolha, 2001, pp. 21-23.

na capa do jornal. *O Globo*, que adota padrões semelhantes, salienta a importância da objetividade no tratamento da notícia:

> A qualquer velocidade, exige-se fidelidade a três requisitos: exatidão (para não enganar o leitor), clareza (para que ele entenda o que lê) e concisão (para não desperdiçar nem o tempo dele nem o espaço do jornal). (...) Deve-se evitar, com exceção de momentos muito especiais, o comentário que apenas registra pasmo, admiração ou indignação. (...) O título é o anúncio da notícia, concentrado no fato que provavelmente mais desperta atenção. Como na boa propaganda, é proibido a esse anúncio prometer mais do que a matéria realmente contém ou afirmar algo que nela não existe[21].

Adotado e aperfeiçoado pelos principais jornais brasileiros ao longo das últimas décadas, esse modelo é, naturalmente, incompatível com a prática do jornalismo popular. Para além do louvável caráter de prestador de serviços, na divulgação de informações úteis ao cotidiano do trabalhador, os jornais populares recorrem, com freqüência, e de forma desabrida, à emoção, quando não à omissão e à distorção, para descrever os fatos. Muitas dessas publicações costumam adotar critérios de definição sobre importância das notícias claramente distintos dos usados pela imprensa dita séria, ou de prestígio[22].

---

21 *O Globo: Manual de redação e estilo*, São Paulo, 1992, pp. 19, 47-51.

22 De uma maneira geral, um assassinato violento é sempre mais importante do que qualquer notícia política, o resultado de uma partida do Corinthians sempre terá mais destaque que uma notícia internacional. As notícias de economia só ganham destaque se podem afetar diretamente o bolso do trabalhador. Ver, por exemplo, Celso de Campos Jr., Denis Moreira, Giancarlo Lepiani e Maik René Lima, *Nada mais que a verdade:* A extraordinária história do jornal Notícias Populares, São Paulo, Carrenho Editorial, 2002.

As mudanças ocorridas na imprensa na segunda metade do século XX levarão, por conseqüência, a uma reconfiguração das posições no subcampo do jornalismo esportivo. De pronto, é possível falar mais claramente em dois tipos de prática, muito distintas, de acordo com o modelo adotado – o do jornalismo de prestígio ou o jornalismo popular.

No caso dos jornais de prestígio, que se tornam mais sóbrios, o espaço dedicado à cobertura esportiva aumentou, a partir dos anos 60, chegando a conquistar, em alguns jornais, uma certa autonomia, em forma de cadernos próprios. A divisão do trabalho, dentro de um grande jornal, também se tornou mais nítida. As "seções" passam a ser chamadas de "editorias". O termo "cronista" como forma de designar todos os jornalistas da categoria cede espaço a termos mais específicos. A editoria de esportes de um grande jornal chega a contar com 20 profissionais, entre repórteres, redatores, assistentes de edição e o editor. Os repórteres são os profissionais destacados para o contato direto com as fontes, a cobertura no dia-a-dia dos clubes, o acompanhamento dos torneios e competições, etc. Redatores são os profissionais que permanecem na redação e têm funções mais burocráticas, de preparação de texto e auxílio ao trabalho de edição. Os assistentes do editor são os profissionais a quem o chefe da editoria delega algumas funções, como a atribuição de responsabilidades no dia-a-dia (a chamada "pauta"), o acompanhamento do trabalho dos repórteres e a edição do produto final.

Todos esses profissionais estão envolvidos exclusivamente no trabalho de trazer e publicar informações. Não têm nenhuma relação com o ofício de opinar. No modelo norte-americano de jornalismo, que os jornais de prestígio brasileiro adotam, os textos opinativos são publicados com distinção gráfica bem evidente, para caracterizá-los como diferentes dos textos informativos. A responsabilidade por esses textos opinativos sempre coube a profissionais mais experientes, chamados de "colunistas", que muitas vezes nem trabalham na redação. Todos os jornais mantêm um ou mais colunistas de esportes. Como descreve Toledo, a esses especialistas é permitido extravasar emoções, torcer, se quiserem, criticar e, também, informar[23].

Algumas nuanças marcam a trajetória das seções de esporte dos jornais de prestígio. Uma parte dessas publicações, segundo o jornalista José Eduardo de Carvalho, buscou harmonizar, a partir dos anos 70, a lógica da objetividade com um esforço de "humanização" do noticiário, de forma a incorporar aspectos menos óbvios do espetáculo[24] (uma tarefa, diga-se, a qual Mario Filho havia se dedicado desde os anos 30). Na década de 80, na esteira das transformações ocorridas em função dos maiores investimentos relacionados ao mundo do esporte, prossegue Carvalho, muitos jornais incorporaram o discurso econômico, passando a dar destaque ao chamado "PIB do esporte"[25].

A *Folha de S.Paulo* iria ocupar um lugar particular no campo, a partir dos anos 80, por meio de duas ações paralelas: a paulatina substituição dos seus veteranos jornalistas por quadros bem mais jovens, recém-saídos da universidade, e a utilização intensiva das estatísticas como ferramenta na explicação dos resultados esportivos. Em 1997, ao apresentar um livro escrito pelos repórteres esportivos André Fontenelle e Valmir Storti, ambos com 25 anos na ocasião, o jornalista Matinas Suzuki Jr, um dos quadros dirigentes da *Folha*, então, resume as bases desse projeto:

> André e Valmir são dois jovens formados pela *Folha* dentro do espírito do novo jornalismo esportivo no qual acreditamos: mais informativo que opinativo, mais baseado em nú-

---

23 Luiz Henrique de Toledo, *op. cit.*, pp. 160-161.

24 José Eduardo de Carvalho, "O discurso esportivo", em *Formação & informação esportiva*, *op. cit.* pp. 63-65. O autor cita *Jornal da Tarde* (SP), *Jornal do Brasil* (RJ), *Zero Hora* (RS) e revista *Placar* como veículos que ajudaram o esporte a sair "da cozinha para a sala de estar". Ver também Paulo Vinicius Coelho, *Jornalismo esportivo*, op. cit, p. 10.

25 Ibidem, p. 66.

> meros e estatísticas do que em suposições, mais preocupado com a correção histórica do que com o passionalismo que tanto atrapalha a imprensa esportiva brasileira[26].

Entre os jornais populares, cuja proposta editorial conflita explicitamente com o discurso da objetividade, as mudanças são menos visíveis em relação ao jornalismo praticado desde a década de 30. As críticas que Mazzoni fazia, no passado, ao "sensacionalismo" da imprensa permanecem válidas nesse segmento. *Jornal dos Sports* e *Gazeta Esportiva* estão, nos anos 60 e 70, muito mais próximos do jornalismo popular que do de prestígio, embora sejam mais comedidos que *Notícias Populares* e *Diário Popular*, em São Paulo, ou *O Dia*, no Rio, no tratamento "sensacional" dado à notícia.

Há hoje uma nítida distinção, estabelecida pelo mercado profissional e sublinhada por diferenças salariais e pelo status atribuído às diferentes ocupações, entre trabalhar em um jornal de prestígio e um jornal popular. A essa distinção corresponde, naturalmente, uma hierarquização semelhante entre jornalistas de esportes: o repórter de uma publicação dita séria se vê num patamar profissional superior ao de seu colega que trabalha em diários populares[27]. Por outro lado, apesar das mudanças ocorridas nos jornais de prestígio, alguns sinais indicam que o status do jornalista esportivo não melhorou, internamente. Não há, por exemplo, casos conhecidos de jornalistas esportivos que tenham alcançado a dire

26 André Fontenele e Valmir Storti, *A história do Campeonato Paulista*, São Paulo, Publifolha, 1997. O texto citado, sem título, está publicado na orelha do volume.

27 Não há pesquisas a esse respeito no Brasil. Escrevo com base na minha experiência e observação, construída em 20 anos de profissão, dez dos quais na *Folha de S.Paulo*, onde convivi com jornalistas que trabalhavam para outras duas publicações da mesma empresa, ambas populares, *Notícias Populares*, fechada em 2001, e *Folha da Tarde*, hoje *Agora São Paulo*.

ção de qualquer um desses jornais[28]. A posição do jornalista esportivo continua a ser vista de forma inferior relativamente a outras posições dentro do jornal. Na visão de Paulo Vinicius Coelho, o prestígio desses profissionais não mudou significativamente em relação ao retrato traçado por De Vaney, muitas décadas atrás.

> Não é na editoria de esportes que se concentram os melhores salários das grandes redações, mas é para ela que seguem os focas, novatos que chegam sedentos de trabalho e de crescimento profissional[29].

Se nos anos 70, a crítica ao "sensacionalismo" não é mais tão freqüente na cobertura esportiva dos jornais de prestígio, atenuada pela repressão ao "passionalismo" e pelo esforço de objetividade, uma outra acusação, grave, ainda paira sobre a categoria, indistintamente. Ouhydes Fonseca alertava, em 1981, para a existência de corrupção no meio:

> Ao tempo em que existiam mais campos de várzea (nos bairros periféricos das grandes cidades), era comum o dirigente esportivo pagar ao redator esportivo pela publicação de matérias sobre seu clube. Essa mentalidade ainda existe, mesmo que sem intenção de corromper o redator. Há poucos anos, quando editor de esportes de *A Tribuna*, de Santos, várias vezes recebi ofertas de propina de pessoas

---

28 Este fenômeno é recorrente também em outros países. Ver David Rowe. *Sport, culture and the media*, Berkshire, Open University Press, 2004. O autor cita pesquisas sobre a ocupação de jornalista esportivo na Austrália, Inglaterra e Estados Unidos, todas com resultados semelhantes em relação à falta de mobilidade e baixa auto-estima dos profissionais especializados em esporte.

29 Paulo Vinicius Coelho, *op. cit.*, p. 27.

> que ainda acreditavam que a publicação de uma notícia esportiva dependia de pagamento[30].

Fonseca chama a atenção para um problema que o jornalista João Saldanha (1917-1990) vai combater a partir da década de 60, a saber, a proximidade exagerada, suspeita até, entre jornalistas e dirigentes esportivos. Um dos mais importantes jornalistas esportivos do País, ao longo de 30 anos de atividade, Saldanha foi um militante em defesa da "modernização" do futebol, chamando a atenção para o despreparo dos dirigentes, o desconhecimento dos técnicos, a ignorância dos atletas e a venalidade de parte da imprensa.

Saldanha nasceu em Alegrete, no Rio Grande do Sul, filho de Gaspar Saldanha, um rico fazendeiro, que se notabilizou por fazer oposição às oligarquias locais, envolvendo-se ao lado dos maragatos na longa disputa militar contra os chimangos. Segundo a irmã Elza, João e seu irmão Aristides "foram criados vendo aquele clima de revolução em casa (...) Eles abriam os armários e em vez de roupas tinham armas"[31]. Amigo de Oswaldo Aranha, Gaspar Saldanha mudou de lado e apoiou Getúlio Vargas, um chimango, na Revolução de 30. Ao se transferir com a família para o Rio de Janeiro, em 1931, o fazendeiro ganhou de presente de Vargas um cartório de registro de imóveis na zona sul da cidade.

Há muitas lendas em torno da trajetória de João Saldanha. Mesmo seus principais biógrafos, João Máximo e André Iki Siqueira, não têm certeza a respeito da veracidade de inúmeros episódios[32]. Sabe-se que estudou no Colégio Pedro II, um dos melhores da cidade. Em 1935, mesmo ano em

30 Ouhydes Fonseca, *op. cit.*, p. 50.

31 Ver "João: 'A vida é o que a gente pode tirar da vida'", em Raul Milliet (org.):*Vida que segue. João Saldanha e as Copas de 1966 e 1970*, Rio de Janeiro, Nova Fronteira, 2006.

32 João Maximo, *João Saldanha*: Sobre nuvens de fantasia, Rio de Janeiro, Relume Dumará, 2005; André Iki Siqueira, *João Saldanha, uma vida em jogo*, Companhia Editora Nacional, São Paulo, 2007.

que entrou para a Faculdade de Direito, filiou-se ao Partido Comunista Brasileiro. No ano seguinte, foi expulso da faculdade por seu envolvimento político. Ainda nos anos 30, começou a sua outra intensa militância – no mundo do futebol. Entre 1939 e 1941, foi jogador, sem brilho, do Botafogo. Em 1948, dirigiu o departamento de futebol do clube. Sabe-se que entre 1949 e 54 viveu na clandestinidade, na seqüência à decretação da ilegalidade do PCB. Entre 1957 e 1960, foi técnico do Botafogo. A partir de 1960, começou a atuar como jornalista, no jornal *Última Hora* e na *Rádio Nacional*.

Para além do prazer que proporcionam, por seu estilo único, em que mescla coloquialidade, contundência, inteligência e bom humor, as crônicas de Saldanha espantam por mostrar a permanência de problemas apontados por Mazzoni 40 anos antes. As menções que faz aos colegas jornalistas, a quem às vezes chama de "enlatados"[33], ajudam a esquadrinhar o terreno ocupado pelo jornalismo esportivo na segunda metade do século XX. Ao comentar, por exemplo, o fracasso da seleção brasileira na Copa de 1966, na Inglaterra, vencida pelo país-sede, o jornalista se surpreende com a permanência de um fenômeno que Mazzoni, em 1939, chamou de "choromania":

> Não duvido que os ingleses tenham armado a coisa para ganhar. Lógico que nao iriam fazer para perder. Isso não teria sentido; nem os ingleses nem nenhum dos participantes queria perder. Todos fizeram tudo para ganhar. O que puderam. Claro que os campeões das besteiras fomos nós. Destacadamente. Mas dizer que a Copa foi roubada e que não teve brilho é um choro que pensei já estar superado[34].

33 Possível referência ao microfone dos repórteres de rádio e tevê.

34 "Paciência", *Última Hora*, 8 ago. 1966, Raul Milliet (org.). *Vida que segue*, *op. cit.*, p. 66.

Ainda comentando o insucesso da seleção brasileira em 1966, eliminada na primeira fase da competição, Saldanha iria se referir explicitamente aos jornalistas esportivos, deixando no ar a sugestão que alguns deles não seriam capazes de falar a verdade, pois estariam comprometidos com interesses escusos:

> Quem no Brasil não sabe que a causa da nossa derrota foi a presunção e a incompetência? Só os "enlatados". Mas estes, coitados, podem ser compreendidos. Afinal de contas vivem disso[35].

Quase 20 anos depois, o jornalista seria mais explícito. Ao falar de sua experiência como técnico da seleção brasileira, entre 1969 e 1970, e da sua posição contrária ao chamado regime de concentração (a prática de isolar os jogadores às vésperas de uma partida), Saldanha expõe o artifício que usou para agradar os atletas e enganar os jornalistas. De passagem, acusa:

> Criei um esquema na seleção: todos desciam à noite numa Kombi, deitados no chão, cobertos com uma colcha, *para a imprensa moralista, a que leva grana do cartola, não dedurar*. Tinha um acordo: não podia trocar de mulher na mesma semana. Uma vez o goleiro Ado falhou e tinha de cumprir a pena de suspensão por cinco dias. Ele dizia: "... mas era um avião, seu João, um avião". Liberei com três dias, afinal era um avião.[36]

35 "Missa de mês", *Última Hora*, 22 ago. 1968, Raul Milliet (org.), *op. cit.* p. 37.

36 Entrevista de João Saldanha à revista *Playboy*, 1984, reproduzida em Raul Milliet (org.), *op. cit.*, p. 76. O grifo é meu.

Muito criticado por alguns jornalistas no período em que dirigiu a seleção, Saldanha vai retribuir pintando um retrato cruel de parte da categoria, chamando a atenção para o despreparo e a falta de cultura dos colegas.

> Nunca tive qualquer problema [com a imprensa]. Alguns caras, coleguinhas, faziam perguntas difíceis de responder... Certo dia, eu entrando no Maracanã, um desses me perguntou se eu estava indo ver o jogo. Respondi: "Não, vim visitar o Museu do Índio". O cara ficou bravo comigo. Outro, quando eu estava dentro do campo, perguntou: "Gostou da grama?" E eu: "Espera aí, meu chapa, ainda não provei". Coisas desse tipo. Alguns ficavam bravos[37].

No período em que dirigiu a seleção, o jornalista foi responsável não apenas por montar a base da equipe que iria ser campeã em 1970, mas também pela escolha da cidade em que a seleção iria se concentrar antes da Copa, Guanajuato, no México. Demitido meses antes da competição, Saldanha revoltou-se com os comentários dos primeiros jornalistas que chegaram à cidade, junto com o novo técnico da seleção, Zagallo. Vários criticaram a escolha de Saldanha, classificando Guanajuato como uma cidade feia, sem atrativos, e dizendo que o hotel reservado era de má qualidade. Na ferina resposta do jornalista, a crítica de Mazzoni ao sensacionalismo dos colegas reaparece:

> Me desculpem, mas a luta contra a ignorância é um pouco inglória. Contra a safadeza também. Não me importo. Eu topo. Tenho a pretensão de limpar o esporte dos empulhadores da opinião pública, que são muito sujos, e, alguns,

37 "Assim falou João Saldanha", em *O trauma da bola:* A Copa de 82 por João Saldanha, São Paulo, Cosac & Naify, 2002, pp. 24-25.

> muito ignorantes. São daqueles que, ao passar pelo Coliseu, em Roma, diriam: "Que troço feio. Como é que a Prefeitura deixa esta bagunça aí?". É assim que alguns estão em Guanajuato. (...) Se alguns rapazes da crônica querem se divertir, aconselho de novo, vão para Acapulco, onde está cheio de mulheres, "boites", roletas e outras coisas. Não organizei no México uma farra, e sim uma concentração. (...) Desafio aos mancheteiros sensacionalistas que publiquem fotografias do hotel-concentração de Guanajuato[38].

Outro problema grave, também apontado algumas décadas antes por Mazzoni – o fato de alguns jornalistas esportivos inventarem entrevistas e notícias –, reaparece num texto de Saldanha, incluído numa saborosa coletânea em que relata a sua experiência como técnico do Botafogo, em meados dos anos 50[39]. Saldanha conta a história de um radialista que, tendo perdido o desembarque do Botafogo no Galeão, entrevista os jogadores na sede do clube, simulando estar no aeroporto.

> Ligando o ventilador bem perto do microfone, continuou: "Estão ouvindo o ronco dos motores do avião? Agora já estão descendo os jogadores. Saltaram Didi, Quarentinha, Amauri, e o treinador João Saldanha, que vêm ao nosso microfone[40].

Encerrada a entrevista, o radialista se vira para Saldanha e diz:

---

38 "Desafio Guanajuato", *O Globo*, 12 maio 1970, em *Vida que segue*, pp. 173-174.

39 João Saldanha, *Histórias do futebol*, Rio de Janeiro, Revan. 1994. Nas duas edições anteriores desse livro, de 1963 (editora Tempo Brasileiro) e de 1980 (José Olympio), o título do volume é *Subterrâneos do futebol.*

40 *Ibidem*, p. 149.

> Papai aqui é bárbaro em sonoplastia. Agora vocês me fazem um favor: vão bancar o pessoal do Vasco que está chegando no Santos Dumont. Não é preciso dizer muita coisa. Olha: vocês estão chegando de Belo Horizonte e empataram com o Atlético de um a um, tá bom?[41]

Em 1970, Saldanha denunciou o caso de um fabricante de equipamentos esportivos que lhe sugeriu uma comissão "por fora" para ser escolhido como fornecedor da seleção e o de um agente que ofereceu ao supervisor da seleção um valor em dinheiro para conseguir um jogo do Brasil em Campinas[42]. Os problemas éticos envolvendo o mundo do futebol e o jornalismo esportivo, no entanto, vão ganhar uma outra dimensão a partir dos anos 80, quando crescem os investimentos de marketing esportivo, os negócios de compra e venda de jogadores mobilizam um maior número de agentes e a comercialização de direitos de transmissão de jogos e programas esportivos alcança cifras milionárias.

Nesse período, um outro jornalista, o paulistano Juca Kfouri, vai se destacar na crítica ao "atraso" e aos "desmandos" do futebol brasileiro, em particular de sua cúpula dirigente, instalada em clubes, federações, confederações e governos, mas também na denúncia sistemática aos desvios éticos de seus colegas, jornalistas. Como Saldanha, a militância política na juventude é uma experiência que marca a trajetória de Kfouri. Nascido em 1950, estudava ciências sociais, na USP, no fim dos anos 60, quando se envolveu com a Aliança Libertadora Nacional (ALN), de Carlos

---

41 João Saldanha, 1994, *op. cit.* Em 1994, nos Estados Unidos, durante a cobertura da Copa do Mundo, eu presenciei situações parecidas. Certa vez, a dois dias da estréia do Brasil na competição, vi um radialista entrevistar um mesmo jogador três vezes. A primeira entrevista começava assim: "Estamos aqui, com Zinho, a dois dias da estréia do Brasil na Copa". A segunda, feita em seguida, informava: "Vamos agora falar, com Zinho, a um dia da estréia do Brasil na Copa". A terceira, em tom mais emotivo, começava: "Estamos aqui com Zinho, a poucas horas de o Brasil entrar em campo para a sua estréia na Copa do Mundo".

42 "Por que eu saí", O *Globo*, 24 mar. 1970, Apud Raul Milliet (org.), *op. cit.*, p. 133.

Marighella, uma das organizações clandestinas que se engajaram na luta armada contra o regime militar. Foi motorista de Joaquim Câmara Toledo, o sucessor de Marighella no comando da organização. Em 1970, com o *nihil obstat* de Toledo, trocou a ALN pela Editora Abril, onde iniciou a carreira[43].

Kfouri, lembra o antropólogo Luiz Henrique de Toledo, denunciou na década de 90 "a relação simbiótica e perversa estabelecida não mais somente entre jornalistas e dirigentes, mas também entre jornalistas e jogadores de futebol"[44]. O caso mais famoso no período, noticiado pela revista *Placar* e pelo jornal *Folha de S.Paulo*, apontava o envolvimento de jornalistas esportivos da TV Bandeirantes com o agenciamento de jogadores de futebol. Uma série de reportagens sugeriu que determinados jogadores ganhavam mais destaque nas transmissões do que outros em função dos interesses comerciais dos jornalistas. O trabalho investigativo resultou na reformulação da equipe esportiva da emissora, em 1997.

No início do século XXI, Kfouri liderou a denúncia sobre a incompatibilidade entre a atividade jornalística e a comercialização de produtos comerciais, realizada de forma simultânea por alguns dos principais jornalistas esportivos do país, em programas populares de televisão. Kfouri foi demitido da RedeTV depois de se recusar a fazer os chamados "anúncios testemunhais" e veicular merchandising no programa "Bola na Rede". O fato foi tema de uma reportagem de capa da revista *CartaCapital,* em que se perguntava:

> É possível praticar jornalismo independente, de qualidade, exercendo simultaneamente a função de garoto-propaganda? É possível entrevistar um cartola retrógrado e ao mesmo tempo tecer loas a uma lâmina de barbear, sem alterar

---

43 Ver Carlos Alencar: *Juca Kfouri, o militante da notícia*. São Paulo, Imprensa Oficial, 2006. E também Mauricio Stycer: "Saldanha e seu herdeiro", *CartaCapital*, 7 de junho de 2006, pág. 66.

44 Luiz Henrique de Toledo, *op. cit.*, p. 172.

> o tom e a entonação da voz? Como noticiar que um determinado empresário foi preso por estelionato se minutos antes o jornalista deu um testemunho, no ar, a respeito das qualidades dos produtos da empresa que pertence ao acusado? Dá para acreditar nas informações de jornalistas que elogiam sapatos, latas de tintas, planos de saúde e palhas de aço com a mesma desenvoltura com que comentam os lances polêmicos da rodada?[45]

Em seu depoimento Kfouri chamava a atenção para um aspecto central do problema, do ponto de vista de um jornalista:

> A confusão entre jornalismo e publicidade faz um mal desgraçado ao jornalismo. Sou jornalista, sou repórter, não sou garoto-propaganda. A única coisa que eu tenho é a minha credibilidade. Se eu passo a dar testemunhos de produtos, por melhores que eles sejam, eu estou vendendo a minha credibilidade. E a minha credibilidade não está à venda. De mais a mais, não quero ter jamais na vida a dúvida de que fui eu que causei o alcoolismo num cidadão, que fui eu que levei um menino a começar com uma cerveja e virar alcoólatra. A gente tem que se corrigir tantas vezes, como jornalista, imagina se você acrescentar a isso ser garoto-propaganda, vender produtos de gente que amanhã você fica sabendo que é um grande sonegador, um grande pilantra, e aí você tem um compromisso com ele porque ele te pagou. E aí, entre ser leal a ele e ser leal ao seu espectador, ouvinte ou leitor, estabelece-se a dúvida.

Além de Kfouri, a incompatibilidade entre as atividades jornalística e publicitária era apontada, na reportagem, por alguns dos nomes

45 Mauricio Stycer, "Anúncios x Notícias", *CartaCapital*, 12 nov. 2003, pp. 30-38.

de maior prestígio no campo do jornalismo esportivo, como Armando Nogueira, José Trajano, Jorge Kajuru e Tostão. Num sinal da divisão, os jornalistas Milton Neves, Flavio Prado, Chico Lang e Roberto Avalone, todos eles apresentadores de programas esportivos populares na tevê e no rádio, colocaram-se publicamente em defesa da prática.

Um problema ético correlato ao apontado por Kfouri é mencionado por Barbeiro e Rangel no livro que escreveram para futuros e jovens jornalistas esportivos. Diz respeito à repetição de menções a patrocinadores durante as transmissões esportivas, sobretudo no rádio, com o objetivo de auferir vantagens, financeiras ou na forma de presentes, chamados de "jabás" pelos jornalistas:

> Alguns jornalistas fazem de tudo pelo merchandising e o que isto pode trazer-lhe de vantagens, como uma hospedagem gratuita em hotel com a família ou um jantar na churrascaria tal, o que acarreta uma seqüência de 'abraços e alôs' a esses estabelecimentos numa transmissão esportiva. A pior coisa para um jornalista esportivo é ser considerado um 'jabazeiro'. A credibilidade do jornalista nesses casos é quase nula[46].

Como mostram Mazzoni, Saldanha e Kfouri, entre outros, o jornalismo esportivo constituiu-se ao longo do século XX e início deste como uma atividade sob constante pressão, praticada por profissionais mal remunerados e despreparados, com pouco prestígio interno em suas publicações e, freqüentemente, acusados de práticas pouco éticas, do sensacionalismo ao suborno, passando por invenção de notícias e manutenção de relações promíscuas com jogadores. Não ignoro que, em outras especialidade do

46 Heródoto Barbeiro; Patrícia Rangel, *Manual do jornalismo esportivo*, *op. cit.* pp. 115-116. Uma outra recomendação dos autores aos colegas jornalistas: "Nunca peça camisa de clube para jogar, mesmo quando for para levar para seu filho, que faz aniversário naquele dia. Elas são vendidas, compre-as."

jornalismo, os profissionais enfrentam problemas e acusações éticas tão ou mais graves. Mas, espero, com esse esboço de retrato, ter mostrado qual era o caldo de cultura específico da especialidade e os problemas que pairavam sobre ela no momento em que um grupo de cerca de 60 jornalistas se reuniu para fundar um novo diário esportivo, no segundo semestre de 1997.

RACIONALIDADE ECONÔMICA

Em 1997, não era mais necessário promover o futebol, mostrar que ele era praticado em qualquer campinho de terra da cidade ou, ainda, aproximá-lo do torcedor, como fizeram Cásper Líbero, Thomaz Mazzoni e Mario Filho na década de 30. Em meados da década de 90, o futebol já era o principal esporte praticado em meio mundo – indiscutivelmente, era o esporte número um em quase todos os países da América Latina, Europa e África, além de ser um dos três esportes mais adorados na Ásia e Oceania[47]. O esporte vivia o auge das mudanças que o transformaram em um negócio bilionário. Na Europa, especialmente, o modelo do futebol-empresa havia tornado os clubes empresas rentáveis, alguns com ações em Bolsa de Valores, mobilizava grandes grupos de comunicação, em torno da comercialização dos direitos de transmissão pela tevê dos campeonatos europeus, e motivava investimentos de grandes empresas em marketing esportivo. Com sarcasmo, o escritor uruguaio Eduardo Galeano, iria observar: "Hoje em dia, cada jogador de futebol é um anúncio que joga"[48].

Nesse contexto, não espanta que o modelo de jornalismo esportivo que iria embasar o nascimento do *Lance!*, na visão de Mattos, não era praticado pela *Gazeta Esportiva* ou pelo *Jornal dos Sports*, nem se encontrava em qualquer outro jornal no Brasil. O empresário afirma que o encontrou no exterior – na Espanha, depois de uma visita ao *Marca*, como

47 A Fifa, entidade que congrega todas as federações nacionais de futebol, reunia em 2006 mais países associados (208) que a ONU (192).

48 Eduardo Galeano, *Futebol ao sol e à sombra*, Porto Alegre, L&PM, 2004, pág. 99.

vimos, e também na Argentina. O nascimento do *Lance!*, em outubro de 1997, está umbilicalmente associado ao surgimento, em maio de 1996, de um jornal esportivo no país que é, justamente, o maior rival futebolístico do Brasil. Em formato tablóide, colorido, o *Olé* foi lançado pelo Clarín, o principal grupo de mídia argentino[49], num mercado em que, a despeito da paixão pelo futebol, não havia jornais esportivos. Em palestra que fez para os jornalistas do *Lance!*, antes do lançamento do jornal, o diretor do *Olé*, Ricardo Roa, foi cristalino ao descrever o ambiente em que surgiu o novo diário, no país vizinho:

> Os esportes deixaram de ser uma competição e hoje são um show, um espetáculo, que necessitam ser mostrados por meios novos. Os diários esportivos são os que melhor se adaptam às atuais características dos esportes, já que os esportes deixaram de ser apenas de fins de semana[50].

O lançamento do *Olé* havia sido acompanhado de perto por Mattos. Ainda no *Dia*, ou seja, antes de março de 1996, o empresário enviou um diretor para conhecer detalhes do projeto. O representante do executivo trouxe a informação que o grupo Clarín apostava na possibilidade de ocorrer na Argentina o mesmo fenômeno que se deu na Europa, a saber, o florescimento dos jornais esportivos a reboque da explosão do negócio do futebol. Para criar o *Olé*, o grupo Clarín trouxe de Barcelona o designer gráfico Antoní ("Toni") Cases, sócio principal do escritório Cases i Associats. Cases já tinha em seu currículo a reforma do diário *Mundo Deportivo*, de Barcelona, e do próprio *Clarín*, de Buenos Aires. Em meados de 2006, Cases contava com escritórios em Barcelona, Miami e Buenos Aires

---

49 O jornal *Clarín* foi fundado em 28 de agosto de 1945. Hoje, o grupo tem participações em tevês, rádios, jornais e empresas de telefonia.

50 "O Treinamento", *op. cit.*

e contabilizava ter criado ou redesenhado mais de 100 jornais na Europa e América Latina[51].

Quando Mattos saiu de sua visita ao *Marca*, em Madri, em agosto de 1996, e teve o que ele chamou de "clique" que o levou a conceber o projeto de um novo diário esportivo, ele tinha em mente, também, a aposta do grupo Clarín no *Olé*. Tanto que, na volta de seu giro pela imprensa esportiva européia, em setembro de 1996, o empresário viajou a Buenos Aires, para conhecer de perto a experiência do vizinho e trocar idéias com Cases.

O designer define a sua especialidade como de "desenho de informação", ou *information design*. É uma proposta que vai seduzir o empresário brasileiro. "O projeto gráfico não é um fim em si mesmo, senão um meio de alcançar objetivos integrais, que permitam renovar o produto informativo, melhorar a sua imagem, sua posição e sua difusão no mercado", apregoa o designer[52]. Na criação do *Olé*, por exemplo, o escritório de Cases não apenas desenvolveu o projeto gráfico, mas ajudou a definir o conceito do jornal, os seus objetivos, o público-alvo, e propôs uma série de soluções para alcançar esses alvos.

As conversas entre Mattos e Cases prosseguiram, posteriormente, no Brasil. No início de 1997, muito antes de contratar o primeiro jornalista ou qualquer outro funcionário, o empresário fez um acerto com o designer. Como resultado do acordo, esse catalão, com experiência na Argentina, não apenas vai dar a cara do *Lance!*, mas definir como deverá ser o seu conteúdo[53].

A contratação de Cases à frente da equipe jornalística sinalizava, desde a partida, que o conteúdo escrito do jornal estaria submetido ao

51 No Brasil, Cases já fez trabalhos, entre outros, para *O Estado de S.Paulo* e *A Crítica* (Manaus).

52 Informação do site da empresa na internet, http://www.cases-assoc.com, acessado em 21 mar. 2006.

53 Em novembro de 2004, oito anos depois do primeiro encontro com Cases, Mattos anunciou que o escritório catalão entrou para a sociedade do jornal, com 10% das ações.

aspecto visual do empreendimento. Trata-se de uma inversão notável em relação a um valor fundamental que a imprensa – e não apenas a brasileira – sustentou por boa parte do século XX: o da primazia absoluta do texto sobre os demais elementos do jornal. Em todo caso, tal inversão de valores estava longe de constituir uma novidade em 1997, 15 anos depois do lançamento do *USA Today*, o jornal norte-americano que promoveu uma "revolução" no mercado de jornais considerados de prestígio ao se apresentar em cores, com textos curtos, estritamente informativos, e muita informação visual, por meio de fotos, quadros e gráficos[54]. O que talvez seja um passo além, uma "inovação", no modelo de trabalho que o escritório catalão propõe – e pelo qual Mattos se encanta – é a aceitação de que Cases seja responsável também por ditar a linha editorial do jornal. Não tenho conhecimento, na imprensa brasileira, de semelhante poder atribuído a um profissional da área gráfica.

Ao longo dos primeiros meses de funcionamento do *Lance!*, o jornal será monitorado com lupa por Cases ou por um associado seu, Quim Regàs, que enviarão comentários, de Barcelona, para Mattos, no Rio de Janeiro. Os relatórios de "acompanhamento editorial" versavam sobre todos os aspectos da edição, como a baixa qualidade informativa das fotos, a má impressão das imagens, a pobreza dos gráficos e a falta de personalidade das reportagens. Mattos fazia circular os comentários de Cases e Regàs entre os editores, para discussão "sobre propostas de solução para os problemas apontados"[55]. Cases também participou de várias reuniões, no Rio e em São Paulo, para avaliar as primeiras edições, nas quais fazia críticas sobre as escolhas editoriais dos jornalistas[56].

Uma primeira idéia de Cases, que não chegou a vingar, é reveladora de como enxergava as possibilidades do jornalismo esportivo. Ele propôs a Mattos fazer um jornal exclusivamente dedicado ao Flamengo. A inspirar o designer, o modelo do futebol espanhol, no qual há dois times hegemô-

---

54 O *USA Today* é o diário de maior circulação nos Estados Unidos, com uma tiragem de cerca de 2,25 milhões de exemplares (dados de 2006).

55 Cf. relatório de Quim Regàs, enviado por fax, em 6 mar. 1998, cópia do autor.

56 Cf. ata da reunião realizada em 3 dez. 1997, no Rio de Janeiro, cópia do autor.

nicos, Real Madrid e Barcelona, e jornais que se dedicam prioritariamente a eles em edições locais, nas cidades que concentram os seus torcedores (Madri e arredores em um caso, a região da Catalunha no outro). Pesquisas de opinião feitas pelo Ibope, que sempre mostraram o Flamengo como o time mais popular e mais "nacional" do Brasil, ou seja, aquele que atrai o interesse do maior número de torcedores fora do seu centro de origem, reforçavam o argumento de Cases[57].

Do ponto de vista dos negócios, talvez não houvesse muito a opor à idéia do designer. Mas qual seria o peso de um jornal dedicado ao Flamengo? Teria tanto prestígio, relevância e poder quanto um jornal que tratasse de todos os times? Mattos seguramente pensava nisso ao recusar a proposta. Além disso, o empresário argumentou que o modelo imaginado por Cases não fazia sentido no Brasil. O Flamengo é, de fato, um time com dimensão nacional, mas não tão hegemônico quanto Real Madrid ou Barcelona são na Espanha a ponto de autorizar a criação de um veículo exclusivo[58].

Uma certeza que Mattos trouxe dos seus tempos em *O Dia*, e contou com o apoio de Cases, dizia respeito ao formato do jornal que iria lançar. Deveria ser tablóide. Esse formato, de dimensões menores que o tradicional, foi adotado no princípio do século XX, na Inglaterra, por jornais que buscavam atrair leitores com notícias mais curtas e, também, imaginavam facilitar a leitura no interior de transportes públicos. Desde o início, portanto, esteve associado a um jornalismo mais popular, em oposição ao formato tradicional, chamado no Brasil de *standard* (padrão, em inglês), com o qual se identificavam os jornais sérios, de prestígio. Com o tempo, tablóide tornou-se sinônimo, na Inglaterra e nos Estados Unidos, do gênero de jornalismo praticado pelos diários sensacionalistas (*tabloid papers*). O estigma em torno deste formato ainda perdura, mas começou

---

57 Em 2004, o Ibope ouviu, por encomenda do *Lance!*, 7.207 pessoas com mais de 10 anos de idade em todo o país e estimou que o Flamengo tinha uma torcida de 33 milhões de pessoas, seguido por Corinthians (24 milhões), São Paulo (13,3 milhões), Palmeiras (11, 4 milhões) e Vasco (10 milhões).

58 Entrevista de Walter de Mattos Junior ao autor, São Paulo, 11 dez. 2002.

a perder força nos anos 70, por motivos, principalmente, de ordem econômica: um jornal tablóide consome muito menos papel do que um *standard*. Na França, o diário *Libération* (1973) já nasceu tablóide, da mesma forma que o *El País* (1976), na Espanha, mostrando que era possível fazer jornal de qualidade nas mesmas dimensões de um diário sensacionalista. No Brasil, antes do *Lance!*, só um jornal importante, de prestígio, era tablóide: o *Zero Hora*, de Porto Alegre. Na primeira década do século XXI, com o agravamento da crise dos jornais em todo o mundo, outras publicações respeitadas, como o inglês *Guardian*, o português *Expresso* e o brasileiro *Jornal do Brasil*, adotaram o formato tablóide ou o chamado *berliner*, cuja proporção também é inferior à do *standard*.

Mattos sonhava desde o início em fazer o que chama de "um projeto nacional multilocal", no qual pudesse explorar a paixão pelo futebol da forma mais ampla possível – e não apenas a paixão dos torcedores do Flamengo. Do ponto de vista operacional, trata-se, a rigor, de uma terminologia nova para uma idéia cujas raízes podem ser encontradas, primeiro, numa longínqua experiência vivida nas publicações do grupo Diários Associados bem como no jornal *Última Hora*, nos anos 50 e 60, e mais recentemente nas edições regionais tentadas na *Gazeta Mercantil*, no *Dia* e na *Folha de S.Paulo*, no início da década de 90.

Tanto os jornais de Assis Chateaubriand quanto a pequena rede criada por Samuel Wainer viveram a experiência de, nas palavras de Mattos, "compartilhar conteúdo" entre mais de um jornal. Reportagens preparadas para um determinado jornal de Chateaubriand, em São Paulo, por exemplo, ganhavam as páginas, conforme o interesse, de outros jornais da rede do empresário, em outras cidades. No caso da *Última Hora*, o jornal contava com edições independentes em diferentes cidades (Rio, São Paulo, Porto Alegre, Recife), mas com freqüência publicava material idêntico em mais de uma edição. Já a *Folha* criou, em novembro de 1990, cinco edições regionais, no interior de São Paulo[59], com equipes independentes, que produziam um jornal de 12 a 16 páginas, com noticiário local (política,

59 As cidades que serviam de base eram São José do Rio Preto, Ribeirão Preto, Campinas, São José dos Campos e São Bernardo. Por falta de anunciantes e necessidade de cortes

esportes, vida cotidiana, variedades), encartado dentro da edição principal, com circulação restrita à área a que se dirigia. No *Dia*, a experiência envolvia fazer diferentes edições de um mesmo jornal, para as diferentes regiões a que se destinava.

A operação idealizada por Mattos para o futuro jornal é, de fato, mais complexa e arrojada que as anteriores, embora embalada pela mesma racionalidade econômica, chamada pelos teóricos de gestão empresarial de "sinergia", qual seja a de produzir um número maior de páginas de jornal com um número menor de jornalistas. O empresário falava em fazer cinco edições, em cinco cidades, com cinco equipes locais. Em cada cidade, uma redação contribuiria para as demais com o seu conhecimento especializado. O noticiário sobre o Corinthians, por exemplo, seria feito em São Paulo e aproveitado pelas demais redações. O de Fórmula 1, seria realizado em apenas um local, onde houvesse um jornalista especializado, e distribuído para os demais. E assim por diante. Cada edição regional seria formada pela soma das contribuições de cada redação, com ênfase, naturalmente, nos interesses de cada local[60].

Embora tenha sempre apregoado – e ainda divulgue – o sonho de fazer cinco edições regionais[61], o plano original de negócios, em 1996, previa dar início ao projeto com apenas duas, uma no Rio e outra em São Paulo. Somente em novembro de 2004, sete anos depois do lançamento destas duas primeiras edições, finalmente, saiu do papel uma terceira, nos moldes planejados, com redação própria, em Minas Gerais[62]. Antes, o *Lance*! criou uma edição dedicada ao Paraná, mas editada pela redação

de custos, as edições foram sendo fechadas, uma a uma, até o encerramento completo do projeto em 2001.

60 As dificuldades práticas, enfrentadas desde o início pelos jornalistas do Rio e de São Paulo para a realização do "projeto nacional multilocal", serão enfocadas no próximo capítulo.

61 Rio de Janeiro, São Paulo, Rio Grande do Sul, Minas Gerais e uma no Nordeste.

62 A primeira edição mineira, numerada como a edição 2.556, ano 8, do jornal, foi às bancas em 7 nov. 2004, com a manchete "Segura a vaga", sobre o jogo Cruzeiro e Vasco. Segundo o jornal *Meio e Mensagem*, especializado na cobertura de assuntos ligados

de São Paulo, com a ajuda de textos enviados por correspondentes em Curitiba.

A CONSTRUÇÃO DE UM LEITOR

Mais do que o projeto "multilocal", a questão que consumiu as maiores discussões na fase de definição e implantação do jornal foi a tentativa de conceituação do público a quem ele se destinava. Ao reconstituir alguns desses debates, pretendo mostrar como se construiu, *a priori*, a idéia de um "leitor" ideal, imaginário, com o qual passamos – nós, os jornalistas do *Lance!* – a interagir. É um percurso peculiar, matizado por conceitos de marketing, pesquisas de opinião e intuição jornalística, ao longo do qual esse "leitor-artefato" jamais vai se materializar claramente.

Mattos e Cases acreditavam que o surgimento do *Lance!* levaria a um aumento do espaço dedicado aos esportes nos jornais de interesse geral, seja os de prestígio, como *Globo* e *Folha de S.Paulo*, seja os mais populares, como *O Dia* e *Diário Popular*[63], o que de fato ocorreu. Por que, então, perguntava Cases, o leitor compraria *o Lance!* se ele poderia encontrar no seu jornal tudo que precisasse saber sobre esportes, além de notícias de política, economia, cidades etc, por um preço equivalente? Só compraria se fosse para ter uma experiência diferente da que ele encontrava nos jornais que já lia. E que experiência seria essa? A experiência que o jornal estava sendo feito para ele. O *Lance!* deveria ser um "jornal do torcedor". Cases insistia tanto nesse termo que Leão Serva, primeiro editor-chefe em São Paulo, se recorda que ele e os demais editores até adotaram o termo usado na Argentina – "jornal do *hincha*" – sempre citado por Cases para se referir ao torcedor.

à mídia, o lançamento da edição Minas Gerais consumiu investimentos da ordem de R$ 2,5 milhões.

63 Em 1998, o grupo Globo adquiriu esse jornal, que pertencia a Orestes Quércia, e alterou seu nome para *Diário de São Paulo*.

A tese do designer era claramente inspirada no modelo espanhol de imprensa esportiva. O *Marca*, lido em Madri, centra a sua cobertura no Real Madrid, deixa em segundo plano até mesmo o outro time da cidade, o Atlético de Madrid, e, ao falar do Barcelona, privilegia os problemas do time catalão. A mesma coisa, com sinais invertidos, ocorre em Barcelona, onde há um jornal, *El Mundo Deportivo*, tão preocupado com o time do Barcelona que mal tem olhos para o Espanyol, o segundo time da cidade.

Adaptado à situação brasileira, o "jornal do *hincha*" deveria ser um lugar, primeiro, em que o leitor-torcedor encontrasse informações e seções diferentes, que o surpreendessem pelo enfoque original, "humano", dado à notícia sobre o seu clube. O jornal deveria ser também um lugar para o torcedor encontrar prazer, não sofrimento. E, por fim, o jornal não deveria se preocupar em agradar o *hincha* no dia seguinte a uma derrota do seu time. Ele possivelmente não compraria o jornal, dizia Cases, pragmático. Nesse dia o jornal poderia, sem dor na consciência, destacar a vitória do adversário, até mesmo tripudiar sobre o time derrotado. Os dois primeiros conceitos, muito vagos, foram alvos de discussões intermináveis, como veremos mais adiante, no dia-a-dia do jornal. O terceiro ponto, talvez influenciado pelo modelo Real Madrid-Barcelona, nunca chegou a ser colocado em prática, por ser inviável em um diário que ambicionava conquistar leitores, somente no Rio e São Paulo, entre torcedores de uma dezena de times diferentes.

Um termo menos popular que "jornal do *hincha*", mas também usado internamente na tentativa de definir para quem fazíamos o jornal, era "jornal do Juquinha". Quem era o Juquinha? Explica César Seabra, primeiro editor-chefe do jornal no Rio de Janeiro:

> A gente fazia um jornal popular, um jornal pro Juquinha, o garotão tarado por futebol, de classe baixa. A linguagem era popular. As primeiras páginas eram populares. Bem pro

> povo mesmo. No Rio, a gente usava muita gíria, fazia títulos com gíria[64].

Povo? É verdade que, na visão de Mattos e Cases, tratava-se de "buscar um leitor que não estava nas bancas"[65]. Mas que leitor? A representação do torcedor feita por Seabra não coincide com a representação do leitor imaginada pelo dono do jornal. Os dados e as informações disponíveis mostram que os criadores do *Lance!* não estavam em busca do leitor de baixa renda. Diferentemente dos projetos originais do *Jornal dos Sports*, de Mario Filho, e da *Gazeta Esportiva*, de Thomaz Mazzoni, preocupados em popularizar o futebol e dialogar com os torcedores dos extratos mais baixos da população, o projeto do *Lance!* mirava claramente um leitor jovem, de classe média e de renda elevada.

O processo de mudanças no futebol, a partir dos anos 80, estava assentado num movimento de "afrouxamento dos limites à comercialização", ao longo do qual o esporte foi se convertendo em um veículo de publicidade dos mais variados produtos[66]. Nesse modelo, o torcedor é visto no papel de consumidor, seja de uma partida de futebol, seja da vasta gama de produtos ligados ao espetáculo. O *Lance!* visava, claramente, desde o início, ser uma espécie de vitrine, um canal de comunicação entre o mundo do futebol e o seu potencial público consumidor. Aos sábados, por exemplo, o jornal publicava uma seção fixa, de duas páginas, chamada "Quem vai querer?", tendo um cifrão como símbolo gráfico de identificação. Esparramadas pelas páginas, o leitor encontrava fotografias de inúmeros produtos esportivos, acompanhadas de informações sobre suas características, preços e onde comprá-los. No primeiro sábado que o jornal circulou, na página dupla central, aparecem expostos desde a camisa da

64 Entrevista de César Seabra ao autor, Rio de Janeiro, 28 fev. 2003.

65 Conforme palestra de Afonso Cunha, diretor de tecnologia e negócios do *Lance*!, apresentada na Sociedade Interamericana de Imprensa, no 20° Seminário para Alta Gerência, entre 30 de julho e 1 de agosto de 2006, no Rio de Janeiro.

66 Marcelo Weishaupt Proni, *op. cit.*, p. 39 e seguintes.

Internazionale de Milão, com o nome de Ronaldo estampado nas costas (então a 56 reais), até um tênis da marca Reebok (por 194 reais), passando por raquetes de tênis (100 reais), bola de futebol da Nike (45 reais), gel para luxações (32 reais) e skate (71 reais)[67]. Duas semanas depois, ao lado de informações sobre bolas de basquete (38 reais), miniaturas de carros de corrida (100 reais) e raquetes de tênis (198 reais), o jornal trazia detalhes sobre um relógio da marca Tag Heuer, que custava 1.520 reais[68]. Em novembro de 1997, o salário mínimo no Brasil equivalia a 120 reais.

Diferentemente do que ocorreu na fase de popularização do futebol, Mattos entendeu que a sobrevivência do jornal estava ligada à sua capacidade de alargar o percentual de leitores de alta renda. O potencial de consumo desses leitores é a arma principal com que o jornal conta para atrair publicidade, sem a qual estaria condenado. Na visão de Paulo Vinicius Coelho, o erro de *A Gazeta Esportiva*, a partir da década de 80, quando tem início o processo de implantação do futebol-empresa no Brasil, foi justamente apostar na direção contrária, em direção a um público mais popular, o que afastou o interesse das empresas em anunciarem no jornal. Nos anos 60 e 70, a *Gazeta*

> conseguia sucesso sem apelar para o aspecto mais popular da notícia, nem para manchetes sensacionalistas, nem para as histórias mais pitorescas. A partir do início dos anos 80, as manchetes ganharam tom apimentado. O apreço pelo público mais popular caía na mesma medida em que caíam as vendas[69].

Duas séries de dados, uma referente ao ano de 2001, quatro anos depois do lançamento do jornal, e outra de 2005, quando o diário já con-

67 *Lance!*, 1 nov. 1997, p. 16-17, edição Rio de Janeiro.

68 *Lance!*, 15 nov. 1997, p. 32-33, edição São Paulo.

69 Paulo Vinicius Coelho, *op. cit.*, p. 84. Ver também José Eduardo de Carvalho, "O discurso esportivo", em Sergios Vilas Boas, *op. cit.*, p. 72-73.

tava oito anos de vida, acrescentam novos elementos à discussão sobre o perfil do leitor do *Lance!*[70].

FAIXA ETÁRIA (2001)

EM PORCENTAGEM

10 a 14 anos	16
15 a 19 anos	26
20 a 29 anos	26
30 a 39 anos	19
Mais de 40 anos	13

FAIXA ETÁRIA (2005)

EM PORCENTAGEM

10 a 14 anos	5
15 a 19 anos	23
20 a 29 anos	37
30 a 39 anos	19
Mais de 40 anos	17

70 A fonte de todos os quadros é o Marplan. Desde 1958, esse instituto de pesquisas faz levantamentos sobre o perfil do público leitor de jornais e revistas para os próprios veículos e para o mercado publicitário. Os atuais critérios de definição de classe social foram instituídos por meio de uma pesquisa chamada Critério de Classificação Econômica Brasil (CCEB), realizada em 1996 pela Associação Brasileira de Empresas de Pesquisa (Abep), e leva em conta o poder de compra (e não a renda familiar) da população. A divisão é feita pela pontuação obtida em função da posse de determinados bens e pelo grau de instrução do chefe da família. O critério, em fase de revisão, é seguido como padrão pelo mercado de pesquisas. Ver "Institutos vão mudar definição de classe social", *Folha de São Paulo*, 7 jan. 2007, p. B-5.

SEXO DOS LEITORES (2001)

EM PERCENTAGEM

Masculino	88
Feminino	12

SEXO DOS LEITORES (2005)

EM PERCENTAGEM

Masculino	89
Feminino	11

CLASSE ECONÔMICA (2001)

EM PORCENTAGEM

A	9
B	48
C	35
D	8

CLASSE ECONÔMICA (2005)

EM PORCENTAGEM

A	14
B	41
C	37
D	8

Quando Mattos, Cases e os principais jornalistas do *Lance!* falam em "jornal do torcedor" ou "jornal do Juquinha" estão, naturalmente, se referindo a um produto dirigido para o público masculino, como os dados não deixam mentir. Trata-se de um padrão na imprensa esportiva, não apenas brasileira, e está relacionado ao fato, como veremos adiante, de o mundo dos esportes ser o que o sociólogo Eric Dunning chama de uma "área reservada masculina"[71].

Os números referentes a 2001 encontravam-se, na época, disponíveis no site do próprio jornal, numa seção chamada "Conheça um pouco do Lance!", que não existe mais, para consulta do mercado publicitário e de empresas interessadas em anunciar no jornal. Além dos dados sobre o perfil do leitor, exibia-se um quadro com a evolução do número de leitores do jornal e várias tabelas com o preço da publicidade, de acordo com o dia da semana, a posição e o alcance (se limitado a uma cidade, ou não) do anúncio. Ao apresentar o perfil do leitor em 2001, o jornal orgulhava-se do grande número de leitores jovens e de seu elevado perfil sócio-econômico:

> O *Lance!* tem um leitor jovem e qualificado com 52% do total na faixa de 15 a 29 anos. A classe social predominante é a classe B (48%) e se somarmos A e B temos 57% do total de leitores. Ao se comparar com jornais de interesse geral, a conclusão é: o Lance! tem uma maior penetração no segmento jovem qualificado[72].

O esforço do *Lance!* em realçar o "jovem qualificado" está em total sintonia, como vimos, com a compreensão de que, na fase do "futebol-empresa", a busca pelo leitor-torcedor está intimamente relacionada à sua capacidade de consumo. Não estranha que o jornal some neste texto promocional os percentuais de leitores da faixa 15-19 anos aos da faixa 20-29 anos: são justamente estes, mais do que os leitores entre 10 e 14 anos, os que têm maior autonomia e possibilidade de consumo. Da mesma forma, o

71 As inúmeras questões de gênero envolvidas na produção do *Lance!* serão analisadas no próximo capítulo.

72 "Conheça um pouco do Lance!". Cópia em papel de página não mais disponível no site do jornal.

jornal orgulha-se da soma dos leitores que têm nas classes A e B, deixando de lado o percentual significativo daqueles da classe C.

É natural que o jornal destaque para o mercado publicitário as informações mais adequadas ao seu projeto comercial. Cabe, porém, chamar a atenção para os nada desprezíveis números na parte de baixo da tabela. Em 2001, 43% dos leitores do *Lance!* eram classificados como pertencentes às classes C (35%) e D (8%). Se imaginarmos, portanto, que há uma distribuição proporcional entre classe econômica e faixa etária, podemos afirmar que uma parcela significativa do jovem leitor do *Lance!* não é tão "qualificada" quanto o jornal apregoa.

Os dados sobre o *Lance!* referentes a 2005 mostram que ocorreu uma aglutinação ainda maior dentro da faixa etária de 15 a 29 anos (chega a 60%)[73]. É notável a queda abrupta no índice de leitores com menos de 14 anos (de 16% para 5%), bem como a diminuição na faixa entre 15 e 19 anos, compensada por um crescimento muito alto, da ordem de 42% (de 26% para 37%), no universo de leitores de 20 a 29 anos. São dados que sinalizam um princípio de envelhecimento do público-leitor. Ou melhor, como há um razoável contingente de pré-adolescentes e adolescentes entre os leitores, talvez seja mais correto falar em um princípio de amadurecimento do público-leitor.

O grande contingente de leitores pré-adolescentes em 2001 pode ser um rescaldo das primeiras promoções de marketing e publicidade feitas pelo *Lance!*. No seu primeiro ano, o jornal premiou os leitores que colecionassem 15 selos com uma bola de futebol de couro, "oficial", de ótima qualidade. Já no segundo semestre de 2000, uma campanha publicitária associava o jornal de forma explícita a um menino. O filme mostra a tentativa incessante de um garoto chutar uma bola. Quando ele consegue quebrar a vidraça de uma casa, comemora como se fosse gol, dando a deixa para o locutor anunciar: "Existe maneira mais fácil de colocar o esporte dentro da sua casa, assine Lance!". No segundo semestre de 2001, o jornal tentou mais uma vez fisgar o leitor jovem, por meio do oferecimento de uma mochila para quem colecionasse um determinado número de selos.

73 Os números foram apresentados em palestra pelo diretor Afonso Cunha, *op. cit.*

Os dados de 2005 também apontam uma pequena queda no índice de leitores classificados como das classes A e B (55% no total) e um acréscimo de leitores das classes C e D (45% no total). Ao longo dos quatro anos que separam as duas séries de dados, portanto, o leitor do *Lance!* envelheceu e perdeu renda, em pequenas proporções. Ainda assim, como é possível constatar na tabela abaixo, atualizada com dados de 2006, o leitor do jornal situa-se, do ponto de vista do seu perfil socioeconômico, numa posição intermediária entre leitores de jornais de prestígio e jornais populares.

CLASSE ECONÔMICA DOS LEITORES DE JORNAIS DIÁRIOS (2006) (EM PORCENTAGEM)

Classe	Folha	Estado	Globo	Agora	O Dia	Lance – SP	Lance – RJ
A	27	28	28	7	7	14	14
B	48	43	46	46	36	39	33
C	20	23	21	37	41	35	38
D	5	6	6	10	15	12	15
E	1	2	4	2	19	1	-

Fonte: Ipsos Marplan, 2006

Não disponho de dados referentes ao perfil dos leitores dos jornais de interesse geral classificados por faixa etária, mas os dados disponíveis, referentes a 2006, no qual se compara o perfil econômico dos leitores de três jornais de prestígio, dois jornais ditos populares (um de São Paulo, outro do Rio) e as duas edições do *Lance!*, mostram que o diário esportivo tem um público mais qualificado que *O Dia* e *Agora*, e menos qualificado que *Folha*, *Estado* e *Globo*. A tabela mostra que mais de 50% de leitores do *Lance!* concentram-se nas classes A e B, proporção inferior à dos leitores dos jornais de prestígio, mas superior à dos jornais populares.

Os números indicam que o leitor do *Lance!* em São Paulo é, em termos percentuais, de nível sócio-econômico mais elevado que o do Rio de

Janeiro. Frente ao objetivo de conquistar o maior número possível de leitores entre jovens das classes A e B, esse dado parece sugerir que a operação paulista é mais bem-sucedida que a carioca. Essa hipótese é reforçada pelo fato de que as vendas do *Lance!*, na comparação entre as duas cidades, sempre foram superiores em São Paulo, desde o lançamento, em 1997. Em outras palavras, o jovem de classe média alta paulista se interessou mais pela proposta do jornal que o seu equivalente no Rio. Os dados de 2001 e 2005 não estão separados por sede, como os de 2006, mas é possível notar que a série mais recente aponta para uma pequena queda dos leitores da classe B em detrimento de leitores da classe C. Ainda assim, em 2006, 53% dos leitores em São Paulo e 47% dos leitores no Rio eram de classe média (A e B).

Os artifícios que o *Lance!* usará, como veremos adiante, para alcançar este leitor de nível socioeconômico mais elevado, sugerem que o jornal mirava um jovem de classe média e classe média alta com, por assim dizer, mais capital econômico do que cultural. Isso se refletirá, pretendo mostrar, na criação de seções próximas do universo da ficção, no apelo desabrido a um humor infantil e na utilização de um vocabulário extremamente coloquial, que reproduz a linguagem falada nas ruas. De alguma forma, o jornal vai conseguir atender a duas clientelas diferentes, do ponto de vista socioeconômico, recorrendo a um universo que é comum a ambas, o futebol, com uma linguagem coloquial, quando não vulgar, utilizada em ambientes de baixa escolaridade e mimetizada por jovens de classe média.

Novo termo, velha fórmula

Como atingir esse leitor-torcedor, jovem, de classe média? Fazendo "um jornal pra cima". Essa foi a palavra de ordem gritada por Walter de Mattos e Antoní Cases aos jornalistas contratados com a tarefa de fundar o *Lance!*. O que isso significava? "Nós vamos estar construindo (sic) uma publicação que visa fundamentalmente entreter, dar leveza, dar prazer aos nossos leitores", dizia Mattos[74]. "Um jornal otimista, um jornal alegre, um jornal divertido, um jornal que misturasse notícia com diversão, com tom leve, com tom de brincadeira", na visão de César Seabra, o primeiro editor-chefe do jornal no Rio[75].

Seabra resgata do *Olé* um exemplo que ele considera a síntese da idéia de um "jornal pra cima". Copa de 98. A Argentina é eliminada. Como tratar do fracasso na primeira página? O diário esportivo faz uma pergunta em seu título principal: "Quando começa o torneio Apertura?". Ou seja, encontra uma maneira de falar do fiasco sem usar termos negativos, lembrando, em tom de brincadeira, que só resta aos argentinos se preocuparem com o próximo campeonato nacional.

André Fontenelle, editor-executivo da redação em São Paulo, evoca outras lembranças do que entendeu como um "jornal pra cima":

> A primeira coisa era ver quem ganhou na rodada. O São Paulo perdeu, o Corinthians perdeu, o Palmeiras perdeu e o Santos ganhou: o Santos era manchete. Agora, se todos perderam, a gente via quem estava em melhor situação, e saía com um título como "Dá pra virar", esse tipo de coisa. Se o clube estava afundado numa crise grave, o treinador caiu, a gente ia procurar saber quem ia ser o novo treinador, sempre tentando dar uma esperança para o leitor[76].

Lédio Carmona, repórter especial da primeira equipe no Rio de Janeiro, sugere que Mattos e Cases não estavam completamente afinados em relação à maneira de ser "pra cima". O espanhol seria "mais flexível", segundo Carmona. Seria de Cases a visão que Fontenelle transmitiu, acima,

---

74 "O Walter e o Lance!", *op. cit.*

75 Entrevista de César Seabra ao autor, Rio de Janeiro, 28 fev. 2003.

76 Entrevista de André Fontenelle ao autor, São Paulo, 16 maio 2003.

de encontrar o aspecto positivo em meio aos negativos. Segundo Carmona, Mattos defendia uma linha mais radical:

> Se o Flamengo perdia, Walter queria que a manchete fosse: "Cabeça erguida". Mas a gente quase não fazia isso. A gente tentava uns eufemismos. Para ver se disfarçava e colava. E quando ele estava viajando, a gente detonava[77].

Um exemplo do padrão perseguido por Mattos, na visão de Carmona, pode ser visto na capa do jornal no dia seguinte a uma derrota do Santos para o time argentino Boca Juniors, por 3 a 1. A página traz como foto principal uma imagem dos jogadores do time brasileiro, abraçados, rezando, após o fim do jogo, e o título, em letras garrafais: "Com muito orgulho". E dois subtítulos: "Santos sai de cabeça erguida da Libertadores" e "Futuro promete com time jovem e talentoso"[78].

Fazer um "jornal pra cima" significava envolver esse leitor imaginário, que existia nas cabeças de Cases e Mattos, e mobilizá-lo, levá-lo a torcer por seu time junto com o jornal. O designer ensinou algumas estratégias para alcançar este objetivo. Conta Sergio Rodrigues, editor-executivo no Rio de Janeiro:

> Apelidos. Era uma orientação do Toni, chamar Romário de Baixinho, Edílson de Capetinha, e assim por diante. Era dentro daquela coisa do jornal vibrante, popular, que falava a linguagem do torcedor. Não achei isso ruim. Acho bem legal. Acho ridículo, por exemplo, a *Folha* chamar o Gus-

77 Entrevista de Lédio Carmona ao autor, Rio de Janeiro, 28 fev. 2003.

78 *Lance!*, 3 jul. 2003, p. 1, edição São Paulo.

> tavo Kuerten de Kuerten e não de Guga. Parece um jornal alemão[79].

O uso de apelidos, como vimos, foi uma estratégia adotada, já nos anos 30, por Thomaz Mazzoni e Mario Filho, na *Gazeta Esportiva* e no *Jornal dos Sports*, como forma de aproximar o torcedor do universo futebolístico e, por tabela, granjear prestígio ao jornal que conseguisse tornar de uso corrente o apelido. A estratégia de Cases e Mattos era idêntica, com a dificuldade de querer substituir, na cabeça e no gosto do leitor, apelidos consagrados no passado por apelidos novos. Leão Serva, por exemplo, esforçou-se para que a redação paulista chamasse o time do São Paulo de "Sampa" e não de "Tricolor", como era conhecido – uma idéia que não vingou, naturalmente.

Um aspecto importante das discussões a respeito do "jornal do *hincha*", que afetava diretamente o trabalho de redação e edição das notícias, envolveu especialmente os jornalistas mais experientes, que haviam trabalhado por muitos anos em jornais de prestígio e estavam "treinados" para um outro tipo de compreensão sobre o que é e não é notícia. O depoimento de Leão Serva explicita o problema:

> O torcedor do time que ganhou não quer ler uma descrição fria, que o time dele "ganhou com pênalti roubado". Deixa isso para a *Folha*. O torcedor quer ouvir: "Com pênalti roubado é mais gostoso". Então, essas discussões foram, em

---

79 Entrevista de Sérgio Rodrigues ao autor, Rio de Janeiro, 20 jun. 2003. Sobre a insistência da *Folha* em chamar Guga de Kuerten, até a ombudsman do jornal, à época, Renata Lo Prete, manifestou-se: "De volta à queixa crônica dos leitores, cabe notar que esse é um traço da personalidade do jornal, pouco inclinado à afetividade que marca a relação do público com Kuerten. Não por acaso, é o único que não o chama de Guga". "Tudo por dinheiro", *Folha de S.Paulo*, 10 set. 2000. Em 24 de setembro daquele ano, finalmente, pela primeira vez, uma reportagem do jornal chamou Kuerten de Guga: "Número um, Guga faz a partida mais elitizada dos Jogos".

> grande medida, se impondo e nos ganhando, mas sempre dentro da idéia de que não iríamos nunca dizer que "não foi roubado". Eu fui sendo ganho em grande medida pelo seguinte argumento: "É esse o jeito de fazer com que essa mídia seja bem sucedida". Mas sempre ressalvando: "Bem, mas nós não vamos mentir"[80].

O depoimento mostra a permanência, 60 anos depois, das duas críticas principais que Mazzoni fazia, na década de 30, aos jornalistas esportivos. O chefe da *Gazeta Esportiva* acusava os colegas de serem sensacionalistas e, ao inventar entrevistas, de serem mentirosos. Serva deixa claro o incômodo que ambas as críticas causam a um profissional como ele, formado na "escola *Folha de S.Paulo*", mas sugere haver uma gradação entre os problemas, ao admitir cometer alguns exageros, em nome do sucesso do jornal, mas se recusando a "mentir".

Até mesmo a definição do nome do jornal está ligada a esta idéia de um "jornal pra cima". Mattos pensava, originalmente, em batizar o diário esportivo como *Score*, que significa "resultado" ou "placar", em inglês. Rodrigues, autor de um livro com dicas para melhorar o mau português falado no país[81], rebelou-se contra a idéia:

> Eu achava um nome horroroso. E comecei a fazer piadinhas com ele. "Olha, quando a equipe de jornalistas do *Score* chegar, o pessoal vai dizer: 'Chegou a escória do jornalismo'." E é uma palavra que não existe em português. Já se falou até em "escore", aportuguesado, mas caiu em desuso, é coisa do futebol de antigamente. Ninguém fala escore, é placar mesmo. E, afinal de contas, *Placar* é o nome da re-

80 Entrevista de Leão Serva ao autor, São Paulo, 2 maio 2003.

81 Sérgio Rodrigues, *What Língua Is Esta?*, Rio de Janeiro, Ediouro, 2005.

> vista. Enfim, enchi o saco dele, até um dia que o Walter me pediu para trazer algumas sugestões[82].

Rodrigues aceitou o desafio e sugeriu uma série de nomes, entre os quais *Lance*. Mattos não se empolgou com nenhuma das sugestões, mas o nome *Lance* começou a ganhar simpatias entre os primeiros jornalistas contratados para fazer o jornal. Até que o empresário se convenceu, com a ajuda de Antoní Cases. O designer foi responsável pelo detalhe inusitado: na hora de criar o logotipo do jornal, acrescentou o ponto de exclamação ao título. Não há nenhum caso conhecido de nome de jornal com ponto de exclamação no Brasil[83]. Mas era uma criação em tudo coerente com a proposta de Mattos e Cases. Explica o catalão: "Com o ponto de exclamação nos aproximamos mais da emoção dos estádios de futebol, do grito. Nos interessa muito que o diário tenha toda essa vibração"[84].

Outra orientação de Cases. Um "jornal pra cima" tem os seus personagens principais, que devem ser acompanhados 24 horas por dia, até quando vão ao banheiro. É uma outra forma, pregava, de estabelecer uma conexão direta com o leitor. Desde o início, o *Lance!* adota dois jogadores, Romário, então no Valencia, na Espanha, e Ronaldo, que havia acabado de trocar o Barcelona pela Internazionale, em Milão, na Itália. Não que Mario Filho não tenha feito isso com Leônidas da Silva e Domingos da Guia na década de 30. A novidade no expediente, que Cases chama de "siga o craque", diz respeito ao lugar que o futebol brasileiro ocupa dentro do negócio global: tratava-se de acompanhar, basicamente, jogadores estabelecidos no exterior. O *Lance!* terá, até, uma seção fixa para tratar do desempenho dos jogadores brasileiros na Europa.

Seis anos depois do lançamento do jornal, em 2003, César Seabra entendeu de forma crua a lógica por trás do "siga o craque". Na função,

---

82 Entrevista de Sérgio Rodrigues ao autor, Rio de Janeiro, 20 jul. 2003.

83 Um suplemento cultural da *Folha de S.Paulo*, o "Mais!", criado em 1992, adota o ponto de exclamação.

84 "O Começo", *op. cit.*

então, de principal editor da Rede Globo no Rio de Janeiro, Seabra contou que o jornalismo esportivo da emissora naquele ano acompanhava de forma contínua a rotina de alguns jogadores, como Kaká, porque se constatava que o noticiário sobre esses atletas elevava a audiência. No jargão interno da Globo esses jogadores eram apelidados de "obrig", um diminutivo de "obrigatório".

> O Kaká, hoje, é *obrig* no Esporte Espetacular. É obrigatório entrar no Esporte Espetacular. Não há uma coisa formal. Mas ele tem que entrar. Sabe por quê? Porque aumenta três pontos de audiência quando aparece a carinha bonita do moleque. Tem que ter. No *Lance!* tinha que ter Ronaldo. Tinha que ter Romário. No início, eram esses dois principalmente. No Rio. Tinha que investir nesses caras. Tinha que seguir esses caras[85].

Não deixa de ser curioso evocar Mario Filho. O jornalista não falava em "jornal pra cima", ou "jornal do torcedor", talvez porque isso fossem coisas óbvias, naturais, para ele, na época. Mario Filho tinha um carinho especial, quase paternal, pelos torcedores dos clubes, relata Ruy Castro. O jornalista, certa vez, mandou destruir milhares de exemplares já rodados do *Jornal dos Sports* porque a manchete, depois de uma goleada do Botafogo, dizia: "Vasco destroçado". "Nenhuma derrota, nem por goleada, destroça um clube como o Vasco", disse o jornalista ao justificar o prejuízo[86].

Esse modelo de jornalismo, praticado no passado não apenas pelo *Jornal dos Sports* como também por *A Gazeta,* alcança o ápice no acompanhamento da seleção brasileira. Por catalisar o interesse geral, os jornais não precisam se preocupar se um determinado título ou notícia, favorável

85 Entrevista de César Seabra ao autor, Rio de Janeiro, 28 fev. 2003.

86 Ruy Castro, *op. cit.* p. 225.

à seleção, vai desagradar os torcedores da equipe perdedora. A Copa do Mundo de 1938, realizada na França, primeira a merecer uma cobertura considerada "profissional" por parte da imprensa esportiva brasileira, é exemplar desse tipo de "jornalismo pra cima". Depois de perder para a Itália por 2 a 1, resultado atribuído por jogadores, dirigentes e jornalistas a uma decisão equivocada do juiz da partida, a seleção disputou o terceiro lugar, contra a Suécia, vencendo por 4 a 2. "Queira ou não a Fifa, somos campeões do mundo", estampou o jornal de Mário Filho depois da conquista do terceiro lugar[87]. E no dia seguinte, ainda diria: "Os brasileiros, campeões sem coroa"[88].

Durante a Copa de 98, por exemplo, o *Lance!* usou e abusou do expediente de tratar os acontecimentos sob a ótica do bom humor, da diversão, sempre torcendo abertamente pela seleção e rindo dos adversários. No dia da partida entre Brasil e Dinamarca, o título principal foi "Briga de cachorro grande", acompanhada da imagem de dois cachorros, um fila brasileiro e um dinamarquês. No dia de Brasil e Holanda, o título foi: "Vamos triturar a laranja", com a foto de um espremedor de laranjas[89]. No dia seguinte, para festejar a vitória, o título foi: "É teta", e a foto de uma vaca holandesa na capa. À frente de todas essas experiências, César Seabra se diz dividido: "Eu te confesso que aquelas coisas me assustavam um pouco, mas eu gostava também"[90].

---

87 Reproduzido por Leonardo Affonso de Miranda Pereira, *op. cit.*, p. 339.

88 Ibidem, p. 357. Na visão de Pereira, contudo, o tom da cobertura da Copa de 1938 se explica como resultado do esforço de Getúlio Vargas em fazer de Mario Filho "um poderoso aliado da campanha nacionalista desenvolvida no Estado Novo".

89 A seleção holandesa, por conta da cor da camisa do seu uniforme, foi apelidada de Laranja.

90 Entrevista de César Seabra ao autor, Rio de Janeiro, 28 fev. 2003. Sobre o humor que assustou Seabra no *Lance!*, o *Globo* preconiza: "O trocadilho é o túmulo da graça; as aspas irônicas são recurso primário e obsoleto; nem tudo que é engraçadíssimo quando se conta ou se ouve continua engraçado ao ser passado para o papel." O Globo, *op. cit.*, p. 47.

A lógica do recrutamento

O susto a que Seabra se refere ajuda a colocar em questão a lógica do recrutamento da equipe inicial do *Lance!*. A aplicação do conceito de "jornal pra cima" coube a uma pequena equipe de jornalistas experientes. No Rio, o editor-chefe, os dois editores-executivos, os editores-assistentes e os repórteres especiais, seis profissionais no total, vinham de *O Globo*, o principal jornal da cidade, sócio de Mattos no *Lance!*. Em São Paulo, havia menos homogeneidade. Os três principais jornalistas na hierarquia tinham forte relação com a *Folha de S.Paulo*, bem como um dos editores-assistentes, mas havia outros quatro jornalistas veteranos criados em ambientes diferentes, como o *Diário Popular,* a *Gazeta Esportiva* e a revista *Placar.* Esse núcleo dirigente era orientado por Cases e por um auxiliar seu, o designer argentino Fernando Carvallo, importado de Buenos Aires. Leão Serva recorda-se dessas reuniões:

> Nesses dias, o Toni Cases fazia conosco uns exercícios do tipo: "Peguem o jornal de hoje e vamos fazer a pauta do nosso jornal de amanhã". Então nós fazíamos uma reunião de pauta com ele. "O que nós vamos colocar no jornal?" "Bom, nós vamos cobrir o jogo do Corinthians." "Tudo bem", ele dizia. "Mas o que vocês vão fazer no jogo do Corinthians?" "Ah, nós vamos fazer assim, assado, vamos entrevistar fulano de tal." Aí ele dizia: "Mas isso vai estar em todos os jornais de amanhã. Então não tem razão para o sujeito comprar o *Lance!*." Os títulos: quando nós escrevíamos os títulos, nós que vínhamos todos do *Globo*, da *Folha*, ele falava: "Mas esse é um titulo da *Folha*. Não é?" Aí ele falava umas coisas em espanhol, ele sugeria títulos que eram assim: "Arrasa por não sei quanto", "Que venha

> fulano" e "Que faça não-sei-o-quê". Eram títulos, digamos, muito peculiares[91].

Por que "peculiares"? Ou melhor, "peculiares" para quem? Cases queria emoção, vibração, paixão, mas estava pedindo isso a jornalistas "formados" em *O Globo* e na *Folha de S.Paulo* – profissionais que traziam na bagagem uma cultura jornalística que não parecia compatível com esse modelo de "jornal pra cima". Eram profissionais adestrados segundo o modelo norte-americano de jornalismo, como vimos, que se tornou predominante nos jornais brasileiros de prestígio desde os anos 50.

Com freqüência as opções jornalísticas do *Lance!* – as informações que escolhíamos destacar, os títulos adotados, a forma como as notícias eram redigidas – passavam (e ainda passam) a impressão que o jornal está mais próximo do universo da ficção que do jornalismo. Quando Leão Serva diz que era possível fazer um "jornal pra cima", do jeito que Mattos queria, mas ressalva "nós não vamos mentir", ele está expondo o incômodo que essa proposta causou à cúpula original do *Lance!*. O conceito do jornal "foi um choque pra gente", sintetiza Marcelo Barreto, falando em nome da turma que trocou o *Globo* pelo novo jornal:

> Esses caras todos estavam acostumados com um modelo de cobertura de esportes, que era o modelo do César, que era muito combativo, crítico. Tinham ganho um prêmio Esso com uma matéria de denúncia que gerou até uma CPI na Assembléia Legislativa[92]. Então era combativo. A gente se

---

91 Entrevista de Leão Serva ao autor, São Paulo, 2 maio 2003.

92 O prêmio, a mais alta distinção no jornalismo brasileiro, foi dado a César Seabra e aos repórteres Marcos Penido, Eduardo Tchao, Paulo Júlio Clement, Antônio Roberto Arruda e Gustavo Poli (este último, também da primeira equipe do *Lance!*) por uma série de reportagens sobre corrupção no futebol fluminense.

> adaptar a esse modelo de que "perdeu, mas vamos lá" foi bem traumático[93].

Já para os jornalistas veteranos que vinham de publicações com perfil mais popular, caso dos profissionais contratados em São Paulo junto a *Gazeta Esportiva* e ao *Diário Popular*, o modelo proposto pelo *Lance!* não provocou espanto nenhum, os títulos não pareciam "peculiares". Veja, por exemplo, o depoimento de Luís Augusto Simon. Ele tinha 44 anos quando foi chamado para trabalhar no novo jornal. Com grande experiência em jornalismo esportivo, havia participado da cobertura da Copa do Mundo de 1994, nos Estados Unidos, enviado pela *Gazeta Esportiva*. Antes trabalhou no *Diário Popular*.

> O lado mais legal no *Lance!* é procurar um lado assim para cima. Às vezes, no treino, o jogador faz oito gols e a *Folha* dá assim: "Fulano discute com o zagueiro...". Acho muito mais importante aquela coisa para cima, os gols, do que a discussão[94].

A idéia de um "jornal pra cima", como vimos, era prática corriqueira no *Jornal dos Sports* ou na *Gazeta Esportiva* tanto na década de 30 quanto na de 90. Mais que isso, a leitura de qualquer jornal popular nos dias de hoje deixa claro, e o discurso de Simon reforça: a valorização da emoção e dos aspectos positivos da notícia fazem parte da própria lógica do jornalismo esportivo popular. Como mostra a pesquisa de Toledo, junto a diferentes agentes em atividade no jornalismo esportivo, "nota-se que todo o processo de produção de uma matéria esportiva (...) leva em conta a lógica da emoção como constitutiva desse 'saber especialista'"[95].

---

93 Entrevista de Marcelo Barreto ao autor, São Paulo, 1 jul. 2003.

94 Entrevista de Luís Augusto Simon ao autor, São Paulo, 3 jul. 2003.

95 Luiz Henrique de Toledo, *op. cit.*, p. 191.

Por outro lado, esse tipo de jornalismo colide frontalmente com o discurso da busca da objetividade, que impregna os jornais de prestígio na segunda metade do século XX. *O Globo* e a *Folha de S.Paulo*, de onde vinham os principais jornalistas do núcleo dirigente do *Lance!*, estão entre os jornais que mais se destacaram, no período, na tentativa de adequar a cobertura esportiva a um modelo de seriedade, neutralidade e, até mesmo, cientificidade.

Em todo caso, esses jornalistas representavam, em termos numéricos, uma minoria no novo jornal. De um total de 62 jornalistas da equipe inicial, 40 eram novatos – recém-formados ou ainda estudantes de jornalismo, com menos de 23 anos, de uma maneira geral. Não existe nenhum caso parecido de tal proporção de novatos na imprensa brasileira. Na equipe que participou da criação da revista *Época*, por exemplo, não havia nenhum iniciante entre os mais de 70 jornalistas. É certo que, além dos motivos econômicos que motivaram essa proporção, tamanha ênfase em novatos também está relacionada à percepção que essa clientela oporia menos ou nenhuma resistência ao modelo proposto por Mattos e Cases.

O número total de pessoas envolvidas na produção jornalística passava de 100, incluindo fotógrafos, diagramadores, chargistas, infografistas, jornalistas do site na internet e correspondentes em várias cidades. Dos 62 jornalistas que fundaram o *Lance!*, 32 eram da redação do Rio e 30 de São Paulo. A redação de São Paulo estava assim dividida, hierarquicamente: um editor-chefe[96], dois editores-executivos[97], três editores-assistentes[98], um repórter especial[99] e 23 repórteres. Desses 23, apenas cinco já haviam trabalhado como jornalistas[100]. Os outros 18 – ou seja, 75% do total de repórteres – nunca haviam trabalhado antes ou estavam tendo sua primeira grande chance num jornal. Os 18 novatos de São Paulo eram divididos em

96 Leão Serva.

97 André Fontenelle e este autor.

98 Marco Antonio Catai, Maurício Noriega e Valmir Storti.

99 Paulo Vinícius Coelho.

100 André Rizek, Guilherme Gomes Pinto, Luís Augusto Simon, Marcelo Laguna e Rubens Leme da Costa acumulavam, em diferentes graus, experiências como profissionais.

dois grupos[101]. Leão Serva os chamava de trainees 1 e trainees 2[102]. Os onze trainees do grupo 1 eram considerados estagiários, pelo fato de não serem ainda formados. Eram estudantes de jornalismo e ganhavam R$ 500 por mês, aproximadamente 60% do valor do piso salarial para uma carga de cinco horas diárias[103]. Os sete trainees do grupo 2, recém-formados, ganhavam R$ 800 por mês.

A categoria de jornalistas convive com um anacronismo: a existência de dois pisos salariais, um para a carga de cinco horas diárias e outro para uma carga de sete horas diárias de trabalho. O valor do piso de cinco horas serve, basicamente, para a remuneração dos jornalistas que, no final dos anos 60, optaram pela estabilidade no emprego em detrimento da adesão ao Fundo de Garantia por Tempo de Serviço. Outra utilidade é servir de parâmetro para a remuneração de estagiários, que o sindicato chama de "bolsa-auxílio mensal", equivalente a 60% do piso salarial de cinco horas. Em nenhuma outra situação utiliza-se o piso de cinco horas em redações de jornais.

O *Lance!* inovou no regime de contratação em São Paulo. Contratou pelo valor do piso de cinco horas jornalistas recém-formados, que se submeteram a uma carga horária média de nove a dez horas, e ainda os considerou como "trainees". Contratou estudantes, submetidos a uma carga de, no mínimo, sete horas e lhes atribuiu responsabilidades de jornalistas formados, o que também é vetado pela convenção coletiva da categoria. Por determinação da direção, no início, nenhum "trainee" podia

101 No Rio, a proporção era semelhante.

102 O primeiro grupo era formado por Adriano Ceolin, Alessandro Lucchetti, André Amaral, André Loffredo, Chico Silva, Fabio Bittencourt, Fabio Mazzitelli, Julio Roland, Maurício Trindade Oliveira, Rodrigo Borges e Tânia Scaffa e Adura – a única mulher em função jornalista na redação paulistana. O segundo grupo era composto por Abel Neto, Adalberto Leister Filho, Claudinei Queiroz, Claudius R. Pitta, Emerson Vicente, Gonçalo Jr. e Paulo Fávero.

103 Em 1997, em São Paulo, o piso por cinco horas era de R$ 780,00 e o de sete horas, R$ 1.248,00, segundo o Sindicato dos Jornalistas Profissionais no Estado de São Paulo.

assinar o nome em matérias no jornal – uma maneira de dificultar eventual fiscalização do sindicato ou do Ministério do Trabalho.

Os jovens acumulavam responsabilidades em excesso, de forma desproporcional à experiência que tinham para resolver os problemas colocados. Ao mesmo tempo, não manifestavam estranhamento algum em relação a tópicos sensíveis aos mais experientes, como fazer um "jornal pra cima". Ao contrário, como notou André Fontenelle, tinham o perfil ideal para realizar a tarefa:

> Os repórteres veteranos talvez se incomodassem. Mas a garotada, nem um pouco. Eles não conheciam nada, então era fácil entrar num modelo novo. Os veteranos talvez ficassem chocados com algumas decisões editoriais. Mas acho que isso vinha mais das experiências que cada um tinha tido nos veículos anteriores[104].

Não espanta que Antoní Cases defendesse abertamente a idéia de que um clima alegre, jovem, colegial, na redação do *Lance!* seria fundamental para o sucesso do jornal. Recorda-se Fontenelle:

> O Toni tinha uma frase famosa, não sei se é dele, que é: "Redaciones aburridas hacen diarios aburridos" ("Redações chatas fazem jornais chatos"). Então, a idéia era que o clima da redação, de gostar de futebol, passasse para o leitor no conteúdo do jornal. Que fosse um jornal alegre, e não um jornal ranzinza, como a gente achava que a maioria dos jornais era. Não sei se a gente foi bem sucedido nisso[105].

---

104 Entrevista de André Fontenelle ao autor, São Paulo, 16 maio 2003.

105 Entrevista de André Fontenelle ao autor, São Paulo, 16 maio 2003.

Leão Serva também se recorda dessa fórmula simples, mas levanta dúvidas sobre a autoria da frase. Segundo ele, Mattos citava o renomado jornalista Elio Gaspari quando se referia à necessidade de o jornal não ser chato.

> O Walter conviveu muito no período inicial com alguns jornalistas que ele admirava e que ele gostaria de ter no jornal, mas que não tinha cacife para isso. A saber: Matinas [Suzuki], Elio Gaspari, Juca Kfouri. E ele citava muito uma frase que o Elio tinha dito. Não me lembro a frase, mas o raciocínio era o seguinte: "Para falar chatices, crítica e nhenhenhém, já temos os jornais. Esse aqui é um jornal para animar a festa". E o Walter dizia: "É como disse o Elio Gaspari"[106].

Inflexão normativa

Nada expressa melhor o tom escapista, próximo ao universo das histórias em quadrinhos, adotado pelo *Lance!* que a seção "Fala, Doente!", presente desde o primeiro número do jornal. Cada clube tem um colunista que escreve nessa seção. Seus nomes e perfis foram inventados e as fotinhos que o jornal usa para identificá-los foram roubadas de revistas antigas, na véspera do lançamento do jornal. Eles representam o torcedor apaixonado, sem qualquer racionalidade, que comenta aspectos do time em momentos importantes. Os textos eram escritos por jornalistas do *Lance!*, sempre com um toque de humor e alguma inverossimilhança, de maneira a deixar claro que aquilo era ficção.

O tom ficcional e lúdico começa na escolha do nome dos colunistas da seção, que procura realçar clichês sobre o torcedor de cada time. "Vitral de Almeida, marquês de Laranjeiras" é o colunista do Fluminense,

---

106 Entrevista de Leão Serva ao autor, São Paulo, 2 maio 2003.

time com fama de elitista, localizado no bairro de Laranjeiras. "Scarlet Breu, viúva da geral" representa o torcedor do Flamengo, negro, pobre, que assiste aos jogos do setor mais barato do estádio, a geral. "Bob Colina, filósofo do relvado" chama a atenção para um apelido do time ("Vascão da Colina") e reforça o estereótipo de burrice associado aos descendentes de portugueses, que formam parte da torcida. "Nilton Severiano, general de uma estrela" associa o nome de um ídolo do Botafogo (Nilton Santos), ao apelido do time ("estrela solitária") e ao nome da rua onde ficava a sede do clube (General Severiano). "Tião Fiel, sofredor graças a Deus", como no caso do apelido do torcedor do Flamengo, busca associar o corintiano típico a alguém do povo, um "Tião". "Mássimo Divino, acadêmico do Bixiga" reforça os estereótipos étnicos associados ao torcedor do Palmeiras, sugerindo se tratar de um intelectual morador de um bairro de classe média baixa da cidade. "Pedro Henrique Bueno de Toledo, bicampeão mundial" busca associar o torcedor do São Paulo à elite paulistana por meio de um sobrenome quatrocentão. "Doca Gonzaga, professor de história" ironiza o fato de o torcedor do Santos viver das glórias do passado, de Pelé, quando o time chegou a ser bicampeão do mundo.

Em dias de jogos importantes, ou no dia seguinte aos jogos, os colunistas comparecem, sempre com provocações aos rivais, explicações sobre os resultados adversos ou incentivos ao torcedor do time. Depois de uma derrota para o Sport, o corintiano Tião Fiel escreveu:

> Corintianos apostólicos romanos, não vou nem falar do jogo de ontem. Isso é passado, bobagem, joguinho sem importância. Só penso na partida de quarta-feira, contra o Flamengo. Vai ser inesquecível. Já acertei um encontro com Wandréia, uma morena campeã, torcedora do Flamengo que conheci há dez dias, numa noite estrelada na rua Bariri. Naquele dia histórico, quando dei as costas para o campo, em protesto contra o time, descobri Wandréia entre nós, secando o Flu. Foi o melhor jogo do ano, eu e Wandréia, nas ruas de Olaria. Vendo estrelas, me dei conta de uma série

> de coisas. A primeira, e mais importante, é de que não há o menor perigo do rebaixamento. Campeonato que é campeonato, no Brasil, sem o Timão, só se for de pebolim, em algum bar palmeirense, nas Perdizes[107].

A proximidade de um feito histórico levou o santista Doca Gonzaga a observar:

> Hoje vou obrigar meus três alunos mais odiados a fazer uma lição diferente. Henri, um são-paulino chato, Chiquinho, corintiano irritante, e Carmelo, palmeirense maledetto, vão ao quadro-negro escrever 10 mil vezes: "O Santos tem o melhor ataque do mundo". Estamos chegando a essa marca incrível de 10 mil gols anotados. Aqueles três pestinhas terão que se render às evidências. A história do futebol se divide em a.S. e d.S., antes e depois do Santos. Pelé, Pepe, Coutinho e Toninho marcaram mais pelo Santos do que muitos craques de hoje em toda a carreira[108].

Dia de jogo difícil, contra o Internacional, motivou o palmeirense Mássimo Divino a refletir:

> Hoje acordei suando frio. Tive um pesadelo horrível. Sonhei que o Internacional havia vencido o Verdão. Levantei da cama e fui logo conferir se era verdade. Quando percebi que foi tudo um sonho, me enchi de alegria. Acordei meu papagaio Zinho e coloquei minha camisa autografada pelo Ademir da Guia. Liguei para o Chiquinho, meu sobrinho

---

107 "Sussurros cariocas", *Lance!*, edição São Paulo, 2 nov. 1997, p. 9

108 "Meus alunos vão penar", *Lance!*, edição São Paulo, 4 nov. 1997, p. 10.

> que está doente (e virou corintiano), e combinei de pegá-lo para irmos ao jogo hoje, no Morumbi. Só apreciando o futebol da máquina verde é que o garoto vai voltar ao normal e torcer para o melhor time do mundo. E hoje é dia de vitória, apesar do pesadelo[109].

O "Fala, Doente!" não tinha dono. No início, os repórteres mais velhos escreviam as crônicas, mas rapidamente a tarefa passou a ser de quem estivesse livre na hora do fechamento, ou com alguma idéia engraçada[110]. Os textos da seção explicitam o esforço de atender a um leitor idealizado como de classe média alta, mas capaz de entender um texto que mimetiza a linguagem popular. Para os jovens jornalistas do *Lance!*, ainda estudantes ou recém-formados, fazer esses textos não exigia muito esforço. Como muitos dos leitores do jornal, eles reproduziam no cotidiano termos, expressões e mesmo um jeito de falar que imitava, na visão deles, o jovem pobre, da periferia. Não à toa, essas crônicas, com freqüência, soam falsas – uma teatralização canhestra do universo popular.

Nesse mundo de fantasia mitológica, às vezes o deboche descambava para a ofensa. Em e-mail enviado a todos os jornalistas, intitulado "Avisos", o editor-executivo André Fontenelle dá um puxão de orelhas na turma por causa de deboches desmedidos:

> Duas coisas chatas saíram em edições recentes. Elas mostram bem o quanto temos que ser responsáveis com aquilo que escrevemos. Infelizmente, nem sempre tem sido assim.
> 1 – Stycer alerta que num Fala, Doente! recente o Massimo Divino chamou o Corinthians de "time de favelados". A expressão dispensa comentários.

109 "Hoje é dia de vitória", *Lance!*, edição São Paulo, 16 nov. 1997, p. 6.

110 Informalmente, Paulo Vinicius Coelho era o "titular" de Massimo Divino, André Rizek cuidava de Tião Fiel, Luis Augusto Simon, o Menon, respondia por Pedro Henrique Bueno de Toledo, e Valmir Storti e Fabio Mazzitelli revezavam-se com Doca Gonzaga.

> 2 – Em colunão[111] recente, alguém brincou escrevendo que depois da Série B-1 B do Paulistão "não tem coisa pior". Acabo de receber mail de leitor, torcedor do Osasco Futebol Clube, reclamando. Devemos respeito a todos os clubes, onde quer que se encontrem. Esse tipo de gracinha fica para o torcedor[112].

Outra seção bem-humorada, que também aproxima o jornal do universo da ficção e está sempre presente em cobertura de jogos importantes, é o "CineLance!". Quatro jogadores são escolhidos, de acordo com características apresentadas no jogo e que podem ser associadas a filmes famosos. Um jogador violento pode ser "O Predador": "O zagueirão corintiano não costuma perder viagem. Mas quando perde, pega pesado com os atacantes inimigos. Foi o que fez contra o Sport"[113].Um jogador que exagera nos dribles ganha a alcunha de "O Maskara": "Uma finta aqui, um enfeite ali, uma arrancada acolá. Mas nada de produtivo para o time, que depende demais de seu talento". Outros títulos que serão usados com freqüência são "O Iluminado" (atribuído ao craque do jogo) e "O Fugitivo" (para o jogador que desaparece em campo). Um outro filme com título engraçado é "Debi & Lóide", com o qual o jornal premia dois jogadores trapalhões: "Wagner, vestindo uma bonita camisa de força, mostrou que com os pés não sabe nada. Jorge Luiz, outra vez, deixou o seu. Só que foi contra"[114]. Não à toa, todas as referências são de filmes bem populares,

111 Uma nota curta, no jargão dos jornalistas.

112 Cópia em poder do autor, datada de 17 mar. 1998.

113 Essa e as outras referências ao CineLance! foram retiradas da edição do *Lance*!, 2 nov. de 1997.

114 Outros títulos pensados ainda na fase de testes: "O Santo" (para o jogador com muito *fair play*), "O Pestinha" (jogador driblador que perturba a zaga adversária), "O Mentiroso" (jogador que promete e não faz nada), "Robocop" (jogador cintura-dura), "Drácula" (jogador sem raça, chupa-sangue), "Free Willy" (jogador gordo), "A Fortaleza" (goleiro que fechou o gol).

de interesse de adolescentes, de classe média[115]. A responsabilidade pela seção, com freqüência, cabia aos jovens jornalistas da equipe, muito mais próximos desse universo do que os veteranos.

Visto hoje, é notável como, com base em fiapos de realidade, a inflexão editorial dos primeiros tempos tenha sido tão normativa. A equipe dirigente se desdobrava no esforço de infundir uma idéia e estabelecer regras ao gosto de um freguês apenas imaginado, idealizado, sem saber realmente com quem estava falando. Embora o *Lance!* não tenha inovado, propriamente, em relação ao *Jornal dos Sports* e à *Gazeta Esportiva* ao se colocar como um jornal amigo do torcedor, ao buscar um leitor-consumidor de classe média, ele conseguiu ir além dos seus concorrentes. Por trás do "Fala Doente!", do "CineLance!" e do conceito de "jornal pra cima", vislumbra-se um esforço de desmontar o insucesso de um time de futebol por meio de recursos incrivelmente infantilizadores, escapistas. Não surpreende que o resultado aproxime muitos textos do jornal de um gibi para crianças.

O QUE DIZIAM OS LEITORES

Quem era o leitor do *Lance!*? Era o garoto de classe média fanático por esportes? Ou era o office-boy, o motorista de táxi e o porteiro? Ainda não tínhamos informações concretas nos primeiros meses depois do lançamento, e isso de certa forma nos exasperava. Qualquer informação recebida, que nos desse alguma pista sobre esse suposto leitor, era hipervalorizada, como se observa neste e-mail do "professor Leão":

115 Essa seção surgiu originalmente no *Olé*, argentino, por sugestão de Antoní Cases, e foi "importada" para o jornal brasileiro. No jornal argentino, os "filmes" eram fixos: "Maradona" (para o craque do jogo), "Terminator" (para o mais violento), "Ghandi" (para o mais raçudo, lutador) e "Chenemigo" (para o autor da maior lambança).

> Caros,
>
> Mauricio Stycer atendeu hoje um telefonema que me parece genial, um caso para nunca esquecermos: um leitor perdeu seu tempo hoje para ligar para o LANCE! e protestar por não conhecer o sentido de uma palavra que usamos em um texto: ostracismo.
>
> Isso é exemplar: nós estamos fazendo uma promoção que está ampliando o número de leitores, nos aproximando mais do leitor que em verdade sempre quisemos, um leitor de banca – mais numeroso mas também com menor poder aquisitivo, talvez sem dinheiro de assinar jornais. Esse leitor pode se ofender (esperamos que não seja o caso) com um jornal que o exponha a um papel de ignorante, como ao usar termos que não são coloquiais.
>
> Então, agora mais ainda do que antes, precisamos submeter os nossos textos a uma leitura que tire os termos mais raros, difíceis, antigos, jargão ou gírias. Para usar a expressão do Walter, pensar o que o taxista poderá não entender e tirar do texto[116].

Não conheço nenhum estudo que tenha se dedicado a avaliar se os autores de cartas aos jornais representam fielmente o leitor médio destas publicações. Mas na seção de cartas se expressa, em todo caso, a opinião de algumas parcelas desse leitorado. Nos pleitos que fazem, na forma como escrevem e nos assuntos que abordam, deixam pistas que podem ajudar a decifrar quem são e, em última instância, nos auxiliar no esforço de definir o perfil do leitor da publicação.

Batizada no *Lance!* como "Tabelinha", a seção de cartas do jornal sempre foi publicada na antepenúltima página do diário, mas sem ocupar um espaço fixo, oscilando, dependendo do dia, entre meia e uma página. Abaixo do nome da seção, um pequeno texto incentiva os leitores a escre-

116 E-mail intitulado "Ostracismo", 12 mar. 1998, cópia em poder do autor.

ver. Na edição carioca, o jornal convidava: "Vamos lá, galera! O *Lance!* está esperando sua bronca, seu pedido, sua foto, enfim, sua participação. Vale tudo, até zoar os torcedores adversários. O importante é você tabelar com a gente"[117].

A leitura das cartas enviadas ao jornal nos seus primeiros meses de vida mostra que a seção foi utilizada pelos leitores para fazer pedidos, provocar os adversários, elogiar o jornal e, em raríssimos momentos, tecer críticas. Na seleção que fiz entre centenas de cartas, procurei apresentar alguns modelos que se repetem com freqüência, configurando um certo padrão. E, também, algumas que se destacam justamente por fugir do padrão. As cartas não trazem nenhuma informação além do nome e da cidade do missivista, mas chama a atenção o grande número de cartas escritas por crianças, possivelmente pré-adolescentes. Como esta:

> Ufa, ufa, ufa, ufa, ufa, ufa, ufa, ufa, ufa, ufa, ufa, ufa, ufa, ufa, ufa, ufa, ufa, ufa, ufa, ufa, ufa, ufa, ufa, ufa, ufa, ufa, ufa, ufa, ufa, ufa, ufa, ufa, ufa, ufa, ufa. Isso foi o que senti quando o juiz apitou o final do jogo de sábado entre Corinthians e Goiás[118].

Ou esta, em que o leitor anuncia a sua idade:

> Tenho 9 anos e, na minha opinião, com certeza o *Lance!* é o melhor jornal de esportes do mundo![119]

---

117 Na edição que circula em São Paulo, o texto é diferente. "Quem quiser fazer qualquer comentário, críticas ou dar sugestões sobre algum evento esportivo, jogadores etc., pode escrever para o seguinte endereço (...)".

118 *Lance!*, 11 nov. 1997.

119 *Lance!*, 13 nov. 1997.

Ou este "poema" enviado por um outro corintiano:

> Para se jogar no Corinthians
> não se usam uniformes,
> mas sim armaduras,
> não existem jogadores,
> mas sim gladiadores (...)[120]

Ou, ainda, esta, em que o leitor informa o local onde lê o jornal:

> Parabéns pelo *Lance!* Não quero sugerir nada, apenas dizer que compro o jornal diariamente antes de ir para a escola. No intervalo, o *Lance!* vira a festa entre meus amigos[121].

O leitor, com freqüência, é levado a crer que o jornal pode ser um intermediário de um pleito seu para um jogador. Dezenas de cartas foram publicadas com pedidos como este:

> Gostaria de saber do Dodô se seria possível assistir a um treino lá no CT, e se ele poderia me dar uma camiseta com o número 19[122].

Alguns leitores ignoram o jornal e dirigem suas cartas diretamente ao objeto do pedido, na certeza de que ele o lerá. O jornal, nesse caso, é visto como um mero suporte para a transmissão de um recado.

---

120 *Ibidem*, 12 nov. 1997.

121 *Ibidem*, 22 nov. 1997.

122 *Ibidem*, 7 nov. 1997.

> Dodô, eu moro em uma rua em frente a sua. Já joguei bola com seu irmão e eu gostaria de ganhar uma camisa sua com autógrafos de todos os jogadores do São Paulo[123].

Sem meias palavras, como se estivesse na arquibancada, junto da torcida organizada, este corintiano dirige-se aos dirigentes do seu time:

> Estou indignado com o que está acontecendo com o nosso time. O nosso presidente está de sacanagem e o banco Excel também. Exijo que a diretoria convoque eleições no clube para que a nova presidência dê um jeito na situação[124].

Este outro faz o mesmo, com a mesma linguagem desabrida, mas acrescenta um curioso agrado ao jornal. Como se quisesse demonstrar que, apesar da violência verbal, não é uma pessoa desprovida de cultura, ele diz:

> Gostaria de fazer um apelo para a diretoria do Corinthians. Vocês já fizeram tanta palhaçada que não quero outra. Por favor, não emprestem o lateral-esquerdo Silvinho para o Cruzeiro. *Lance!* é o "New York Times" do esporte[125].

A relação de intimidade que alguns leitores estabelecem com o jornal encontra o seu ponto alto nesta carta, uma das minhas favoritas:

---

123 *Lance!*, 13 nov. 1997.

124 *Ibidem*, 19 fev. 1998.

125 *Ibidem*, 11 nov. 1997.

> Peço a todos do *Lance!* que, pelo amor de Deus, publiquem a foto do Ricardo Gomes, goleiro da Ponte Preta, e falem para ele dar um pulinho aqui no bar do Netinho. Muito obrigado. Na minha rua, todo mundo adora o *Lance!*, e a culpa é minha[126].

A seção é também um espaço que permite aos leitores dialogarem entre si. A um elogio a determinado jogador, corresponde, com freqüência, uma carta com críticas, quando não com ofensas:

> O Edmundo joga muito, mas vocês já imaginaram esse desequilibrado metendo a mão num adversário em final de Copa do Mundo?[127]

Chama a atenção, também, o número de cartas destinadas aos colunistas da seção "Fala, Doente!" Pela falta de ironia, muitas parecem não atentar ou não se importar com o fato de os colunistas não existirem.

> Gostaria de pedir para o Tião Fiel parar de falar besteiras. Onde já se viu ele falar mal do Palmeiras? O "Ultimão" só consegue ganhar da Jamaica, Ituano, Caldense e Itabaiana. Por favor, senhor Tião Fiel, honre o *Lance!* e escreva pelo menos uma coluna razoável. O que você escreve é tão ridículo quanto você[128].

---

126 *Lance!*, 23 nov. 1997.

127 *Ibidem*, 9 nov. 1997.

128 *Lance!*, 23 fev. 1997.

Também chama a atenção a quantidade de leitores que aproveita o espaço da seção de cartas para, além de criticar a diretoria do seu time, expor problemas pessoais, íntimos. Como se o *handicap* que será tornado público tornasse mais respeitável a crítica feita:

> Sou deficiente auditivo e amo muito meu São Paulo. Por essa razão, não agüentamos mais a incompetência da diretoria. O São Paulo precisa contratar jogadores que estejam à altura de jogar na Seleção. Quero Marcelinho Carioca[129].

Não raro, os leitores expõem, sem disfarces ou eufemismos, os seus preconceitos ao criticar os jogadores do próprio time ou os adversários:

> Desastre santista! Foi lamentável o jogo do Santos contra o Galo. Faltou vibração, raça e amor à camisa. Parecia um time de meninas, uma vergonha! Tá falado![130]

Muito poucas críticas foram publicadas na "Tabelinha" nos primeiros meses. Não tenho informações se o jornal recebeu um número considerável de críticas e preferiu não torná-las públicas ou se simplesmente não chegaram cartas com esse viés no período. Ainda assim, as poucas correspondências que vão na contracorrente limitam-se, quase sempre, a cobrar do jornal uma cobertura melhor de alguns temas ou assuntos. É o caso do leitor abaixo, por exemplo:

---

129 *Ibidem*, 18 jan. 1998.

130 *Ibidem*, 20 nov. 1997.

> Como esse é o jornal do esporte, musculação também é esporte. Por que vocês não fazem reportagens sobre musculação?[131]

Ou deste, em que autor aproveita para exibir o seu repertório de leituras, citando um jornal que circulava então no Rio de Janeiro, especializado em crimes:

> Um diário de esportes que na terça-feira não traz o número de ganhadores da loteria esportiva, e o respectivo rateio, é o mesmo que *O Povo* sem crimes[132].

Uma rara crítica é formulada nesta carta em que o leitor, cansado de ver tantos elogios publicados na seção, dá uma aula de português aos jornalistas:

> O jornal está dez. Só tenho algumas ressalvas a fazer. Eu sei que deve ser bom receber elogios, só que não vale publicar apenas os mesmos. Em 11/11, matéria sobre beisebol definia "home run" como "jogada em que a bola SAI PARA FORA dos limites do campo", um pleonasmo gritante[133].

Por fim, duas raríssimas correspondências em que os leitores manifestam alguma ironia ou humor. Na primeira, o alvo é o comportamento do jornal, que não publicava, até então, matérias sobre xadrez:

---

131 *Lance!*, 21 dez. 1997.

132 *Ibidem*, 30 out. 1997.

133 *Ibidem*, 17 nov. 1997.

> Xadrez: esporte ou ciência? Pelo visto, para vocês, é ciência, pois, até o momento, não li uma única linha do jogo no *Lance!*[134]

Na segunda, o alvo da piada é o técnico da seleção:

> Sabiam que o técnico Zagallo foi multado pelo novo Código Nacional de Trânsito? Ele estava dirigindo a Seleção Brasileira de salto alto[135].

Chama a atenção, em primeiro lugar, nas cartas publicadas nos meses iniciais, a enorme satisfação com o *Lance!*. E, em segundo, a rapidez com que o jornal é percebido como um "parceiro", um "amigo", a quem o leitor pode recorrer para fazer pedidos, xingar adversários ou dirigentes do próprio time e mandar recados para jogadores. Os elogios podem ser entendidos como conseqüência da surpresa positiva que o jornal proporcionou, como incentivo à equipe que fazia o jornal ou, mesmo, como sintoma da falta de espírito crítico dos leitores. Não devemos ignorar, porém, que a seleção de cartas no período estudado pode, simplesmente, ter feito parte de um esforço de inflar a importância do próprio jornal. Já a percepção de que o *Lance!* seria um veículo capaz de intermediar pleitos variados, como a camisa de um jogador ou uma visita ao bar do Netinho, expõe um êxito extraordinário do jornal em sua capacidade de dialogar com os leitores, ainda que isso possa ser entendido como fruto de uma certa ingenuidade deles. A carta em que o leitor dialoga diretamente com o colunista Tião Fiel é exemplar dessa profunda afinidade entre o jornal e o seu leitor.

Linguagem coloquial, vocabulário limitado e argumentação inconsistente transparecem em boa parte da correspondência, a sugerir que estamos lendo cartas escritas por pessoas jovens e/ou pouco escolariza-

---

134 *Lance!*, 14 nov. 1997.

135 *Ibidem*, 19 fev. 1997.

das. Talvez fosse isso exatamente o que o jornal quisesse. Como vimos, a convocação à participação dos leitores ("Vamos lá, galera! O *Lance!* está esperando sua bronca, seu pedido, sua foto, enfim, sua participação. Vale tudo, até zoar os torcedores adversários. O importante é você tabelar com a gente") está escrita em linguagem tatibitate, a sinalizar a ambição de que a "Tabelinha" fosse mais um recreio escolar que um palco de debates.

Também é notável a ausência de contestações ao material publicado, seja por parte de leitores anônimos, seja por dirigentes, técnicos ou jogadores. Mesmo um "jornal pra cima", otimista, haveria de publicar notícias com o potencial de desagradar a alguém, mas, se isso ocorreu, não houve reflexo na seção de cartas. Nenhuma grande idéia é sugerida, nenhuma polêmica surge ou se reflete na "Tabelinha".

O leitor que surge da seção de cartas, na minha visão, é um garoto com vocabulário limitado, um pouco ingênuo, para quem o jornal não apenas é uma fonte de informação esportiva, mas um espaço para tripudiar dos colegas e, eventualmente, conseguir uma camisa autografada do seu ídolo. A julgar pelas estatísticas disponíveis, ele pode ser tanto o jovem de classe média alta, que lê o jornal na escola, quanto o office boy, que folheia o *Lance!* no trabalho. A palavra "ostracismo", citada no e-mail de Leão Serva, tudo indica, poderia causar dificuldades tanto para esse leitor de classe média, com mais capital econômico que cultural, quanto para o leitor de baixa renda.

A adesão desses leitores ao projeto, a resposta entusiástica ao que lêem e a fé na capacidade do jornal servir como intermediário para os seus pleitos mostram que o *Lance!* foi muito bem-sucedido ao conseguir juntar a sua expectativa em relação a um leitor que imaginava alcançar e a vontade do leitor fisgado por essa proposta em desfrutar o que o jornal estava oferecendo.

EM BUSCA DO "DIFERENCIAL"

Sob pressão dos jornais de interesse geral, que reforçaram a cobertura esportiva, e de sua própria trajetória nas bancas[136], o *Lance!* enfrentou uma grande turbulência na tentativa inicial de definir que caminho seguiria. Aparentemente, duas grandes correntes conviviam e, de alguma forma, duelavam nos primeiros dias. Um grupo defendia que o jornal deveria buscar uma cobertura diferenciada do mundo esportivo, com reportagens originais, deixando em segundo plano as informações que eram dadas em destaque pelos outros jornais. Em outras palavras, deixar de lado o chamado *hard news* e descobrir aspectos novos, não ligados ao dia-a-dia dos clubes. Um outro grupo achava que o *Lance!*, para se firmar deveria investir exatamente onde os demais jornais já atuavam, mas com mais qualidade, trazendo informações exclusivas, "furos", como se diz no jargão jornalístico.

Na sua fase inicial, o *Lance!* enviava diariamente três repórteres para cada clube, em busca de notícias[137]. As equipes eram formadas por um repórter experiente, um jornalista recém-formado e um estudante[138]. A orientação que recebiam era no sentido de procurarem o novo, o diferente. O quê? Por exemplo, orientava Sérgio Rodrigues, no Rio, se o repórter descobrir que o cozinheiro do Vasco costuma preparar um suco de acerola para os jogadores, essa vai ser a notícia mais importante do dia – muito mais importante que a notícia sobre um jogador que está contundido e não poderá jogar. Não demorou muito para descobrirmos o óbvio:

---

136 Mattos nunca tornou público os dados de vendas do início, mas é sabido que ficaram muito abaixo da expectativa. A meta de alcançar uma tiragem somada de 100 mil exemplares/dia foi atingida mais de um ano depois do previsto.

137 Na sede paulista, Corinthians, Palmeiras, São Paulo e Portuguesa. A cobertura do Santos era feita por apenas um jornalista, em Santos.

138 Na escala montada pelo editor-executivo André Fontenelle, em São Paulo, previa-se ainda um quarto repórter para trabalhar nos dias de folga de um dos três titulares.

> Acho que o primeiro drama que a gente viveu, o primeiro choque de realidade, foi que os clubes de futebol não são um material tão rico quanto a gente pensava para ficar fazendo coisa diferente todo dia. Não tem acerola todo dia. Os clubes de futebol são um universo muito mais pasteurizado e sem charme do que a gente podia imaginar[139].

A orientar a busca pelo diferencial, Toni Cases gostava de dizer que o *Lance!* deveria "dedicar 80% da energia em 20% do jornal e 20% da energia em 80% do jornal". Por trás da frase de efeito está a idéia de que seria um desperdício gastar energia com um tipo de cobertura idêntica à dos outros jornais. O argumento é atraente, mas como realizá-lo? André Fontenelle defendia o oposto, que a novidade e o diferente seriam descobertos somente se o jornal se dedicasse a uma cobertura intensiva do mundo esportivo. Ou seja, somente fazendo tudo que os concorrentes faziam, conseguiríamos encontrar a originalidade.

> Acho que a qualidade vem da quantidade. O furo vem do fato de você estar presente em toda parte. O diferencial sairia do esforço de estar em toda parte, de você atirar para todo lado – alguma você ia acertar. E isso, de certa forma, compensa um pouco a falta de experiência, a falta de fontes. Eu achava que, por estarmos fazendo um jornal esportivo, não um caderno de esportes em um grande jornal, tínhamos que dar tudo. A gente não podia ter menos que os outros tinham[140].

Mattos chegou a dizer a André Fontenelle, a certa altura, que era preferível não mandar nenhum repórter aos grandes clubes. O editor-exe-

139 Entrevista de Marcelo Barreto ao autor, São Paulo, 1 jul. 2003.

140 Entrevista de André Fontenelle ao autor, São Paulo, 16 maio 2003.

cutivo não se recorda da data, mas a conversa entre os dois ocorreu, possivelmente, em 1999, ou seja, já no terceiro ano de vida do jornal.

> Não que eu não concordasse com o discurso do diferencial; mas sempre achei que tinha muita bravata nele: "Vamos dar furo! Vamos arrebentar!". Isso nunca me impressionou muito, porque eu pensava: "E daí!? Por onde a gente começa?". O Walter, em certa época, achava que a gente não devia mandar gente no clube todo dia, ou se mandasse, não era para cobrir o treino ou para falar do jogador que estava machucado, etc. Era só para caçar uma grande matéria. Eu discordava inteiramente dessa tese[141].

Carioca radicado em São Paulo, Fontenelle dirigiu a redação paulista do *Lance!* entre meados de 1998, após a saída de Leão Serva, e setembro de 1999, quando ele próprio trocou o jornal pela revista *Placar*, onde ocupou o cargo de redator-chefe[142]. Jornalista minucioso, trouxe para o diário esportivo a preocupação com o acompanhamento estatístico das partidas de futebol. Achava obrigação do jornal registrar, sempre, em todos os jogos, todos os detalhes previstos no quadro que o *Lance!* publicava (com estatísticas sobre o desempenho de cada jogador, as substituições ocorridas, os autores dos gols, etc). Conseguiu que o jornal incluísse fichas com informações sobre todos os jogos da Série B do Campeonato Brasileiro e da Série A-2 do Campeonato Paulista. Mas foi ridicularizado ao tentar importar, dos jornais espanhóis, a prática de incluir na ficha dos jogos a temperatura ambiente no horário do jogo e o estado do gramado.

---

141 Entrevista de André Fontenelle ao autor, São Paulo, 16 maio 2003..

142 Registre-se que o *Lance!* ficou quase um ano sem editor-chefe entre a saída de Serva e a chegada de Marcos Augusto Gonçalves. No período, Fontenelle foi o editor-chefe de fato, mas nunca reconhecido de direito.

> Uma parte da redação achava viadagem, e a outra falava mal mesmo. O pessoal do Rio não aceitava, e o de São Paulo brincava: "Vou levar um termômetro agora". Depois que eu saí, acabou o negócio. Só durou o tempo que eu fiquei no jornal[143].

É difícil explicitar, em termos teóricos, como ser original na cobertura jornalística. Original é o que ainda não foi feito. O que mais? O ensaio de moda com o jogador Romário, publicado na edição número 1, é sempre citado como exemplo bem-sucedido de diferencial do *Lance!*. Mas, se depois desse ensaio, o jornal fizesse um ensaio de moda com Ronaldo estaria sendo diferente? A idéia de Fontenelle, de extrair o diferencial da cobertura intensiva, foi uma das poucas propostas consistentes formuladas no período. O problema é que se chocava frontalmente com a idéia de Cases e Mattos, para quem a cobertura intensiva era um esforço inútil.

Incapazes de encontrar o tal diferencial no dia-a-dia, mas pressionados pela direção do jornal, os editores também investiram esforços na busca do furo, da notícia exclusiva capaz de chamar a atenção de todos para o jornal. Mas nos defrontávamos com a falta de experiência da maioria dos repórteres. Sergio Rodrigues expõe a questão:

> Estávamos trabalhando com gente muito verde. O cara mal conseguia fazer a matéria do treino, imagine se ele ia conseguir revolucionar o jornalismo[144].

Marcelo Barreto vai além:

---

143 Entrevista de André Fontenelle ao autor, São Paulo, 16 maio 2003.

144 Entrevista de Sergio Rodrigues ao autor, Rio de Janeiro, 20 jun. 2003.

> Eu acho que o próprio *Lance!* como veículo sofreu o que esses garotos estagiários sofriam. O *Lance!* era um pouquinho esquizofrênico no começo. Era importante valorizar o furo ou era importante valorizar o lado B da notícia? Os jornalistas que já tinham outras experiências em outros jornais achavam que o jornal não seria sério se ele não conseguisse registrar o *hard news*. O *Lance!* no começo viveu essa briga entre o que é fazer uma coisa diferente sem que ela fosse fútil e desinteressante, e como manter o manter o *hard news* no lugar certo[145].

O jornalista que mais bem encarna o *Lance!* em seus primórdios é César Seabra. Carioca, tinha 36 anos quando foi convidado por Mattos para dirigir o jornal no Rio. Com uma sólida carreira em *O Globo*, Seabra era conhecido pelo estilo exigente, mas descontraído com que comandava as suas equipes[146]. Falava alto, gesticulava muito, brincava com todo mundo na redação. Ao mesmo tempo, viveu de perto a grande transição ocorrida no *Globo* a partir de meados dos anos 80 e início dos anos 90, no ocaso do governo Collor, de um jornal sempre acusado de ser chapa-branca para um jornal mais pluralista e combativo[147].

Seabra incentivou, desde o início, o projeto do *Lance!* de fazer uma cobertura diferenciada de esporte. Mas sofria com a ausência de grandes furos do jornal. No final de fevereiro de 1998, mais de quatro meses depois do lançamento, falava a respeito da necessidade de o *Lance!* "dar um outro passo", a saber, "o dos furaços". "É mais um passo à frente, pra não ficar só com os juquinhas"[148]. O problema, como espero ter demonstrado,

145 Entrevista de Marcelo Barreto ao autor, São Paulo, 1 jul. 2003.

146 Foi editor de esportes e de política no Globo.

147 A mudança pode ser aferida pela impressionante seqüência de prêmios Esso, o mais importante do jornalismo brasileiro, que *O Globo* conquistou. Desde 1986, o jornal ganhou ao menos um prêmio todo ano.

148 Cf. troca de e-mails com o autor.

era a incompatibilidade entre o discurso do "furaço" e o projeto de fazer um "jornal pra cima", leve, bem-humorado, ancorado em seções próximas da ficção, como "Fala, Doente!" e "CineLance!", tendo como esteio uma equipe de jovens inexperientes e imaturos.

Entre a busca, etérea, da matéria diferente, e as dificuldades de encontrar o grande furo ou a revelação bombástica, alguns outros caminhos foram testados nos primórdios do *Lance!*. Um deles foi a busca pelas chamadas "histórias de interesse humano". Um exemplo festejado, no período, foi a reportagem que Luís Augusto Simon fez com o ex-goleiro da seleção do Chile, Roberto Rojas[149]. Menon, como é conhecido o repórter, dirigiu-se ao Morumbi para entrevistar Rojas depois de ouvir uma recomendação de Leão Serva. Ele falou assim: "Olha, o que a gente quer no jornal também é drama. Queremos drama"[150].

Rojas era o goleiro da seleção chilena na partida contra o Brasil, no Maracanã, em 3 de setembro de 1989. O Chile precisava ganhar para ir à Copa de 90. Aos 20 minutos do segundo tempo, o Brasil vencia por 1 a 0 quando uma torcedora atirou um rojão sinalizador na direção do gramado. O rojão caiu perto do goleiro: "Percebi que era o momento certo de fazer alguma merda e parar o jogo. Cortei o supercílio e fingi que não dava para continuar"[151].

O Chile retirou o time de campo, em protesto, interrompendo a partida. Mas a farsa foi descoberta posteriormente por meio das imagens gravadas pela televisão, levando a Fifa a punir a seleção e o goleiro, que foi banido do futebol. Quando Menon o procurou, Rojas era treinador de goleiros do São Paulo. Exercia a função a despeito da punição, e a reportagem não esclarece como isso era possível. O texto gira em torno do pedido do goleiro para que a sua pena fosse revista, deixando de ser um banimento para ser uma suspensão por um tempo determinado.

A situação de Rojas era pública e notória. A novidade da reportagem foi o tom adotado pelo goleiro, primeiro, reconhecendo o seu erro e,

---

149 *Lance!*, 22 fev. 1998.

150 Entrevista de Luís Augusto Simon ao autor, São Paulo, 3 jul. 2003.

151 "Só peço justiça", *Lance!*, 22 fev. 1998, p. 4.

depois, implorando algum tipo de abrandamento da pena. A repercussão dentro do jornal foi enorme, desproporcional mesmo ao impacto da ótima reportagem, explicitando a angústia dos dirigentes do *Lance!* diante da busca do "novo jornalismo esportivo". O primeiro a se manifestar foi Leão Serva, num e-mail coletivo para todos os jornalistas de São Paulo.

> Menon,
> Sua entrevista com o Rojas, publicada no fim-de-semana, é uma das melhores matérias de jornal que vi recentemente.
> (...)
> Estou tomando a liberdade de passar cópia deste elogio a todos os jornalistas do LANCE SP porque acho que a reportagem corrige uma omissão das discussões anteriores ao lançamento. Acho que muitas vezes falamos da necessidade de ser alto astral e todos nós ficamos um pouco com a impressão de que o LANCE não deveria tratar de dramas. E em verdade, dramas bem construídos, bem descritos e bem escritos, enfim boas reportagens sobre dramas são um elemento que engrandece o jornal, especialmente se há uma ponta de esperança, uma saída honrosa ou uma dimensão que impressione, comova o leitor.
> Em suma, ao contrário do que talvez tenha nos parecido na época, precisamos de dramas no LANCE, embora não seja qualquer drama, mas certamente dramas como a sua matéria.
> Parabéns[152].

Dias depois, Walter de Mattos enviou um e-mail a Menon, com cópia para todos os editores do jornal, no Rio e em São Paulo, enfatizando a mensagem anterior e introduzindo, como em todas as suas mensagens, um toque motivacional, de estímulo:

152 E-mail coletivo, 27 fev. 1998.

> Quero parabenizá-lo pela ótima matéria da semana, com um grau de dramaticidade e, como tenho pedido, de "humanidade" que temos que ter mais presentes nas nossas páginas.
>
> Foi um show e existe este potencial em muitas outras situações. Em uma simples partida, uma classificatória para um grande evento, para o vitorioso que não esperava, o derrotado de surpresa etc...
>
> No esporte, mais do que na política, na economia, até mais do que nas artes em geral, há este potencial de contar os dramas humanos mais interessantes.
>
> Vamos passar a oferecer isto mais e mais para os nossos leitores.
>
> Pode ser que eles até se viciem em LANCE!.
>
> E aí, só Deus sabe...[153]

Outro caminho buscado no início foi o da futilidade. Mattos cobrava matérias "estilo Caras" no *Lance!* e a oportunidade de fazer isso em grande estilo apareceu no carnaval de 1998. Sem futebol para acompanhar, as equipes do jornal saíram atrás dos jogadores na avenida. A edição paulista na segunda-feira de carnaval é exemplar desse esforço[154]. A capa mostra o atacante Viola sambando e o título: "Gol de Viola", seguido de: "O craque sai em seis escolas e mostra que sabe tudo de samba". Praticamente metade da edição de 28 páginas é dedicada às festas. Além de reportagem com Viola, o jornal trazia textos sobre o carnaval de outros atletas, em São Paulo e no Rio, num total de nove páginas, seguidos de uma reportagem sobre Edmundo, curtindo a praia, no Rio: "Na Barra, craque garante que tudo que faz tem um objetivo: ser feliz. Por isso, não

153 1 mar. 1997.

154 *Lance!*, 23 fev. 1998.

mede as conseqüências"[155]. *Gazeta Esportiva* e *Jornal dos Sports*, diga-se, também sempre recorreriam a esse expediente em períodos do calendário sem futebol.

É possível especular que a insistência com que se falava no início em "buscar o diferencial", "encontrar o diferente", tivesse um caráter mais motivacional que, de fato, conceitual. Mas a insistência no assunto, nos primeiros meses de vida do jornal, transformaria essa busca numa obsessão, com resultados cômicos. Anedotas não faltam nas lembranças dos jovens repórteres que começaram a carreira no *Lance!* sob a pressão de descobrir o diferente. Fabio Mazzitelli se recorda do colega que, ainda na fase de testes, foi cobrir um treino do São Paulo. Naquele dia foi acertada a volta do então jogador Raí ao clube, mas o repórter não trouxe essa notícia. No dia seguinte, pressionado pelos chefes ("isso seria caso de demissão", teria dito um deles), o repórter disse: "Enquanto todos os repórteres estavam de um lado, eu estava em outro, buscando algo diferente".

Tempos de trapalhadas, também. Três repórteres do *Lance!* são enviados ao aeroporto de Cumbica, para entrevistar a jogadora Janete, cuja equipe havia acabado de vencer o campeonato norte-americano de basquete. Os três repórteres aguardam juntos a chegada da atleta. Eles, no terminal 1. Ela sai pelo terminal 2. Ninguém do jornal fala com Janete.

O estudante Adalberto Leister Filho e o recém-formado Paulo Fávero vão ao treino do Palmeiras. Fávero relata:

> Eu e o Adalba fomos ao treino do Palmeiras com esse negócio de buscar a coisa diferente. Aí ele subiu na arquibancada e começou a entrevistar um cara. "Quem é você?". "Sou o primo do Chocolate". "Ah, o Chocolate..." O Chocolate era um reserva do Palmeiras. "E como é essa relação com teu primo?" e tal. E foi entrevistando o cara. Até a hora em que ele perguntou: "E o que você faz?". E ele: "Adalberto,

155 O jogador havia abandonado o seu clube, a Fiorentina, na Itália, para passar o carnaval no Rio.

eu sou o teu motorista". Distraído, com aquela cobrança de achar a coisa diferente, ele não se deu conta que estava entrevistando o motorista do *Lance!*.

Engajamento e alienação

A obsessão de fazer um "jornal pra cima", otimista, jovem, também iria esbarrar em uma das três premissas que levaram Walter de Mattos a conceber o projeto de um diário esportivo, a saber, que o Brasil caminhava para uma reforma da legislaçao esportiva, capaz de forçar a aposentadoria de toda uma geração de dirigentes esportivos ineptos, quando não mal intencionados e corruptos. Observa Sérgio Rodrigues:

> Já tinha, desde o início, uma contradição na cabeça do Walter. Por um lado, não podia ser contra, falar mal e apresentar os problemas, embora ele conhecesse muito bem os problemas e tivesse uma posição política contrária à CBF, à cartolagem. Era uma contradição meio insolúvel: ter a ambição de assumir até um papel de vanguarda, de puxar e fazer avançar esse processo político do esporte, mas ao mesmo tempo não poder falar mal de ninguém. Como é que você concilia essas coisas? Sem falar mal do Ricardo Teixeira não há salvação[156].

Uma das particularidades do *Lance!* tem sido justamente a sua indefinição, ou ambigüidade, em relação a esse problema apontado por Rodrigues. Mattos apostava muito na chamada Lei Pelé, encaminhada ao Congresso em 1997, à época em que Pelé foi ministro dos Esportes (primeiro governo Fernando Henrique Cardoso). A nova legislação, na visão

---

156 Entrevista de Paulo Fávero ao autor, São Paulo, 14 jul. 2003.

do empresário[157], daria impulso ao jornal na medida em que pretendia mudar o modelo de gestão do esporte brasileiro. A lei, originalmente, obrigava os clubes a se tornarem empresas, tornava menos rígida a estrutura de poder das diferentes federações e confederações esportivas do país e dava aos torcedores o direito de serem tratados, no usufruto de uma partida de futebol, como consumidores de um produto. "Mudar o modelo, organizar, entrar uma mentalidade de negócios", dizia Mattos. A Lei Pelé teve, porém, uma tramitação atribulada, por conta do *lobby* da Confederação Brasileira de Futebol, contrária ao projeto. Ao mesmo tempo em que sonhava com a sua aprovação, Mattos considerava que não cabia ao *Lance!* levar para as suas páginas o debate em torno dessa nova legislação. Ou seja, para o projeto do jornal seria fundamental a mudança do modelo, mas o jornal não faria nada para que isso acontecesse.

Por afetar diversos interesses estabelecidos, a tramitação da lei foi difícil, com muitas idas e vindas, manobras protelatórias, *lobbies* de todos os lados, etc, só sendo sancionada em 2001, mesmo assim desidratada das principais propostas originais. Mas, coerente com o conceito de um "jornal pra cima", o assunto foi ignorado pelo *Lance!*. Em seus primeiros três anos de vida, o jornal evitou tratar de política esportiva por determinação explícita do seu proprietário. Somente em 2000, depois de três anos e muito "jornalismo pra cima", quando as acusações de corrupção no futebol levaram à criação de uma CPI no Congresso Nacional[158], Mattos mudou de opinião:

> Cheguei à conclusão de que a gente teria que sujar a mão. Sartre é que diz: "Fazer política é, de alguma maneira, enfiar a mão na merda". Vamos ter que chatear os nossos lei-

---

157 Entrevistas de Walter de Mattos Junior ao autor, 11 dez. 2002 e 3 set. 2003.

158 Aldo Rebelo e Silvio Torres, *CBF – Nike*, São Paulo, Casa Amarela, 2001. A circulação desse livro encontrava-se, por ocasião da elaboração deste trabalho, embargada pela Justiça, atendendo a pedido da CBF.

> tores. E não é à toa que as vendas do *Lance!* só caíram de lá pra cá[159].

Ao falar do medo de "chatear o leitor", Mattos mostra como incorporou o discurso normativo sobre o perfil dos leitores do jornal. No universo lúdico do *Lance!*, não havia espaço para assuntos "chatos". No mundo ideal, imaginado pelo empresário, o jornal seria exclusivamente uma fonte de prazer, de boas notícias. Questionado se não seria função de um jornal tratar de assuntos ligados à política esportiva, o proprietário do *Lance!* respondeu, sublinhando a diferença entre o seu diário e os chamados jornais de prestígio:

> Claro que é função de um jornal, mas eu achava que era função da *Folha*, do *Globo*. Só que não dava para o *Lance!* ficar como a Alice, inocente. Porque pro *Globo*, se essa estrutura não mudar, não acontece nada com eles. Para nós, cheguei à conclusão que não conseguiria levar o negócio adiante se não mudasse. E como eu não acreditava mais que estávamos em um processo de mudança, tive que começar a ser uma força atuante[160].

Ao longo do processo, Mattos contratou o jornalista Juca Kfouri para ser colunista do jornal. Kfouri sempre foi muito crítico em relação ao papel da CBF na estrutura do esporte e ajudou o jornal a adotar uma postura crítica em relação ao tema. O depoimento de Mattos complementa o desconforto do empresário em ter que tratar de política em um "jornal pra cima":

159 Entrevista de Walter de Mattos Junior ao autor, 3 set. 2003.

160 *Ibidem*.

> No editorial do primeiro número, eu dizia que a gente acreditava que os estádios iriam voltar a encher e o *Lance!* contribuiria para isso. Eu achava que o jornal ia mostrar o novo modelo, o novo caminho, mas não precisaria destruir o velho. O problema é que hoje a gente tem que destruir o velho. É uma mudança muito importante. Espero que em algum momento possamos largar isso e as páginas que a gente gasta para denúncias de pirataria, denúncias sobre o enriquecimento do Ricardo Teixeira, a gente possa gastar falando dos dribles geniais, das medalhas olímpicas, das novas promessas do futebol[161].

A ligação de Juca Kfouri com o *Lance!* é uma novela que diz muito das vacilações de Mattos sobre o assunto. O empresário procurou o jornalista para conversar pela primeira vez em meados de outubro de 1996, quando ainda estava montando a operação financeira para viabilizar o jornal. Ex-diretor de *Placar*, um dos mais respeitados jornalistas esportivos do país, Kfouri conta que desaconselhou Mattos a fazer o jornal, por causa da desorganização e da corrupção no futebol brasileiro[162]. Meses depois, Mattos voltou a procurar Kfouri, desta vez com o convite para que escrevesse no jornal, ainda a ser lançado. Por conta de outros compromissos profissionais, Kfouri disse não. Ainda assim, participou de palestras de formação dos jovens repórteres do *Lance!* e discutiu com Mattos o conceito do jornal.

> Estava claro, para mim, que um jornal como esse só vingaria se tivesse uma bandeira, uma missão, além de cativar o torcedor, de devolver a alegria do futebol. Tinha que ser um pelotão na luta pela reforma do futebol brasileiro. O Wal-

---

161 Entrevista de Walter de Mattos Junior ao autor, 3 set. 2003..

162 Entrevista de Juca Kfouri ao autor, São Paulo, 1 jul. 2003.

> ter concordava em tese, mas tinha muitas dúvidas de como fazer isso, principalmente, porque o jornal é muito voltado para o público jovem. "E o mercado não se interessa", ele dizia. Mas eu falei para ele: esse jornal só pega se for além do público jovem. Se esse jornal, obrigatoriamente, tiver que ser lido por presidentes de clubes, da CBF, por deputado, por senador. Ele tem que se tornar útil, também pelo lado de ser um desbravador[1].

Kfouri recusou ainda um outro convite em 1998, mas em 2000 aceitou se transferir da *Folha* para o *Lance!*. É justamente o período a que Mattos se referiu no depoimento acima, em que teve que "sujar as mãos" e tratar de política no jornal. Resultado de uma visão ingênua, na opinião de Kfouri:

> Ele tinha uma visão ingênua, de que o carnaval [leia-se "o jornal pra cima"] por si só bastaria, que o mundo do futebol não era tão podre quanto algumas pessoas já diziam. Ele demorou uns três anos para se convencer sobre quem é Ricardo Teixeira. E não está convencido até hoje sobre quem é Carlos Nuzman[2], que não é muito diferente, é apenas mais sofisticado. Walter achou que pudesse fazer a revolução com essa gente, que ele ia convencer nas conversas, que o futebol tinha que tomar o rumo mais profissional. À medida que se decepcionou, diga-se de passagem, mudou da água para o vinho. E, diga-se em favor dele, jamais me pediu para tirar uma linha que fosse[3].

1 Idem.

2 Presidente do Comitê Olímpico Brasileiro.

3 Entrevista de Juca Kfouri ao autor, São Paulo, 1 jul. 2003.

A repulsa de Mattos à chamada política esportiva o aproxima, mais uma vez, de um modelo de jornalismo que ele pretendia superar, praticado pelo *Jornal dos Sports*. Como lembra Ruy Castro, Mario Filho não gostava de histórias que envolviam corrupção, ou suborno de jogadores ou juízes. Não que ignorasse a existência de casos do tipo no futebol brasileiro. Mas achava difícil de provar. E, pior, perguntava: "Pra que sujar a fantasia do torcedor?"[4].

Ao longo deste capítulo, primeiro, procurei traçar um retrato da atuação dos jornalistas esportivos ao longo de um século, no esforço de mostrar a existência de uma cultura específica e a recorrência de alguns problemas típicos da especialidade. Por meio dos textos de jornalistas de diferentes gerações, como Thomaz Mazzoni, João Saldanha e Juca Kfouri, conseguimos ver que esta é uma especialidade praticada por jornalistas mal remunerados e mal preparados, com pouco prestígio interno e poucas perspectivas de mobilidade em suas publicações, envolvidos em acusações de práticas pouco éticas, como sensacionalismo, invenção de notícias, suborno e relações promíscuas com jogadores e dirigentes. Em seguida, descrevi qual foi a origem do projeto editorial do *Lance!*, inspirado abertamente em um jornal espanhol (*Marca*) e um argentino (*Olé*), e a influência de um artista gráfico catalão, Antoní Cases, especializado em *information design*, na concepção do jornal. Mostrei ainda que algumas idéias supostamente originais acabaram por reproduzir modelos testados antes no país – caso, por exemplo, do projeto de fazer edições multilocais, já usado por *A Última Hora* na década de 50. Sugeri que a idéia de fazer um "jornal pra cima", otimista, reproduziu em parte o modelo que o jornal supostamente visava combater, praticado no passado pelo *Jornal dos Sports* e pela *Gazeta Esportiva*. Ao tratar desta questão, também procurei expor como a idéia de um "jornal pra cima", que procurava seduzir o leitor pela emoção, causou constrangimento à maior parte da equipe dirigente de jornalistas, treinados em uma outra "escola", baseada na busca da objetividade. Ao detalhar esse projeto, e confrontá-lo com dados objetivos a respeito do

4 Ruy Castro, *op. cit.*, p. 225.

perfil do leitor, espero ter demonstrado como o *Lance!* construiu um leitor imaginário, com quem nós, jornalistas, fomos obrigados a interagir. Buscava-se um leitor de classe média, supostamente desinteressado por assuntos sérios, a quem foram servidas doses maciças de um tipo de jornalismo escapista, muitas vezes próximo do universo das histórias em quadrinhos. A realidade, porém, mostrou ser muito mais complexo este universo leitor do *Lance!*, formado, de fato, por jovens de classe média, com mais capital econômico do que cultural, mas também por um universo respeitável de leitores de classes mais baixas. Imagino que um leitor do *Lance!* é o jovem de classe média abonada, que vai à janela do apartamento gritar "chupa!" quando seu time ganha e, dessa forma, mantém-se à distância, protegido, de um outro leitor do jornal, o jovem de origem humilde que passa embaixo, na calçada, e não pode alcançá-lo. A julgar pelas cartas enviadas ao jornal, esses dois universos comungam de vocabulário limitado e acreditam que o jornal não apenas é uma fonte de informação esportiva, mas um espaço para tripudiar dos colegas e, eventualmente, conseguir uma camisa autografada do seu ídolo. As cartas ajudam, portanto, a entender que o *Lance!* foi muito bem-sucedido em sua proposta, ao alcançar um leitor entusiasmado com o que lia e que enxergava no jornal um parceiro, capaz de intermediar os seus pleitos e as suas divagações.

IV – De homem para homem

Questões de gênero e bairrismo no Lance!

O mundo do futebol, como se sabe, é um terreno ocupado e dominado por homens. Não espanta que o jornalismo esportivo reflita explicitamente essa dominação, constituindo também, para usar as palavras que o sociólogo Eric Dunning dedica ao universo esportivo como um todo, uma "área reservada masculina"[5]. Em termos numéricos, essa é uma constatação fácil de se fazer. Hoje, estima-se, as mulheres ocupam entre 30% e 40% dos empregos nas redações das principais publicações do país[6], enquanto nas áreas dedicadas ao jornalismo esportivo essa proporção jamais ultrapassa os 10%[7]. Dados coletados no exterior apontam proporções semelhantes, de nove homens para cada mulher na seção de esportes, enquanto no resto da redação a relação é de aproximadamente dois para um[8]. Uma pesquisa realizada nos Estados Unidos entre 10 mil jornalistas esportivos de imprensa e televisão identificou apenas 3% de mulheres entre eles[9].

Abreu e Rocha observam que, da mesma forma que ocorreu com outras profissões, as mulheres começaram a entrar no jornalismo somente na década de 70, ainda assim em funções que confirmavam o estereóti-

5 Ver Eric Dunning, "O desporto como uma área masculina reservada", em Norbert Elias, *A busca da excitação*, Lisboa, Difel, 1992, pp. 389-412.

6 Ver, por exemplo, Alzira Alves de Abreu e Dora Rocha, *Elas ocuparam as redações*, Rio de Janeiro, FGV Editora, 2006.

7 Paulo Vinicius Coelho, *op. cit.*, p. 35.

8 David Rowe, *op. cit.* pp. 44-45.

9 *Ibidem*, p. 57.

po feminino, atuando em cadernos ou revistas femininas. Com o tempo, muitas conseguiram encontrar espaço em áreas ditas nobres, dominadas pelos homens, como política e economia, mas permanecem, com raras exceções, longe das posições de comando das publicações[10]. No jornalismo esportivo, uma especialidade, como vimos no capítulo III, considerada subalterna, o acesso das mulheres não apenas é limitado, como explicitamente discriminado. No livro que escreveu para estudantes de jornalismo, o jornalista esportivo Paulo Vinicius Coelho, reconhecido como um especialista no assunto, observou que as mulheres interessadas em escrever sobre esportes

> (...) na maior parte são encaminhadas para as editorias de esportes amadores. É mais fácil demonstrar conhecimento sobre vôlei, basquete e tênis do que sobre futebol e automobilismo[11].

Confrontado, posteriormente, com o duplo preconceito embutido na frase, Coelho tentou reelaborar o ponto:

> Eu me expressei mal. Não há mais tanto preconceito com mulheres que querem ser repórteres de futebol. Eu quis dizer que há preconceito em relação a mulheres que opinam sobre futebol. É mais difícil a opinião delas ser respeitada. A tendência é não levar a sério, porque você não está acostumado a ouvir opiniões de mulheres sobre esse assunto[12].

---

10 Abreu e Rocha, *op. cit.*, pp. 9-11.

11 Paulo Vinicius Coelho, *op. cit.* p. 35.

12 Entrevista de Paulo Vinicius Coelho ao autor, 7 fev. 2007.

Na televisão, o papel secundário das mulheres é evidente. Quando alcançam alguma proeminência, quase sempre isso se dá, para usar os termos do sociólogo Richard Giulianotti, mais por "sua atração visual" que por "sua habilidade analítica"[13], o que é facilmente verificável nos programas que apresentam "mesas-redondas" na tevê aberta brasileira.

As dificuldades enfrentadas pelas mulheres na mídia estão longe de configurar um quadro original. Mas, por ser uma dessas áreas reservadas masculinas, o jornalismo esportivo acaba sendo um espaço em que a lógica da dominação masculina é encenada de forma explícita, sem a sutileza que a caracteriza em muitas outras situações. O *Lance!* é, naturalmente, um terreno fértil para examinar como se dá a reprodução dessa lógica. Basta lembrar, como mencionei de passagem no capítulo III, que havia apenas uma mulher entre os 30 jornalistas da redação de São Paulo e que mais de 90% dos leitores do jornal eram do sexo masculino.

Nesse mundo eminentemente masculino, caberia ao líder da equipe, como pretendo mostrar neste capítulo, exibir da forma mais visível possível, desde o processo de implantação do jornal, os atributos esperados de um homem à frente de um empreendimento desse porte. Da mesma forma, vou descrever como, sendo encarada da forma mais natural, a seleção da equipe de jornalistas foi promovida de forma enviesada, ignorando claramente normas universais, de maneira a privilegiar homens em detrimento de mulheres. Ainda neste capítulo, ao relatar a experiência da única mulher repórter do *Lance!* em São Paulo, entre 30 jornalistas, vou mostrar as pressões que ela sofreu e como as internalizou, aceitando-as como normais.

Antes de prosseguir, porém, pretendo apresentar brevemente algumas idéias que ajudam a compreender essa questão de um ponto de vista crítico e oferecem uma boa ferramenta para a análise do caso que estou pesquisando.

---

13 Richard Giulianotti, *Sociologia do futebol*, São Paulo, Nova Alexandria, 2002, p. 201.

REFLEXIVIDADE INSTITUCIONAL

Em um dos estudos que dedicou às questões de gênero, ainda na década de 70, o sociólogo Erving Goffman mostrou como uma série de características da organização social – em torno das relações entre homens e mulheres nos espaços públicos – têm o efeito de confirmar os estereótipos que alimentamos sobre, nas suas palavras, "as formas dominantes de arranjos entre os sexos"[14]. É o caso, por exemplo, da existência de banheiros diferentes para homens e mulheres nos ambientes de trabalho. Nessa e em outras situações que Goffman analisa, as diferenças biológicas entre os sexos servem como justificativa para os diferentes tratamentos vividos por homens e mulheres. Mas, lembra o sociólogo, as diferenças físicas entre os sexos são hoje pouco pertinentes na definição das capacidades requeridas pela maior parte dos empreendimentos. "Como, em uma sociedade moderna, essas diferenças biológicas não pertinentes parecem adquirir uma tal importância social? Como, sem justificação biológica, essas diferenças biológicas são elaboradas socialmente?"[15]

Para responder a essas questões, Goffman volta a evocar exemplos de reflexividade institucional. "Um campo de interação oferece recursos expressivos consideráveis, e é no campo que vão se projetar a formação e a crença dos participantes", defende[16]. O sociólogo dedica-se, então, a descrever uma série de situações em que homens e mulheres interagem – no trabalho, em festas, em jogos, em rodas de conversas, nos esportes, etc –, situações sociais, em suma, em que ambos os sexos representam essas diferenças da natureza que a sociedade afirma existir. Goffman mostra, por exemplo, como o dimorfismo sexual torna-se uma vantagem mascu-

14 Erving Goffman, *L'arrangement des sexes*, Paris, La Dispute, 2002. A edição original, americana, é de 1977.

15 *Ibidem*, pp. 88-89. Vale lembrar que, nos Estados Unidos, o futebol é praticado majoritariamente por mulheres, a sinalizar como esta "reserva masculina" é uma construção social, sem relação alguma com limitações de ordem biológica ou física.

16 *Ibidem*, p. 102.

lina em diferentes situações, uma espécie de competência específica para resolver problemas e ajudar as mulheres. Não à toa, lembra, há uma espécie de norma social velada que estabelece a formação de casais segundo o critério de que os homens sejam mais altos e mais fortes que as mulheres[17]. O sociólogo observa, também, como a ligação "natural" dos homens com os jogos e esportes competitivos desde a infância permite a eles manifestar qualidades consideradas – por eles – fundamentais, como força, resistência e persistência. Essa vivência dá aos homens, ao longo da vida, "um repertório de arranjos e reações, um sistema de referências" específico, que fornece a prova de que eles são donos de uma certa natureza diferente das mulheres[18]. Goffman nota, ainda, como o próprio ambiente ajuda na ritualização das diferenças entre os sexos. "Em toda situação social que envolva uma mulher, sempre alguém achará uma coisa muito pesada, suja ou instável, que permitirá ao homem intervir"[19]. Por fim, perspicaz, ao descrever as interações sociais que se produzem nesses ambientes, vai além e observa: "Por exemplo, a gestão da palavra. Quem introduz quem? Quem muda o assunto numa conversa?"[20]. Em resumo, por meio da reflexividade institucional, o sociólogo mostra como

> as práticas institucionais profundamente enraizadas têm o efeito de transformar as situaçoes sociais em cenas onde os dois sexos representam comportamentos de gênero, de forma que inúmeras destas representações assumem uma forma ritual que exprime crenças sobre a natureza humana diferenciada dos dois sexos, oferecendo indicações sobre a maneira pela qual podemos esperar que os comportamentos entre os dois sexos sejam coordenados[21].

---

17 Erving Goffman, *op. cit.*, p. 93.

18 *Ibidem*, p. 96

19 *Ibidem*, p. 100.

20 *Ibidem*, p. 101.

21 *Ibidem*, p. 104.

Duas décadas depois de Goffman, o sociólogo Pierre Bourdieu reelaborou algumas dessas questões sob o prisma, nas suas palavras, da "violência simbólica", invisível a suas próprias vítimas, "que se exerce essencialmente pelas vias puramente simbólicas da comunicação e do conhecimento ou, mais precisamente, do desconhecimento, do reconhecimento ou, em última instância, do sentimento"[22]. Na visão de Bourdieu, a ordem social funciona como "uma imensa máquina simbólica" que tende a confirmar a dominação masculina em todas as estruturas[23].

> A força particular da sociodicéia masculina lhe vem do fato de ela acumular e condensar duas operações: *ela legitima uma relação de dominação inscrevendo-a em uma natureza biológica que é, por sua vez, ela própria uma construção social naturalizada*[24].

De forma semelhante a Goffman, Bourdieu também observa que as próprias mulheres submetem-se no seu dia-a-dia, nas relações de poder em que estão envolvidas, a esses esquemas de pensamento, aceitando tacitamente a dominação masculina como algo natural[25]. O princípio da visão dominante, escreve, é "um sistema de estruturas duradouramente inscritas nas coisas e nos corpos"[26]. Num ponto que nos interessa de perto, como veremos adiante, Bourdieu analisa as dificuldades das mulheres no mercado de trabalho, mostrando como elas próprias, muitas vezes, também contribuem para reforçar a dicotomia sexual, tanto na escolha das suas profissões quanto dos cargos e funções que acabam exercendo.

---

22 Pierre Bourdieu, *A dominação masculina*, Rio de Janeiro, Bertrand Brasil, 2005, pp. 7-8. A edição original, francesa, é de 1998.

23 *Ibidem*, p. 18.

24 *Ibidem*, p. 33 (grifo no original).

25 *Ibidem*, pp. 45-51.

26 *Ibidem*, p. 54.

REPERTÓRIO MASCULINO

O tumultuado processo de implantação do *Lance!* acabou servindo para que Walter de Mattos pudesse exibir todo um repertório de atributos naturalmente esperados dos homens, deixando claro que tinha a competência masculina necessária para desempenhar a tarefa de líder do empreendimento. Ao longo de uma série de episódios, que vou descrever em seguida, o empresário teve a oportunidade de demonstrar arrojo, coragem, fibra e força. Por alguns meses, foi uma espécie de comandante, à frente de um exército que misturava jornalistas e pedreiros, pessoal administrativo e técnicos gráficos, todos trabalhando juntos, sob suas ordens, num canteiro de obras, depois transformado numa redação de jornal.

O primeiro gesto de arrojo, digno de um jogador de pôquer, foi relatado no capítulo II: a encomenda das rotativas para as duas sedes do jornal entre novembro e dezembro de 1996, com pagamento adiantado de um sinal do próprio bolso, antes mesmo do fechamento do contrato de investimento com os sócios. Se o negócio não tivesse vingado, relatou Mattos, perderia metade do valor do sinal, cerca de meio milhão de dólares[27].

Segundo o cronograma acertado, as rotativas chegariam em junho de 1997 e o jornal seria lançado em setembro. Só em maio, e ainda sem nome, o jornal ganhou uma sede no Rio – um antigo depósito e garagem da Brahma, na Cidade Nova, no centro, perto do Estácio. Além de Mirna Paula Duric, secretária de Mattos, contratada no início do ano, apenas meia dúzia de funcionários ajudavam o empresário[28]. No depoimento a seguir, ao descrever as atribulações iniciais, o empresário evoca esponta-

27 Otavio Gabizo, da T. Janer, representante da Goss, empresa que vendeu as rotativas ao *Lance!*, conta que o financiamento para a compra foi feito pelo próprio fabricante e diz que o custo das duas impressoras, para o Rio e para São Paulo, foi "da ordem de US$ 10 milhões". Cf a fita de vídeo "O Começo", de 1 ago. 1997, *op. cit.*

28 No vídeo "A primeira redação", fita número 6, de 15 set. 1997, há um raro registro de Mirna, a primeira funcionária do *Lance*!. Ela diz: "[O jornal] é como um filho". "Quais foram as suas funções no início?", pergunta a repórter: "Menos secretariar. O resto era

neamente o apoio dado por sua esposa. Grávida, conta, ela não apenas se conformou com a ausência do marido no período, como o apoiou nos momentos difíceis:

> Em maio não tinha terreno, não tinha nada. Tinha umas putas máquinas sendo fabricadas nos Estados Unidos, tinha um *deadline*, tinha uma data para entrar em operação, e a empresa tinha cinco ou seis funcionários. Em maio, junho, a gente começa a contratar gente, a fazer obras, projeto arquitetônico, tudo isso se dá num prazo absolutamente frenético. A minha mulher, eu casei em junho, ela ficou grávida já em julho, agosto, setembro ela ia levar comida para mim, às vezes à uma da manhã, porque ela via que eu não ia aparecer em casa. A gente montou uma estruturazinha naquele terreno, que já estava construída, que a gente manteve, um espaço de uns 200 metros, que chegou um momento que tinha umas 80 pessoas trabalhando, em rede. Tinha poeira, caminhão, trator, ao mesmo tempo...[29]

Em 8 de julho de 1997, Mattos já não falava mais em lançar o jornal em setembro, mas em outubro. O vaticínio que faz, olhando para a câmara, é o de um homem decidido, mas preocupado: "Com muito trabalho e com a ajuda de Deus, no máximo em outubro a gente está nas bancas"[30]. Em agosto, ainda no meio das obras, um repórter faz uma pergunta a Cláudio Goulart, apresentado como "responsável pelo projeto de cons-

---

tudo: DP, contratações, importação. Atender o seu Walter no que fosse possível. Mas era tudo: do cafezinho à importação era comigo".

29 Entrevista de Walter de Mattos Junior ao autor, São Paulo, 11 dez. 2002..

30 "O Walter e O Lance", *op. cit.*

trução civil do *Lance!*": "O cronograma é viável?". E ele responde, com bravura: "O cronograma, a gente tem que fazer ele viável"[31].

Mattos gosta de contar uma história desse período que valoriza o seu arrojo. João Roberto Marinho fez uma visita às obras. Da sala improvisada do empresário, ele avistou o galpão onde estava sendo montada a rotativa do jornal. O herdeiro das Organizaçoes Globo olha, hesita e exclama: "Mas está sem telhado!". E Mattos: "Mas nessa época do ano, não chove. À noite, a gente põe uns plásticos". Ao que Marinho, segundo a narrativa de Mattos, teria dito: "Você é abusado pra chuchu". E não choveu, garante. "Choveu no dia seguinte ao que a gente colocou o telhado"[32].

Com exceção, talvez, dos editores-chefes, ninguém tinha informação sobre os motivos da pressa de Mattos. Motivos que, alguns anos depois, ele assim justificou:

> A gente se impôs uma correria. Uma maluquice. O custo de capital é grande. Então é importante, em qualquer projeto, quando você começa a gastar, começar a operar logo. Vários projetos se ferraram nisso. Porque demora e o custo de capital está correndo. Aquele dinheiro que você pegou no primeiro mês tem um custo e você tem que começar a remunerá-lo[33].

Um vídeo registra o momento, em 19 de setembro de 1997, em que ocorre a mudança dos equipamentos dos jornalistas para dentro do espaço – ainda em obras – onde iria ser a redação. A cena mostra funcionários instalando móveis e computadores no meio de uma obra, cercados por barulho, poeira e sacos plásticos pretos cobrindo o chão[34]. Por algumas

31 Cf o vídeo "Na Obra", fita número 5, com data "julho/agosto/setembro 1997".

32 Entrevista de Walter de Mattos Junior ao autor, São Paulo.

33 *Ibidem.*

34 "Na Obra", *op. cit.*

semanas, os jornalistas iriam trabalhar no meio de um canteiro de obras, uma situação que causou desconforto aos que a viveram, mas que não parece estranha no contexto de masculinidade vigente naquele território. Ao lembrar daquele instante, Mattos admite que sofreu pressão dos sócios, mas insiste que "a maluquice" foi obra da sua cabeça:

> É uma coisa muito minha. Eu tinha a pressão dos outros, mas eu me pressiono mais que... O dia em que a redação estava lá, piso elevado, uma poeirada danada, e eu resolvi mudar os computadores pra ali... E as pessoas perguntavam: "Mas por quê? Vai estragar..." E eu dizia: "Não. Tem que ir. Isso é o sinal de que a coisa vai, que nós vamos fazer as coisas meio loucas, mesmo, mas vamos. Porque se for fazer tudo *by the book* vai levar mais três meses". Então, você corre riscos[35].

Riscos reais, na visão do jornalista Sérgio Rodrigues, aceitos por um grupo de homens abnegados, corajosos, engajados no projeto de fundar um novo jornal:

> A gente trabalhou durante um bom tempo no meio de uma obra. A rigor, a gente precisava de capacete, porque podiam cair pedras a qualquer momento na cabeça. Por muita sorte ninguém se machucou seriamente. Pra chegar ao seu computador você passava por um andaime. Isso é uma condição inimaginável, inaceitável de trabalho. E eu acho que se aceitou porque a gente estava apaixonado pelo projeto[36].

35 Entrevista de Walter de Mattos Junior ao autor, São Paulo.

36 Entrevista de Sergio Rodrigues ao autor, São Paulo, 20 jun. 2003.

Em setembro, já com atraso em relação ao cronograma inicial, Mattos estabeleceu a data de 19 de outubro para o lançamento. Mas havia problemas técnicos insolúveis, mesmo para um empresário arrojado, como, por exemplo, a incapacidade de encontrar o ponto certo de impressão do jornal. O *Lance!* era inteiramente a cores, o primeiro no Brasil nesse formato, o que acarretava dificuldades novas e imensas para os técnicos brasileiros que estavam sendo treinados a operar a rotativa. Além disso, prometia uma outra inovação: deveria vir grampeado – uma complicação a mais da qual Mattos, depois de algum tempo, acabou abrindo mão. Leão Serva tem uma recordação engraçada dos testes com a rotativa, em São Paulo, do dia em que o comandante arregaçou as mangas e assumiu o papel, também, de operador de rotativas.

> Lembro de nós, [Antoní] Cases e eu, sentados em cima de bobinas de papel, olhando a rotativa, e o Walter de pé, em cima da rotativa, manga arregaçada, pegando a chapa com o operário, e colocando a chapa. O Cases olhou e falou: "Agora não falta mais nada" (risos). O Walter tá pondo chapa na rotativa. Às 3 da manhã. E ele ao mesmo tempo com um nível de exigência que era totalmente incompatível com a situação[37].

Sexta-feira, 17 de outubro, sede do jornal, na Cidade Nova, centro do Rio. Último dia de testes. No sábado, 18, seria para valer. Enquanto os jornalistas se desdobram, simulando como seria a edição do dia seguinte, o jornal que sai da rotativa está longe de ter a qualidade que Mattos sonhou e anunciou que teria. Os testes entram na madrugada, sem sucesso. Mattos toma a decisão mais difícil: adia o lançamento do jornal por uma semana.

Como vimos no capítulo II, por causa do adiamento, o jornal perdeu o espaço publicitário encomendado junto à Rede Globo e chegou às

37 Entrevista de Leão Serva ao autor, São Paulo, 2 maio 2003.

bancas sem a visibilidade sonhada, o que atrapalhou muito as vendas iniciais. Mesmo assim, ou também por causa desse dissabor, a imagem de Mattos como um empreendedor corajoso, de fibra, destemido, capaz de arregaçar as próprias mangas para colocar o novo jornal nas bancas, estava construída.

SELEÇÃO ENVIESADA

A forma como os candidatos a trabalhar no *Lance!* foram escolhidos diz muito sobre como o jornalismo esportivo é visto como uma tarefa masculina, com códigos e procedimentos próprios, que repelem, literalmente, as mulheres. Convidados para participar de uma "seleção brasileira de jornalismo", 1.035 estudantes se inscreveram em julho de 1997 para o processo que iria, ao final, aprovar 40 jovens (20 no Rio, 20 em São Paulo) para a equipe inicial do jornal[38].

César Seabra, Lédio Carmona e Sergio Rodrigues, os primeiros jornalistas contratados por Mattos para fazer o jornal, foram os responsáveis pela seleção. O trio montou uma corrida de obstáculos memorável. Primeiro, uma prova de conhecimentos gerais, semelhante à que *O Globo* realiza para candidatos a estágio, na qual o candidato precisa demonstrar que está atualizado em política, economia, cultura e questões de política internacional. "A gente não queria pegar só o cara fanático por esportes", conta Rodrigues[39]. Ainda assim, uma inovação do concurso foi a inclusão de algumas perguntas eliminatórias, sem que os candidatos soubessem, justamente para aferir o conhecimento futebolístico deles. Lembra Rodrigues:

> Uma pergunta eliminatória era: "O Brasil perdeu da Itália em uma Copa do Mundo. Que Copa do Mundo foi essa?".

---

38 Segundo Lédio Carmona, no vídeo "O Walter e o Lance", *op. cit.*, houve 715 inscrições no Rio e 320 em São Paulo.

39 Entrevista de Sergio Rodrigues ao autor, Rio de Janeiro, 20 jun. 2003.

> Se o cara errasse estava fora. O que eu acho razoável, mesmo levando em conta que a maioria daquelas pessoas ali era criancinha na época, é um trauma nacional, o cara tinha que saber disso. E a gente eliminou muita gente por conta dessa história, o que talvez possa ter criado algumas injustiças, porque o cara pode ter se confundido simplesmente... Prova é complicado. Mas levamos adiante o critério[40].

Não há estatísticas ou dados disponíveis sobre os candidatos que foram incapazes de responder corretamente que o Brasil perdeu da Itália na Copa do Mundo de 1982. Mas não é difícil imaginar que essa é uma questão com mais chances de confundir uma menina nascida na segunda metade da década de 70 do que um menino nascido no mesmo período. Trata-se, claramente, como nota Bourdieu, de uma situação em que se exigiu das mulheres um conjunto de atributos que os ocupantes masculinos atribuem usualmente ao cargo. Ou seja, normas não universais[41]. É digno de nota, ainda, que Rodrigues sempre se refira aos candidatos e candidatas a trabalhar no *Lance!* como “o cara”, no masculino.

Realizada a primeira seleção, a segunda etapa consistiu num exercício prático. Os candidatos assistiram juntos a uma partida de futebol pela televisão e, mal encerrada, tiveram que escrever uma crônica, em 30 minutos. A capacidade de escrever com velocidade é uma aptidão necessária ao jornalismo, e independe do sexo, mas relatar uma partida entre São Paulo e Cruzeiro, vencida pelos paulistas, por 5 a 0, com cinco gols do atacante Dodô, é algo naturalmente mais fácil para homens, que descrevem lances e jogos de futebol desde a infância, que para mulheres.

---

40 Entrevista de Sergio Rodrigues ao autor, Rio de Janeiro, 20 jun. 2003. Em tempo: o Brasil perdeu da Itália duas vezes em Copa do Mundo, mas a pergunta se refere à partida ocorrida em 5 de julho de 1982, na Copa do Mundo da Espanha, no estádio Sarriá, em Barcelona, encerrada com a vitória dos italianos por 3 a 2. A outra derrota foi na Copa de 1938: 2 a 1, na semifinal do torneio, em 12 de junho de 1938.

41 Pierre Bourdieu, *op. cit.*, p. 78.

No dia seguinte a esse teste, os candidatos participaram de entrevistas individuais, conduzidas pelos organizadores do concurso. Rodrigues se recorda de um momento dramático em que um candidato foi eliminado por demonstrar características atribuídas às mulheres:

> Já tinha sido feita uma seleção onde se tirou noventa e tantos por cento, mas entrevistamos bastante gente. Lembro de um rapaz que tinha feito uma prova muito boa e, na entrevista, começou a chorar. Ele estava muito nervoso. Coitado... Tremia, gaguejava, não conseguia nem falar. Talvez fosse, ou seja, um grande jornalista, mas ele dançou, porque aparentemente não tinha condições emocionais, não suportava a pressão mínima de entrevista[42].

Depois da entrevista houve um teste inédito, até então, em seleções de jornalistas: uma dinâmica de grupo conduzida por um consultor de uma empresa especializada, a Coopers & Lybrand[43]. Foram várias atividades, em uma sala de um hotel, com o objetivo de avaliar a relação de cada indivíduo com o grupo. Uma das atividades, na lembrança de Paulo Fávero, então recém-formado em jornalismo, teria sido inspirada pelo Exército, outra área reservada masculina:

> O responsável pelo teste passou um exercício que era uma lista com 82 características. Inteligente, burro, idiota, esperto, etc. E aí você marcava como você imagina que as pessoas te enxergam. Depois, você tinha que marcar, na mesma lista, como você se vê. Não precisava ser igual. Eu falei: "Pô, mas o que é isso?". E o consultor respondeu: "Olha,

42 Entrevista de Sergio Rodrigues ao autor, Rio de Janeiro, 20 jun. 2003.

43 Em 2006, esse procedimento de seleção já era padrão em outras empresas de comunicação, como a Editora Abril e a Rede Globo.

> isso é um software, um livro desse tamanho, pesquisado pelo Exército. Os soldados tinham a mesma alimentação, a mesma orientação, só que tinham desempenhos diferentes. Então, em função disso, eles bolaram esse programa, esse software"[44].

Os candidatos tiveram que responder, em público, a questões de foro íntimo. Por exemplo: "Qual é o seu maior sonho?". Alguns falaram de sonhos pessoais, outros de sonhos profissionais. A maioria disse sonhar em participar da cobertura de uma Copa do Mundo. Em outro exercício, foram divididos em grupos, de cinco pessoas, com uma pilha de revistas velhas e a tarefa de montar um time de futebol com as figuras que quisessem. "Lembro que selecionei a Adriane Galisteu para ser atacante do meu time, porque ela era oportunista", conta André Amaral[45]. Outro exercício que marcou os participantes entrevistados foi o pedido para que se enxergassem como animais ou objetos. "Se você fosse um bicho, qual você seria?" "Se você fosse um carro, qual seria?" "Um cara respondeu que queria ser uma Kombi. Por quê? Para levar um monte de loiras atrás", recorda-se Fabio Mazzitelli, então estudante de jornalismo em Bauru[46].

Ao final da série de testes, 40 jovens foram aprovados, dentre eles quatro mulheres – três no Rio, uma em São Paulo[47]. Entre os outros 22 jornalistas experientes já contratados, nas duas cidades, só havia uma mulher, uma jovem repórter com experiência na área de cidades e cultura, do *Jornal do Brasil*[48]. Assim, essas cinco mulheres deram ao *Lance!* uma representação feminina da ordem de 8% do total da redação. Também havia algumas mulheres em outras funções, todas

44 Entrevista de Paulo Fávero ao autor, São Paulo, 14 jul. 2003.

45 Entrevista de André Amaral ao autor, São Paulo, 14 jul. 2003.

46 Entrevista de Fabio Mazzitelli ao autor, São Paulo, 14 jul. 2003.

47 Daniela Oliveira, Flavia Ribeiro e Thalita Rebouças no Rio; Tânia Scaffa e Adura em São Paulo.

48 Gisela Pereira.

subalternas. Entre os 16 diagramadores e infografistas, constavam duas mulheres na equipe inicial[49]. Entre os nove fotógrafos contratados, nenhuma mulher. No site do jornal na internet, uma mulher[50], entre cinco homens. Só o setor de pesquisa de imagens, formado inicialmente por duas pessoas, era uma exclusividade feminina[51]. Somando-se, portanto, todas as áreas ligadas diretamente à atividade jornalística, eram dez mulheres entre 95 profissionais, o que eleva a proporção feminina para quase 10,5% do total.

Antes de encerrar este tópico, cabe ainda evocar o diário argentino *Olé*. Como vimos no capítulo III, foi uma referência fundamental para Mattos na idealização do *Lance!*, tanto do ponto de vista empresarial quanto jornalístico. Foi também, cabe acrescentar, uma referência a respeito do universo masculino – e juvenil – que iria habitar a redação do diário brasileiro. Mattos enviou duas delegações para visitar o *Olé*. Na primeira, foram Seabra, Rodrigues e Carmona. Na segunda, Leão Serva e André Fontenelle. Na lembrança de Carmona, a expedição foi uma espécie de excursão colegial, tipicamente masculina:

> Foi uma viagem hiper altruísta e sonhadora. Três executivos, César, Sergio e eu. Ficamos os três no mesmo quarto!!! Para ver aquele mafuá do *Olé*! A gente vibrando, amarradão... Em nenhum momento a gente reclamou que estavam os três no mesmo quarto. A gente estava gostando de fazer aquela parada[52].

Mafuá? Explica Fontenelle:

---

49 Cf. o expediente da edição número 1, de 26 out. 1997, Izabel Barreto e Neuza Tasca.

50 Débora Thomé.

51 Conceição Carnevale (chefe) e Simone Carvalho.

52 Entrevista de Lédio Carmona ao autor, Rio de Janeiro, 28 fev. 2003.

> No *Olé*, era uma festa. Passava o carrinho, e o pessoal trabalhava com a lata de refrigerante na mão e a barrinha de chocolate do lado. Um caos que o Walter não adotaria. O Walter fazia questão da redação limpa, e o pessoal não podia levar comida ou bebida para a redação[53].

Rodrigues dá mais detalhes:

> Era um jornal bagunçado, uma redação muito jovem, muito parecida com a que viria ser a do *Lance!*, mas na época a gente não sabia que seria assim. Eram instalações precaríssimas, ficavam meio que num subsolo do *Clarín*, a fiação exposta, os cabeludos mal vestidos, comida em cima da mesa, um churrasco pra comemorar. Um clima interessante[54].

A despeito das inovações introduzidas no processo de seleção, ao fim e ao cabo da montagem da equipe o *Lance!* apenas reproduziu as estatísticas existentes, que mostram ser o jornalismo esportivo uma área reservada masculina. E, referendado pelo ambiente masculino do diário *Olé*, com clima de colégio.

O OLHAR FEMININO

Tânia Scaffa e Adura tinha 22 anos quando se candidatou a uma vaga no *Lance!*. Filha e neta de médicos, afirma ter estudado jornalismo porque gostava de esportes[55]. Ainda na faculdade, trabalhou numa

---

53 Entrevista de André Fontenelle ao autor, São Paulo, 16 maio 2003.

54 Entrevista de Sergio Rodrigues ao autor, Rio de Janeiro, 20 jun. 2003.

55 Entrevista de Tânia Scaffa e Adura ao autor, São Paulo, 5 fev. 2007.

publicação especializada, chamada *Esporte Especial*, e escreveu reportagens como colaboradora do *Jornal dos Sports*. Sempre sobre futebol. Essa competência masculina seria decisiva, como vimos, na prova de seleção. "O que me fez passar foi essa experiência. Tenho certeza", diz. Uma competência a respeito da qual a jornalista tem muito orgulho, como se vê no depoimento a seguir:

> Todo mundo da minha faculdade fez o concurso para entrar no *Lance!*. Só homem. E isso foi o mais legal. E eles olhavam na minha cara: "Imagina, você nunca vai passar". E eu passei, eles não... Isso foi o mais legal[56].

Todos os 20 jovens selecionados em São Paulo tiveram a oportunidade de informar em que áreas do jornal gostariam de trabalhar, se em futebol ou em outros esportes. Nós acreditávamos que os jornalistas jovens renderiam melhor se pudessem trabalhar o mais próximo possível das suas áreas de interesse. Os que escolheram futebol, também informaram qual o time que preferiam acompanhar. Os que escolheram outros esportes detalharam as suas preferências, entre inúmeras opções (vôlei, basquete, natação, tênis, automobilismo etc). Não que todas as preferências tenham sido respeitadas, mas ajudaram bastante a orientar a escalação dos novatos nos primeiros dias do *Lance!*.

Apesar de gostar de futebol, Tânia[57] escolheu a categoria "outros esportes". Essa definição, feita espontaneamente, foi decisiva em sua car-

---

56 Entrevista de Tânia Scaffa e Adura ao autor, São Paulo, 5 fev. 2007.

57 No jornalismo brasileiro, não há um padrão sobre como se referir a entrevistadas do sexo feminino. A *Folha de S.Paulo* recomenda usar, a partir da segunda menção, o sobrenome, salvo nos casos em que isso possa causar confusão. Ver *Manual da redação*, *op. cit.*, pág. 85. *O Globo* defende que as mulheres sejam chamadas, a partir da segunda menção, pelo primeiro nome. Ver *Manual de redação e estilo*, *op. cit.*, p. 63. As regras que balizam a produção de textos acadêmicos determinam que a referência a autores se faça sempre pelo sobrenome. Mas não há regras estritas sobre como proceder em casos

reira no jornal e teve uma série de implicações. A primeira razão que a jornalista evoca para explicar esta sua decisão diz respeito a um comentário que ouviu na fase de treinamento da equipe e que a teria incomodado demais:

> Lembro que uma pessoa, um repórter, virou para o Marcelo Laguna, o responsável pelos esportes amadores, e falou: "E aí, Laguna, quem vai fazer [esporte] amador? A Tânia e quem mais?" Fiquei meio assim. Eu sentia que já estava meio destinada a fazer outros esportes. É uma forma de preconceito: "Ela é mulher, ela vai fazer vôlei".

A justificativa não parece convincente. Se a jornalista gostava de futebol e sentia-se capacitada para acompanhar a área, tendo até alguma experiência no assunto, ela abriria mão desta oportunidade apenas por ouvir um comentário que revela preconceito? Pressionada pelo entrevistador, Tânia esboça uma segunda resposta para a mesma questão. Por que não escolheu futebol?

> Na minha época, muita mulher que fazia futebol não era muito séria. Não ia lá para entrevistar apenas... Eu via isso quando trabalhava no jornalzinho pequeno de futebol (*Esporte Especial*). Isso pode ter me reprimido um pouco também. Eu senti que não ia ser legal. Eu não sou maravilhosa, mas era uma loirinha novinha, 20 anos na época... Se você é séria, é complicado cobrir futebol. Se a menina é séria, leva cantada e não quer aceitar a cantada, é complicado... Eu sofri bastante quando eu fazia futebol[58].

de entrevistados em pesquisas de campo. Optei pela forma como a entrevistada era conhecida no ambiente de trabalho que estou descrevendo, ou seja, pelo prenome.

58 Entrevista de Tânia Scaffa e Adura ao autor, São Paulo, 5 fev. 2007.

O depoimento indica toda a sorte de pressões que Tânia enfrentou ao fazer a sua escolha profissional, e como ela as internalizou. A jornalista afirma ter conhecimento de inúmeros casos de jornalistas que aceitaram o jogo proposto por atletas e "trocaram" informações por encontros íntimos. Como outras mulheres que mantêm relacionamentos amorosos com jogadores de futebol supostamente por interesse de obter vantagens, essas jornalistas são conhecidas no meio, depreciativamente, como "Maria chuteiras". Bourdieu observa que o mercado de trabalho, marcado por uma divisão fortemente sexuada, é um cenário ideal para observar como os princípios da dominação masculina estão inscritos nas coisas e nos corpos femininos.

> É, sem dúvida, no encontro com as "expectativas objetivas" que estão inscritas, sobretudo implicitamente, nas posições oferecidas às mulheres pela estrutura, ainda fortemente sexuada, da divisão de trabalho, que as disposições ditas "femininas", inculcadas pela família e por toda a ordem social podem se realizar, ou mesmo se expandir, e se ver, no mesmo ato, recompensadas, contribuindo assim para reforçar a dicotomia sexual fundamental, tanto nos cargos que parecem exigir submissão e a necessidade de segurança, quanto em seus ocupantes, identificados com posições nas quais, encantados ou alienados, eles simultaneamente se encontram e se perdem[59].

A sombra da "má fama", constatou Tânia no seu dia-a-dia, está tão arraigada na cultura masculina que ela persegue mesmo as jornalistas "sérias", que não aceitam propostas desse tipo. Uma repórter pode conviver com a suspeita de ser "Maria chuteira" em função da sua competência:

---

59 Perre Bourdieu, *op. cit.*, 2005, p. 72.

> Você fala com o jogador e ele dá uma declaração bombástica. Sai no jornal. Aí os coleguinhas dizem: "Ela deu pra ele". Isso aconteceu com outras repórteres e me reprimiu. Todo mundo queria fazer futebol[60].

No segundo semestre de 2000, o *Lance!* resolveu levar para as suas páginas a questão do envolvimento amoroso de jogadores de futebol com jornalistas. Contratou para essa tarefa a jornalista Fernanda Factori, criadora de uma personagem chamada Mari Futy. Na definição de Fernanda, "Mari Futy é uma Maria Chuteira descolada que colabora na coluna". Os textos de Fernanda e Mari Futy foram publicados por dois anos na revista *Lance!A+*, um encarte semanal do jornal. A coluna ocupava quatro páginas. Abaixo do título "a + indiscreta", uma foto mostrava Fernanda em pose sensual, curvada, cabelos compridos loiros, uma blusa que deixava os seus ombros à mostra, segurando uma bola de futebol. Abaixo dela, um desenho ilustrava Mari Futy como loira, cabelos compridos, vestindo uma blusa justa cor de rosa, que realçava os seios e deixava parte da barriga à vista, minissaia e botas longas, na altura do joelho.

Fernanda (Mari Futy) escrevia sobre a suposta intimidade dos jogadores de futebol. Em uma pequena nota, por exemplo, descrevia uma festa em que o jogador Romário compareceu, e anotava: "Comportado, o Baixinho ficou quieto em um canto, sem querer chamar muito a atenção. Mas não faltou mulher querendo dar o telefone, e outras coisinhas para o craque"[61].

Em outro texto, Débora de Oliveira, irmã do jogador Denílson, é entrevistada. A conversa gira em torno da vida amorosa do atleta. Em uma das respostas, Débora explicita a má fama das "Marias chuteiras", vistas como aproveitadoras da fama e do dinheiro dos jogadores bem-sucedidos.

---

60 Entrevista de Tânia Scaffa e Adura ao autor, São Paulo, 5 fev. 2007.

61 *Lance!A+*, n. 94, 16 a 22 jun. 2002.

> *Seu irmão ainda namora a espanhola Vicky Berrocal?*
> Eles terminaram. Na verdade, o Denílson quer ficar com todas. (risos)
> *Quer dizer que ele realmente é muito mulherengo?*
> Demais da conta. Também, é um absurdo o tanto de mulher que fica aos pés dele. Claro que a maioria é Maria chuteira, mas têm umas meninas legais também[62].

Em outra nota, sem citar nomes, a colunista relata a história de um jogador de futebol que joga na seleção brasileira, cuja mulher tenta, sem sucesso, receber dinheiro do marido, mas obtém outros tipos de vantagem.

> Um titular de Felipão não costuma liberar as verbas de sua recheada conta bancária para a mulher. A loirinha, em contrapartida, ganha em prestígio, já que, por causa dele, ela vive aparecendo em programa de televisão[63].

Na pele de "Mari Futy", Fernanda Factori descreve um mundo em que os jogadores são tratados como celebridades e vivem cercados por mulheres bonitas. Mais que isso, os textos exaltam esse ambiente como um universo de glamour, festas e dinheiro, porém cercado por mulheres aproveitadoras e de má fama. Não espanta, nesse contexto, que causasse tanta preocupação a Tânia Scaffa e Adura a mera possibilidade de ser confundida com uma "Maria chuteira". Mas recusar a cobertura de futebol não resolveu os seus problemas. Ao optar pelos esportes amadores, a jornalista não se livrou da "má fama", como ela logo percebeu:

---

62 *Ibidem.*

63 *Ibidem.*

> Muita gente achava que eu dava pro [nadador] Fernando Scherer. Até hoje acham. Falavam isso até para o meu namorado. O Scherer falava coisas pra mim que ele não falava para outras pessoas. Ele sempre foi meio chatinho e eu sempre soube lidar com ele. Eles não estão acostumados a ser entrevistados por mulheres. E gostam, se ela entende do assunto, de falar com mulheres[64].

Neste depoimento, Tânia acaba reforçando, involuntariamente, os estereótipos a respeito das mulheres no jornalismo, ao defender a existência de um jeito feminino de entrevistar, de lidar com o entrevistado, em oposição a um suposto jeito masculino. De fato, nenhuma entrevista é igual à outra. Uma mesma pessoa entrevistada cinco vezes seguida dará cinco entrevistas diferentes. A experiência mostra que há uma série de aspectos subjetivos envolvidos na relação entrevistador-entrevistado, ligados a humor, empatia, aparência etc, difíceis de identificar e, muito menos, de definir. As teorizações a esse respeito, portanto, tendem a ser muito arbitrárias e essencialistas.

O ambiente de trabalho é um espaço privilegiado, como diz Goffman, para observar os elementos que estão ali justamente para enfatizar as diferenças entre os sexos. O banheiro, notou o sociólogo, é um desses elementos. Embora as necessidades de uso de ambos os sexos sejam muito similares, o ambiente feminino costuma ser mais refinado e espaçoso que o dos homens. Isso se dá em nome de uma suposta delicadeza feminina, de um respeito devido às mulheres, que não encontra justificação biológica[65]. No caso do *Lance!*, em que havia uma desproporção numérica muito evidente entre o número de homens e mulheres, o uso do banheiro feminino se tornou tema de brincadeiras, levando a única jornalista da equipe a enfatizar o seu lugar – feminino – no jornal:

---

64 Entrevista de Tânia Scaffa e Adura ao autor, São Paulo, 5 fev. 2007.

65 Erving Goffman, *op. cit.*, pp. 73-81.

> Tinha dois banheiros. O [repórter] Mauricio Oliveira escreveu "meninos" na porta de um e no outro "Tânia". Achei ótimo. Não sei quem, se alguns meninos ou o pessoal das rotativas, mas estavam usando o banheiro feminino. Tem homem que usa o banheiro e alaga ele inteiro. Reclamei. Mandei um e-mail para todo mundo. Rolou um estresse. Houve gente que reclamou[66].

As relações de Tânia com os jovens jornalistas da equipe inicial do jornal, a quem ela se refere sempre como "os meninos", são marcadas por episódios que sublinham os arranjos feitos entre eles em nome da convivência numa área reservada masculina. No esforço de ser "aceita" como uma igual, o que ela nunca foi, Tânia conta que passou a falar mais palavrões do que de hábito. "Tentava me igualar a eles", diz. Ao mesmo tempo, recebeu, como se espera dos homens, muitas cantadas:

> No começo, eu era objeto de admiração. Ninguém deu em cima de mim descaradamente. Tinha umas brincadeiras. Faziam, eu acho, para ver se eu caía. Por e-mail: "Você fica bem de preto". "Nossa, hoje você está vestida para matar". Não encarava como cantada. Nunca namorei ninguém do jornal. Tinha um relacionamento fora. Respondia brincando. "Tá bom, vou vir de preto uma vez por semana pra te agradar"[67].

Com o tempo, falando palavrões como se fosse um homem e recusando as cantadas, a jornalista entendeu que passou a ser tratada como uma "irmã": "A certa altura, eu poderia aparecer pelada que ninguém ia

---

66 Entrevista de Tânia Scaffa e Adura ao autor, São Paulo, 5 fev. 2007.

67 *Ibidem*.

olhar. Faziam comentários sobre outras mulheres comigo e diziam que eu tinha ciúmes se eu as criticava"[68].

O fato de ter virado "irmã" dos repórteres explica, talvez, o apelido que Tânia ganhou no *Lance!*: "Lourão". É um apelido que faz referência a um atributo feminino (a cor do cabelo), mas esvaziado de sensualidade ou feminilidade pelo aumentativo e pela acepção masculina do termo.

> Todo mundo me chamava de Lourão. Foi um guarda que me deu esse apelido. O meu carro estava lá fora, ele não sabia meu nome e escreveu: "Chave do Lourão". Alguém viu, e colou. Nunca liguei. Em nenhum outro lugar me chamam assim[69].

Outro tema que sublinhou o arranjo feito por Tânia e os repórteres do jornal diz respeito ao vestuário. A jornalista hesitou, nos primeiros dias, a usar saia. Preferia trabalhar de calça comprida. Da mesma forma que introjetou o medo de ficar com fama de Maria Chuteira, Tânia temia o que poderiam falar, naquele ambiente predominantemente masculino, se ela usasse uma roupa que deixasse as suas pernas à mostra.

> Demorei a ir de saia. Lembro do primeiro dia que fui. Com 22 anos você não usa saia no joelho, usa saia curta. Nossa! Foi um bochincho. Causou um certo impacto. Foi dessa vez que recebi o primeiro e-mail com a mensagem "você está vestida para matar". Era uma saia preta. Foram vários. "Você está linda hoje." Lembro de um assim: "Isso não é cantada, é só um elogio: você está maravilhosa hoje". Acho que eles pensavam assim: "Vou tentar, se ela cair, caiu".

68 *Ibidem.*

69 *Ibidem.*

O vestuário adequado para uso no ambiente de trabalho foi objeto de "legislação" dos jornalistas mais experientes. Em dezembro de 1997, era grande o calor no bairro do Limão, na zona norte de São Paulo, onde ficava a redação do *Lance!*. Em função disso, os jovens repórteres foram informados, por e-mail, que não estavam num ambiente de lazer e deveriam obedecer a algumas regras a respeito do que usar e não usar no trabalho:

> Amigos e amigas,
> Reforçamos um pedido já feito pelo Leão, de que todos venham trabalhar da maneira mais sóbria possível, dentro da necessidade de contato social: se vai entrevistar alguém, deve ir de forma que reflita sobriedade.
> Assim, em que pese o verão, lamentamos informar que repórteres e fotógrafos não estão autorizados a trabalhar de bermuda, camiseta sem manga e chinelos.
> Obrigado
> André e Mauricio[70]

Num sinal do impacto causado pelo uso de saias na redação, alguns minutos depois do envio do e-mail com recomendações sobre o vestuário, André Fontenelle postou uma segunda mensagem para esclarecer um aspecto não contemplado na mensagem inicial:

> Senhoritas da redação!
> Em resposta às insistentes indagações a respeito, acrescento à mensagem anterior que o uso de saias está autorizado na redação[71].

70 E-mail enviado para todos os funcionários da redação em São Paulo, 28 dez. 1997, cópia em poder do autor. O "assunto" do e-mail é "Bermudas".

71 *Ibidem*. O "assunto" do e-mail é "saia".

Nesse jogo em que homens e mulheres cumpriram sem muitas surpresas os papéis a eles destinados no arranjo entre os sexos, não espanta que o editor-chefe do *Lance!* tenha escolhido justamente a única mulher, entre 30 jornalistas, para fazer a seção considerada a mais "feminina" do jornal. Sem que tivesse opção, Tânia foi designada a responsável pela seção "Quem Vai Querer?", que apresentava, uma vez por semana, ofertas de produtos esportivos para consumo. A experiência, porém, não agradou à jornalista:

> Adoro o Leão [Serva], mas acho que ele me escolheu por eu ser mulher. Não foi democrático. Ninguém perguntou se alguém queria fazer. Uma semana de *Lance!*, o Leão me chama na sala dele e diz: "Tem uma coluna para você". O que vou dizer? Perdia dois dias da semana para fazer. Odiava. Fiquei um ano e meio fazendo isso[72].

A opção de Serva obedeceu à lógica, essencialmente social, como diz Bourdieu, do que entendemos por "vocação" feminina. Ainda que infeliz, Tânia cumpriu com o que se esperava dela – "tarefas subordinadas ou subalternas que lhes são atribuídas por suas virtudes de submissão, de gentileza, de docilidade, de devotamento e de abnegação"[73].

Ao longo desta pesquisa, não encontrei algum estudo mais aprofundado sobre a questão de gênero no mercado de trabalho jornalístico – muito menos, no jornalismo esportivo. Não tive a ambição, aqui, de avançar neste terreno, mas espero ter contribuído com alguns elementos a uma futura pesquisa sobre o tema. Ao evocar algumas situações ligadas à criação do *Lance!*, pretendi mostrar como o ambiente de trabalho no jornal foi um espaço privilegiado para assistir, nas palavras de Goffman,

---

72 Entrevista de Tânia Scaffa e Adura ao autor, São Paulo, 5 fev. 2007.

73 Pierre Bourdieu, *op. cit.*, pp. 72-73.

à transformação de corriqueiras situações sociais em cenas em que os dois sexos representaram típicos comportamentos de gênero, desde a atuação de Walter de Mattos à frente de seus comandados na fase de implantação do jornal até o medo da única jornalista da redação em São Paulo de ficar com fama de "Maria chuteira", passando pelas brincadeiras colegiais e sexistas dos jovens jornalistas do diário.

A LÓGICA DO BAIRRISMO

A rivalidade entre Rio de Janeiro e São Paulo no mundo do futebol tem início, como vimos no capítulo I, ainda na primeira década do século XX, estimulada especialmente pela imprensa e por dirigentes esportivos, e esconde uma disputa política entre os dois centros pelo controle do futebol no país. Na década de 30, o bairrismo era apontado como um dos grandes males do futebol brasileiro – por culpa, na visão de Thomaz Mazzoni, da imprensa esportiva, que estimulava polêmicas e acirrava rivalidades. Ao mesmo tempo, como mostrou Luiz Henrique Toledo, a posição de Mazzoni contrastava com a prática do próprio jornal que ele dirigia, o paulistano *Gazeta Esportiva*, que se envolveu em inúmeras polêmicas e discussões "bairristas" com jornais do Rio de Janeiro. Ao nascer com duas edições simultâneas, uma no Rio de Janeiro e outra em São Paulo, o *Lance!* tornou-se um *locus* privilegiado para, 70 anos depois de Mazzoni, avaliarmos se o bairrismo no futebol e no jornalismo esportivo ainda constitui um problema atual. Pretendo mostrar a seguir que, apesar dos problemas decorrentes da complexa logística idealizada para o jornal e das diferentes "culturas" jornalísticas de paulistas e cariocas, as rivalidades mais visíveis entre os dois centros funcionaram, na verdade, como um biombo para enfrentamentos de outras naturezas, relacionados, por um lado, à disputa por espaço e poder dentro do jornal e, por outro, às especificidades econômicas do *Lance!*.

Chama a atenção, inicialmente, que um aspecto fundamental do jornal – a idéia de ser ao mesmo tempo um diário nacional e local, com duas redações trabalhando em sintonia – tenha sido tão pouco discutido nos meses que antecederam o lançamento. Para o público externo, Mattos vendia uma idéia bem simples, como noticiou o jornal *Meio & Mensagem*, em maio de 1997: "Vem aí o novo jornal de esportes. O grupo é carioca, mas terá uma edição em São Paulo e outra no Rio"[74]. Sem atentar para o potencial explosivo dessa idéia, os jornalistas que formaram o núcleo inicial do jornal também ouviam de Mattos uma mensagem simples, como lembra César Seabra, primeiro editor-chefe da edição carioca:

> Seriam duas redações. Quase independentes. Trocando páginas. Mas São Paulo ia ter a sua própria capa, pra cima, e o Rio a sua própria capa, pra cima. Como se nós fôssemos dois jornais diferentes, mas com uma sinergia, como a gente gosta de falar, trocando informações. Eu pegando uma página de Corinthians em São Paulo, e São Paulo pegando uma página de Flamengo no Rio, eu botando uma coisa curiosa de São Paulo na capa aqui, e São Paulo colocando uma coisa curiosa daqui na capa lá... Então, a idéia sempre foi essa. Nenhuma era sucursal da outra. A idéia eram redações independentes, enfim, investindo em seus assuntos, em seus clubes, no esporte amador[75].

A primeira discussão aberta sobre o conceito do *Lance!* ocorreu em um hotel, em Itapecerica da Serra, na Grande São Paulo, no dia 1º de agosto. Ali se reuniram, por três dias, uma boa parcela dos jornalistas contratados com a tarefa de fundar um "novo jornalismo esportivo". Presentes, além da cúpula, os 40 novatos selecionados no Rio e em São Paulo e alguns dos veteranos já integrados à equipe. Na lembrança de vários participantes, foi a primeira oportunidade de travar contato, de fato, com

---

74 *Apud* Paulo Vinicius Coelho, *op. cit.*, p. 97.

75 Entrevista de César Seabra ao autor, Rio de Janeiro, 28 fev. 2003.

a idéia do projeto. "Até então, tudo estava cercado de muito sigilo", anota Marcelo Barreto, encarregado de secretariar as discussões.

Uma discussão prática ocorrida em Itapecerica antecipou as dificuldades que esperavam o *Lance!* Luís Augusto Simon, o Menon, levantou a questão: como seria a cobertura do jornal da final do Campeonato Brasileiro de 1995? Santos e Botafogo jogaram essa partida no dia de 17 de dezembro de 1995, no estádio do Pacaembu, em São Paulo. Um empate daria o título ao Botafogo. Quase no final, quando o jogo estava 1 a 1, o árbitro anulou um gol que daria o título ao Santos, num lance que, visto pela televisão, não teve nada de irregular. No dia seguinte, a manchete da *Gazeta Esportiva* bradava: "Santos roubado". Qual teria sido a manchete do *Lance!*? Aliás, quais seriam as manchetes do *Lance!* no Rio e em São Paulo? Relembra Menon:

> Ficamos dois dias discutindo isso e até hoje ninguém sabe o que aconteceu. Muita gente dizia que aquele título da *Gazeta* foi um erro, uma coisa antiga, ultrapassada, que o jornal deveria ter dado uma manchete levantando a moral do Santos. Mas não se chegou a conclusão alguma[76].

Por que "velho", "ultrapassado"? Na visão de Mattos e Cases, "novo" e "moderno", como vimos no capítulo III, seria encontrar duas soluções positivas, "para cima" – uma festejando a conquista do Botafogo, outra consolando e animando os torcedores do Santos[77]. Mas como fazer isso, na prática? Uma análise da primeira edição simultânea do *Lance!*, a de número 8, de 2 de novembro de 1997, nos ajudará a compreender

---

76 Entrevista de Luís Augusto Simón ao autor, São Paulo, 3 jul. 2003.

77 Como vimos no capítulo III, ao ser eliminado da Taça Libertadores, em 2003, pelo Boca Juniors, o Santos mereceu uma manchete *do Lance!* tipicamente na linha do "jornalismo pra cima", na qual se ignora a derrota e se aposta no futuro: "Com muito orgulho", seguida de dois subtítulos: "Santos sai de cabeça erguida da Libertadores" e "Futuro promete com time jovem e talentoso".

melhor a complexidade da operação jornalística. Descontadas as seis páginas de anúncios, a edição São Paulo teve 34 páginas editoriais. A edição Rio, com cinco páginas de publicidade, teve 35 páginas de noticiário. Três páginas (a 2, a 39 e a 40) seriam sempre idênticas, produzidas seja no Rio, seja em São Paulo[78]. Das outras 31 páginas que publicou, São Paulo "importou", como se dizia na redação, nove do Rio. Já no Rio, das suas 32 páginas (descontadas já as três fixas), dez foram importadas de São Paulo. Ou seja, as duas redações importaram em média um terço do material que publicaram. Esse seria o índice médio no primeiro ano do *Lance!*.

Há duas questões a considerar nesse projeto. A primeira é o aspecto econômico. Mattos, como vimos no capítulo II, sonhava com cinco edições simultâneas do *Lance!*. Se conseguisse viabilizá-las, poderia montar edições em Minas Gerais, Rio Grande do Sul e Bahia, por exemplo, com muito pouco investimento em pessoal. Bastaria que cada redação produzisse seis a dez páginas por dia, e recebesse um número parecido de páginas das outras sedes, para fazer um jornal de 40 páginas.

Esse projeto começou a sair do papel somente em 2004, com o lançamento da edição Minas Gerais. O primeiro número, publicado em 7 de novembro de 2004, veio com 32 páginas (incluindo menos de uma página de anúncios). Do total, foram produzidas em Minas a capa, três páginas sobre o Atlético, uma sobre o América e duas sobre o Cruzeiro. No conjunto, sete páginas, ou pouco mais de 20% da edição. O resto do noticiário, um cardápio tão variado quanto o do *Lance!* dos primeiros dias, foi produzido no Rio e em São Paulo.

78 A página 2 trazia o índice da edição: a seção "Humor" (uma charge); a seção "Luzes", na qual o jornal conferia uma luz verde, uma amarela e uma vermelha a personalidades e instituições do esporte; a seção "Papo com", que trazia artigos de colunistas; a seção "Boladas", com frases marcantes, ditas no dia anterior; e a seção "Gol contra", com correções de erros cometidos pelo jornal. A penúltima página (nesse caso, a 39) trazia a programação esportiva na tevê aberta e paga, destacando eventos e as transmissões de competições ao vivo. A última página (40) trazia sempre uma coluna fixa, assinada por diferentes jornalistas, de acordo com o dia da semana.

A segunda questão envolvida é de ordem jornalística e diz respeito à complexidade da tarefa de montar edições nacionais, com temperatura local, no ponto certo. A idéia de fazer um jornal nacional está forçadamente contemplada nessa edição que acabamos de descrever, a oitava, do *Lance!*. Há reportagens sobre os quatro principais times de São Paulo e os quatro do Rio nos dois jornais, além de textos sobre times do Rio Grande do Sul, Paraná, Minas Gerais, Bahia e Pernambuco. Mas há distorções, também. Duas páginas da edição carioca, por exemplo, exibem reportagens sobre a Ponte Preta (que venceu o Gama, de Brasília, por 4 a 1) e o Juventus (que derrotou o Ji-Paraná, por 4 a 2), então, nas séries B e C do Campeonato Brasileiro, além de textos sobre as partidas entre Grêmio e Guarani, e Bragantino e União São João, que seriam disputadas naquele dia. Que interesse essas páginas poderiam ter para um leitor no Rio de Janeiro?

Em nome da racionalidade econômica, o projeto previa a publicação das páginas tal e qual elas foram produzidas no seu centro de origem. Ou seja, uma determinada página era editada em São Paulo e, quando estivesse pronta, era enviada, eletronicamente, para o Rio de Janeiro, onde um editor deveria apenas passar os olhos e mandá-la para a gráfica. Isso se mostrou inviável desde o princípio. Já na primeira edição simultânea entre as duas cidades, uma página enviada por São Paulo sofreu modificações ao chegar no Rio, no esforço de atenuar a generosidade dos jornalistas paulistas com um time do Estado. A página trazia a cobertura da partida em que o Santos perdeu para o Vitória, da Bahia, por 2 a 0. O título, para levantar a moral dos torcedores santistas, dizia: "Vaga adiada", associado à seguinte explicação para as razões do otimismo: "Derrota não altera a situação do Santos, que continua em 7º, com boas chances". Na edição carioca, que era vendida também nos estados da região Nordeste, o título foi mudado. Em vez de "Vaga adiada", saiu "Dia de Vitória", um trocadilho infame com o nome do time que venceu o Santos, e dois subtítulos: "Vitória vence por 2 a 0 e continua com chances de passar à segunda fase do Brasileiro" e "Derrota não altera a situação do Santos, que continua em 7º, com boas chances"[79].

79 *Lance!*, 2 nov. 1997, edições Rio e São Paulo.

Um jornalista no Rio e outro em São Paulo começavam a discutir, antes do almoço, a cara das duas edições. Montavam os chamados "espelhos", com a relação dos assuntos e as páginas que ocupariam no jornal. Caso acontecesse algo extraordinário ao longo do dia, o espelho mudava um pouco. Geralmente, não mudava. Marcelo Barreto lembra-se de como era penosa a tarefa:

> Era muito comum acontecer o seguinte: "Vamos fazer o espelho do Rio". Duas páginas de Flamengo, duas de Vasco, uma página e meia de Fluminense e uma de Botafogo, porque vinha anúncio e começava a apertar. "Tá bom. Agora vamos pegar o material de São Paulo." Tinha duas páginas de Corinthians. Era um jornal bizarro. O Corinthians tinha mais espaço (no Rio) que Fluminense e Botafogo[80].

Entre o discurso e a prática

A insistência com que Mattos vendeu a idéia de que o *Lance!* era um projeto nacional e multilocal acabou por criar uma falsa noção em São Paulo e, em conseqüência, uma série de ressentimentos. Todos os sócios do *Lance!* eram do Rio, assim como os primeiros quatro jornalistas contratados com o objetivo de pensar o jornal. Enquanto a sede carioca foi erguida do zero, em São Paulo ocorreu apenas a reforma de uma construção já existente[81]. O espaço da sede carioca era muito maior, já que se destinava a abrigar toda a diretoria, gerentes e a administração, além da equipe do Lancenet, o site do jornal na internet (em São Paulo, ficou não mais que meia dúzia de funcionários administrativos, subordinados a um

---

80 Entrevista de Marcelo Barreto ao autor, São Paulo, 1 jul. 2003.

81 Em comum, as duas obedeceram à proposta de que a partir do ambiente de trabalho dos jornalistas, a redação, fosse possível enxergar as rotativas.

gerente). O escritório principal de Mattos fica no Rio; ele vem a São Paulo um ou dois dias por semana. "Era clara a percepção em São Paulo que trabalhávamos para uma empresa do Rio", diz Leão Serva[82]. Essa percepção foi reforçada, em outubro, às vésperas do lançamento do jornal. As dificuldades operacionais eram tantas que se cristalizou a idéia de que seria mais prudente estrear o jornal em duas datas diferentes, com uma semana de diferença. Como a operação começou primeiro no Rio, pareceu natural que o jornal estreasse antes nessa cidade, o que, de fato, ocorreu, para tristeza da equipe paulista.

A lógica econômica por trás do projeto de troca de páginas entre Rio e São Paulo acabou por alimentar um curioso tipo de ressentimento – de natureza jornalística – entre as duas sedes. A disputa passou a ocorrer, basicamente, porque as duas redações se sentiam prejudicadas no processo de elaboração do espelho e trocas de páginas, que atendia, como vimos, ao projeto de fazer um jornal nacional. Uma página do Corinthians importada pelo Rio era enxergada como espaço desperdiçado, que seria mais bem aproveitado com material produzido no Rio sobre outros assuntos. Em São Paulo, a percepção era idêntica. A avaliação de César Seabra, seis anos depois dos acontecimentos, parece bem ponderada:

> Você tem que pensar que eram jornais diferentes. A gente do Rio queria empurrar uma página para São Paulo, São Paulo queria empurrar uma página para o Rio. A gente dizendo que tinha uma coisa maravilhosa no Rio, e São Paulo não querendo comprar; porque São Paulo dizia que tinha uma coisa mais importante para investir... São coisas naturais. O jornal indo pra rua, todo mundo com sangue quente... Hoje, olhando de longe, são as coisas mais normais, mais naturais, ter aquele tipo de briga[83].

82 Entrevista de Leão Serva ao autor, Rio de Janeiro, 2 maio 2003.

83 Entrevista de César Seabra ao autor, Rio de Janeiro, 28 fev. 2003.

Em pouco tempo, dessa sensação de prejuízo com o material recebido da outra redação, evoluímos para a crítica sobre a competência dos profissionais de cada redação. Para isso, contribuiu, sem dúvida, o estímulo de Mattos. Por sugestão sua, desde novembro de 1997, as duas redações passaram a produzir uma avaliação diária de suas próprias edições. O texto era preparado pelo pauteiro, o profissional que chegava de manhã no jornal com a obrigação de selecionar os assuntos que seriam tratados no dia. O pauteiro de São Paulo, o jornalista Maurício Noriega, fazia a avaliação da edição paulista, e o do Rio, Marcus Vinícius Pinto, analisava a edição carioca. Ambos os textos circulavam nas duas redações. Jovem, recém-formado, Pinto fazia avaliações carregadas de elogios às páginas feitas no Rio e deixava escapar críticas às páginas enviadas por São Paulo. Noriega, mais experiente, temperava elogios com críticas. Pinto popularizou, em suas avaliações, uma expressão que acabaria marcando muito o jornal: "Puro Lance!", ou "Lance! puro", ele escrevia sempre que determinada reportagem parecia preencher os requisitos do jornal.

Mais de uma vez protestei junto a César Seabra a respeito do tom das críticas de Pinto. Em 8 de janeiro de 1998, por exemplo, escrevi:

> Acho que o seu pauteiro está pegando pesado, tanto ao dizer ISSO É LANCE! quanto ao dizer ISSO NÃO É LANCE! Quanto à Copa São Paulo, ontem, foram 18 jogos em 9 cidades. Enviamos repórteres e fotógrafos para cinco, sendo três de times do Rio. Um deles ganhou e dois perderam. Acontece. Vocês não pegaram a [página] do time que ganhou [o Rio de Janeiro]. Demos quatro páginas em SP. Vocês pegaram duas. A crítica aí diz que levamos um banho. Não consigo entender[84].

Um mês depois voltei ao assunto, sublinhando que, na minha opinião, as avaliações acabavam "acirrando as dificuldades de relacionamen-

84 Cópia de e-mail em poder do autor.

to entre as duas redações". Bem ao seu estilo, Seabra respondeu: "A partir de segunda-feira, eu farei as avaliações do Rio"[85]. Cumpriu a promessa apenas por alguns dias.

A sensação de que São Paulo era apenas uma filial do Rio também alimentava ressentimentos. Depois de voltar de uma reunião no Rio, em janeiro de 1998, transmiti a Leão Serva um longo relatório, do qual seleciono os principais trechos:

> Durante a reunião, tomei conhecimento de uma série de coisas que dizem respeito a Rio e SP, mas que só o Rio estava sabendo ou fazendo. Ou que o Rio está fazendo de maneira diferente da nossa. Alguns exemplos: (...)
>
> 2 – Rio criou uma página para anunciar as novidades do LANCE! sem nos avisar. (...).
>
> 4 – As promoções junto às bancas de jornais já atingiram o dobro de bancas cariocas em relação às paulistas (números da Célia[86]).
>
> 5 – A promoção em shoppings visando a futuros assinantes já começou no Rio e não em SP. (...)
>
> 8 – Rio está dando cursos de fotografia para repórteres, SP, não.[87]

O estímulo de Mattos à concorrência entre Rio e São Paulo causou outra confusão, em fevereiro de 1998. Desde o início do jornal, cabia a São Paulo a edição de tudo o que dizia respeito a basquete. Na época, como ainda hoje, o basquete era mais forte em São Paulo que no Rio, o que levou a redação paulistana a ser escolhida como responsável pelo assunto. Mas havia também a NBA, a liga americana de basquete, de qualidade superior à brasileira,

---

85 *Ibidem.*

86 Célia Meneses, gerente de marketing.

87 Cópia de e-mail em poder do autor, 20 jan. 1998.

e que provocava muito interesse em jovens de classe média no Brasil. Marcelo Barreto insistiu muito para que a NBA ficasse no Rio, mas Antoní Cases decidiu que não fazia sentido. “Se São Paulo faz basquete, tem que fazer todo o basquete”. Em fevereiro, iria acontecer o *All Star Game*, a partida que celebra o fim da temporada, e poderia ser a última disputada por Michael Jordan, um dos maiores jogadores de basquete da história. Conta Marcelo:

> Sugeri pra gente cobrir. Aí o Walter perguntou: “Quem você acha que deve ir?”. E eu falei: “Gostaria de ir”. Aí, o Walter me pediu para fazer uma avaliação crítica da cobertura da NBA feita em São Paulo, e eu fiz aquilo na maior ingenuidade, achando que era uma contribuição. Porra, foi recebido em São Paulo como puxação de tapete[88].

A avaliação de Barreto foi enviada a Mattos com cópia para Leão Serva, que a mostrou a André Fontenelle e aos jornalistas responsáveis pelo trabalho, na redação. Mal estar geral. Nos e-mails que trocou com Fontenelle na tentativa de esclarecer o episódio, Barreto voltou a frisar:

> Eu não mandei comentários sobre a cobertura da NBA com cópia para o Walter. Mandei PARA o Walter, A PEDIDO do Walter. A cópia foi para o Leão, também a pedido do Walter[89].

88 Entrevista de Marcelo Barreto ao autor, São Paulo, 1 jul. 2003.

89 Cópia de e-mail em poder do autor, de 12 fev. 1998, publicado com autorização de Marcelo Barreto e André Fontenelle.

FOLHA VS GLOBO

Se havia alguma dúvida sobre a existência de uma tensão entre Rio e São Paulo, ela ganhou uma tonalidade particular no sábado, 20 de dezembro de 1997, véspera da decisão do Campeonato Brasileiro de 1997, entre Vasco e Palmeiras, no Maracanã. Estávamos preparando uma edição especial com "22 páginas com tudo sobre a decisão", com data de domingo, mas que começaria a circular ainda na tarde de sábado, como fazem os grandes jornais do Rio e de São Paulo. Naquele sábado, César Seabra comandava a redação do Rio e eu, a de São Paulo. Logo que cheguei, Seabra me avisou que o jogador Leonardo, excepcionalmente, não iria mandar a coluna que escrevia aos domingos e era publicada à página 2. Seabra me perguntou se eu gostaria de escrever algo para preencher o espaço e eu respondi que sim.

Cerca de um mês antes, o experiente repórter Gilmar Ferreira, da redação carioca, havia publicado no *Lance!* a notícia de que Romário, então jogador do Valencia, da Espanha, estava negociando voltar ao futebol brasileiro para atuar no Corinthians. Uma notícia bombástica, que foi parar na capa do jornal. Nos dias seguintes, as redações do Rio e de São Paulo do *Lance!* exploraram ao máximo o furo de Ferreira, publicando inúmeras reportagens e análises a respeito da vinda do jogador para o Corinthians. Havia motivos de sobra para confiar já que, ao longo de sua carreira, Ferreira publicou inúmeras notícias exclusivas relacionadas a Romário. O jogador confiava no repórter e era uma fonte importante de informações. Ainda assim, no início de dezembro de 1997 o furo foi visto com certo ceticismo, dentro e fora do *Lance!*, uma vez que se conhecia a identificação de Romário com o futebol carioca e, em particular, o seu desejo expresso de voltar a jogar no Flamengo. Algumas semanas depois de o *Lance!* anunciar que Romário poderia jogar no Corinthians, ainda em dezembro, sem que qualquer negociação entre o jogador e o time paulista tenha se tornado pública, o então presidente do Flamengo, Kleber Leite, acertou a volta do jogador ao clube, encerrando o assunto.

Quando Seabra perguntou se eu gostaria de escrever no lugar de Leonardo, imediatamente pensei nesse assunto. E produzi em alguns minutos um texto, publicado na edição de domingo, 21 de dezembro de 1997, do qual seleciono os principais trechos:

> (...) Acredito que a imprensa esportiva tem um papel fundamental no processo de modernização do futebol brasileiro. Há muita coisa a fazer, mas uma está em nossas mãos: elevar a qualidade da informação que oferecemos aos leitores. Não é nem um pouco fácil conseguir informação de qualidade e confiável num ambiente repleto de fontes de baixo nível e pouco confiáveis. Mas não é impossível.
>
> Os leitores mais atentos devem estar se perguntando: Romário não ia jogar no Corinthians em 98? Luxemburgo não ia treinar o La Coruña? Todos os jornais andaram publicando especulações sobre esses dois assuntos nas últimas semanas. Jornalistas experientes escreveram, com convicção, que Romário estava com um pé no futebol paulista, e Luxemburgo, com os dois pés na Espanha.
>
> Os jornais gastaram páginas e páginas especulando como seria a operação financeira que levaria Romário a jogar – com a camisa do Timão ou do Tricolor – contra Matonense, Ituano e Ferroviária de Araraquara.
>
> O que aconteceu? Romário, tudo indica, vai jogar exatamente no time em que, desde o início, queria jogar.
>
> Com Luxemburgo aconteceu coisa parecida. Páginas e páginas foram gastas descrevendo os detalhes da operação financeira que levaria o técnico a dirigir o Corinthians em 98. De repente, alguma coisa aconteceu, a negociação se enrolou e, pronto: para os jornais, Luxemburgo começou a virar técnico do La Coruña.

> Como se sabe, Luxemburgo já acertou com o Corinthians e, esta semana, começa a trabalhar em sua nova função. O que houve?
> Em ambos os casos, tenho a impressão que os principais interessados, Romário e Luxemburgo, usaram os jornalistas com a intenção de alcançarem os seus objetivos.
> Luxemburgo estava louco de vontade de treinar o Corinthians e Romário, até os lambaris que voltaram à lagoa Rodrigo de Freitas sabem, só retornaria ao Brasil se fosse para jogar no Flamengo.
> Como evitar essas mancadas? Não é fácil, mas é preciso. Só fazendo um jornalismo sério é que poderemos contribuir, modestamente, para melhorar o nível do futebol brasileiro[90].

Mal a página chegou ao Rio, já editada em São Paulo, Ferreira leu o artigo. O jornal ainda não estava nas bancas, apenas começava a rodar, quando o repórter do *Lance!* enviou um e-mail endereçado a todos os funcionários do jornal, no Rio e em São Paulo.

> Caro Stycer:
> Não me surpreende o que vc escreveu na coluna da página 2 desse domingo, afinal vc me parece ter sido fabricado pela Folha de São Paulo, o jornal mais escroto do país. O que me surpreendeu foi a arrogância e a cagação de regra que vc despejou sobre nossos leitores sem ter um mínimo de embasamento jornalístico para tal.
> Não sei o caso do Vanderlei Luxemburgo, mas sugerir que o interesse do Corinthians em ter o passe do Romário foi inocência do repórter (mais precisamente eu e também o César

90 Mauricio Stycer, "Jornalismo é uma caixinha de surpresas", *Lance!*, 20 dez. 1997, p. 2

> Seabra) é querer opinar sobre um tema que vc desconhece completamente.
> Não vou aqui dar detalhes jornalísticos sobre tal tema pq tenho certeza de não lhe interessam. Mas, saiba disso, se houve alguma mancada jornalística já publicada aqui no LANCE! a maior delas foi ter permitido a vc preencher esse digno espaço.
> Sem mais,
> Gilmar Ferreira

No dia seguinte, um domingo, 22 de dezembro, respondi:

> Gilmar,
> Acho que o LANCE! só tende a melhorar se aprofundarmos a discussão sobre as matérias que publicamos sobre Romário no Corinthians. Mas me recuso a polemizar com você nos termos que você está propondo na sua mensagem.
> Abraço, Mauricio

A publicação do artigo e a troca de e-mails com cópias para todos os funcionários causou grande alvoroço interno. Mas nada aconteceu por quatro dias, até 26 de dezembro, quando Mattos enviou o seguinte e-mail:

> Agradeço a estrita observação, a partir desta data, das seguintes normas:
> Normas para a redação N° 01
> Devem ser sempre submetidos à Direção de Redação (composta pelo diretor de Redação e pelos editores-chefes das edições do LANCE!, ou seus substitutos em caso de ausência) os textos que tenham as seguintes características:

> . Referência a dirigentes de empresas jornalísticas e de comunicação; forças armadas ou seus dirigentes; igrejas ou seus dirigentes.
> . Textos ou notas que possam ter implicações jurídicas (reportagens que possam ser causa de processos judiciais contra a empresa, por exemplo).
> . Referência a dirigentes do LANCE! ou a seus familiares.
> . Textos que contenham comentários ou opiniões sobre material publicado pelo LANCE!
> .Quando em reportagens ou artigos por jornalistas do LANCE!, opinião sobre temas da política do esporte ou dirigentes. (...) Podem parecer opinião do diário aos olhos dos leitores, e devem ser submetidas a quem o dirige

Três dias depois de eu ter levado essa bronca pública, Ferreira mandou um e-mail, novamente para todos os funcionários da empresa:

> Caro Stycer;
> Se existe em mim alguma virtude, essa é a capacidade de enxergar meus próprios erros. É através deles que busco o aperfeiçoamento profissional e o crescimento espiritual.
> Ao longo de quase 15 anos de jornalismo, não lembro de ter deixado passar em branco a oportunidade de corrigir minhas falhas por menores e menos incômodas que sejam elas.
> Por isso, reconheço aqui o quanto fui duro e deseducado com você no mail do sábado retrasado, dia 20.
> Além de ter violentado a hierarquia, quebrei uma harmonia que, sinceramente, agora me incomoda.
> Resumindo: perdi a linha, perdi a razão, mas não perdi a honra e a altivez.

> Por isso peço-lhe desculpas pelo exagero e coloco-me à disposição para discutir qualquer questão pertinente a melhoria da qualidade do LANCE!.
> Abraço e um feliz ano novo;
> Gilmar Ferreira[91]

Em duas outras áreas-chave do jornal os conflitos entre Rio e São Paulo também foram explícitos: na arte e na fotografia. A experiência da arte, em particular, interessa muito porque foi o setor mais diretamente orientado pela turma de Antoní Cases. É nesse setor que o conflito entre cariocas e paulistas será entendido, de fato, como uma discussão entre jornalistas de *O Globo* versus jornalistas da *Folha de S.Paulo* – uma percepção que Gilmar Ferreira apenas esboça em seu bilhete contra mim.

O setor era tão estratégico que contava 19 pessoas, entre diagramadores, infografistas, estagiários e chargistas, no momento do lançamento do jornal. Os dois editores, Paulo Monteiro (São Paulo) e Daniel Chaves (Rio), foram escolhidos diretamente por Cases e seu auxiliar, Fernando Carvallo – uma interferência incomum num jornal brasileiro. Monteiro e Chaves relatam que não tinham abertura para interferir no projeto gráfico, importado do escritório de Cases. Foram adestrados a usar o projeto, mas sem direito a opinar, como diz Monteiro:

> Fui tratado como um subdesenvolvido. Literalmente. Quer dizer isso: o projeto é assim, não tenho que dar opinião, não

91 No dia 10 de março, 80 dias depois da publicação do meu artigo, Ferreira anunciava, num e-mail coletivo, que estava deixando o *Lance!* para ser editor de esportes do *Extra*, o jornal popular que a empresa Infoglobo, das Organizações Globo, iria lançar em 5 de abril de 1998 – um produto que, para o desagrado de Walter, acabaria fazendo concorrência direta ao *Lance!*. Dez dias depois, no dia 20 de março, era a minha vez de anunciar que estava deixando o jornal para ser editor de Cultura da *Época*, a revista semanal de informações da editora Globo, também das Organizações Globo, que seria lançada em maio de 1998.

> esperavam opinião, era pra executar dessa maneira, e deixaram claro isso nos primeiros dias, na fase de simulação do projeto do jornal. E na fase de implantação eles estariam presentes para acompanhar tudo. Então eu tinha que aprender com eles como ia ser feito isso e depois tocar o barco. E foi literalmente assim que eu fiz[92].

Então diagramador, Chaves assumiu o comando da editoria de arte no Rio uma semana antes de o jornal ir para as bancas, depois da desistência de um colega. "Nesse dia, o Toni me puxou para um canto e falou que eu ia ser o editor, e me explicou como eu deveria organizar as coisas..." [93]

Monteiro vinha de uma experiência de nove anos na *Folha de S.Paulo*[94]. Chaves, de três anos em *O Globo*. Na visão de ambos, parte dos conflitos que ocorreram se deve a bairrismo e rivalidade, e parte tem origem no confronto de visões de duas escolas de jornalismo. Monteiro e Chaves levantam uma questão que aparece em algumas conversas com jornalistas cariocas do *Lance!*: o hábito de planejamento editorial, que os jornalistas vindos da *Folha* traziam na bagagem, e a rejeição, quase ojeriza, da turma do *Globo* em relação à idéia de discutir organização.

> O Rio atrasava muito mais que São Paulo. Qualquer coisa que envolvesse planejamento e antecipação não tinha a participação do Rio. O Rio rejeitava. Tudo que a gente falasse "preparamos com antecedência o esquema para ser mais ágil", o Rio rejeitava[95].

---

92 Entrevista de Paulo Monteiro ao autor, São Paulo, 18 jun. 2003.

93 Entrevista de Daniel Chaves ao autor, 25 jul. 2003.

94 Leão Serva trabalhou 12 anos no jornal. Eu permaneci na *Folha* por nove anos e meio, e Fontenelle, por quatro.

95 Entrevista de Paulo Monteiro ao autor, São Paulo, 18 jun. 2003.

> Eu reclamava muito com os editores no Rio que a gente planejava pouco antecipadamente. E sempre caíam as coisas lá no colo da arte muito em cima da hora. Falei isso com o Cesão [César Seabra] ainda. Eu falava, era difícil planejar as coisas muito legais sem tempo. Eles precisavam passar as idéias pra mim pra ter uma noção pra poder oferecer coisas[96].

A questão do planejamento jornalístico é discutida publicamente pela *Folha* desde 1984, quando apresentou o seu novo projeto editorial. *O Globo* e *O Estado de S.Paulo* não tratam desse assunto publicamente, em seus manuais de redação, o que não significa dizer que não o discutam internamente. De qualquer forma, é de conhecimento geral, no meio, que o tema está muito mais entranhado na cultura jornalística da *Folha* que na de seus concorrentes. Em 1987, o Manual Geral da Redação trazia dois verbetes com normas sobre planejamento. O primeiro, incluído no capítulo dedicado à "Política editorial", manda:

> Todas as operações jornalísticas podem e devem ser planejadas, desde que se adote um conceito adequado de planejamento. Ele deve consistir numa orientação prévia sempre sujeita a alteração. Não é errado modificar inteiramente, se necessário, o que foi planejado. Errado é não planejar[97].

Esse verbete remete a um outro, no capítulo "Procedimentos profissionais", que afirma:

---

96 Entrevista de Daniel Chaves ao autor, Rio de Janeiro, 25 jul. 2003.

97 Folha de S.Paulo, Manual Geral da Redação, 1987, 2 ed., p. 34.

> A experiência mostra que iniciativas jornalísticas planejadas produzem melhores resultados do que as feitas ao sabor da improvisação e do talento individual.O jornalista da **Folha** deve cooperar com os esforços de planejamento[98].

Em 1992, o jornal voltou a tratar publicamente do tema, de forma igualmente normativa:

> A noção de que o jornal é fruto do improviso está ultrapassada. Todas as operações jornalísticas podem e devem ser planejadas. O planejamento inclui: atribuição de tarefas e pautas, fixação de cronograma, distribuição de espaço para a edição, pré-diagramação e definição de alternativas de ação em caso de imprevistos[99].

Em 2001, o jornal deu nova cara ao conceito, desta vez explicitando, sem meias palavras, as vantagens econômicas decorrentes do planejamento editorial:

> A **Folha** valoriza o planejamento do trabalho jornalístico e a discussão em equipe dos acontecimentos. O planejamento é uma ferramenta técnica que precisa ser desenvolvida individualmente e em equipe. Ela propicia o domínio do tempo de trabalho, da prática jornalística e do material noticioso, evitando assim o improviso, a confusão, o erro e o mau acabamento da mercadoria-informação[100].

---

98 *Ibidem*, p. 120.

99 Folha de S.Paulo, Novo Manual da Redação, 1992, p. 160.

100 Manual da Redação, *op. cit.*, p. 19.

Paulo Monteiro e Daniel Chaves tiveram muitas discussões por conta de adaptações diferentes que ambos fizeram ao projeto gráfico. Como o jornal era um só, e as páginas feitas no Rio circulavam em São Paulo, e vice-versa, deviam zelar pela uniformidade. Segundo Monteiro, o Rio usava modelos de diagramação proibidos por Cases. Também utilizava cores não permitidas. Chaves, 16 anos mais novo que Monteiro, admite que estava fechado para os comentários de seu colega. E faz uma revelação: era estimulado pelos jornalistas da cúpula carioca a enfrentar o editor paulista:

> Cara, eu levei tempo para entender ele [Monteiro]. Se fosse agora, talvez eu estivesse muito mais aberto a ouvir as coisas que ele falava e entender um pouco. Ninguém tinha parâmetro. E as pessoas com quem eu me consultava lá dentro, os editores, eles também me empurravam a bater de frente. "Não, cara, você tá certo, faz assim." Eu, moleque, falava: "Qual é, Paulão, não enche o meu saco!".[101]

Na fotografia, o conflito também foi dramático, mas com uma clara vantagem para o Rio. Embora os editores de fotografia no Rio e em São Paulo estivessem formalmente no mesmo nível hierárquico, o carioca Paulo Marcos foi, na prática, um superior do paulista Hélcio Nagamine. O primeiro sinal deu-se já na contratação de Nagamine, então editor de fotografia em *O Estado de S.Paulo*. O fotógrafo foi apresentado ao projeto e sabatinado sobre as suas pretensões salariais num jantar, a convite de Leão Serva, com a presença de Paulo Marcos. O editor carioca fala de forma desabrida da relação que se estabeleceu entre os dois[102]:

---

101 Manual da Redação, *op. cit.*

102 Entrevista de Paulo Marcos ao autor, São Paulo, 10 jul. 2003.

> **Pergunta:** Não havia comparação entre o trabalho do Rio e o de São Paulo?
>
> **Resposta:** Podia ter conflitos de personalidade, isso tinha um pouco. Mas isso é uma comparação de uma certa forma saudável. Eu fui, desde o começo, o responsável pela fotografia toda, do Rio e de São Paulo.
>
> **Pergunta:** No início?
>
> **Resposta:** É. Fui eu que contratei o Hélcio.
>
> **Pergunta:** Mas no expediente eram dois editores, você e o Hélcio.
>
> **Resposta:** Ele tinha um outro cargo. Eu era editor e ele era editor-assistente.
>
> **Pergunta:** Não. Os dois eram editores.
>
> **Resposta:** Ah, tá bom. Mas de fato eu tinha uma ascendência sobre o Hélcio.

O fato é que a percepção de Marcos se traduziu, objetivamente, na montagem de uma estrutura totalmente desigual. A equipe inicial da fotografia no Rio incluía, além do editor, um editor-assistente, um subeditor e mais três fotógrafos, num total de cinco profissionais contratados. Em São Paulo, além de Nagamine, o *Lance!* contava com mais dois fotógrafos. Na divisão dos equipamentos adquiridos, diz Nagamine, São Paulo só recebeu dois jogos completos de câmera e lentes, diferentemente do combinado. Nagamine observa: "Eles acharam que lá realmente era a matriz. Mas era incoerente com o tamanho da redação e os times que você tinha em São Paulo"[103].

Nagamine aponta um outro problema grave de falta de planejamento. O jornal foi pensado, diz, sem um arquivo fotográfico. Por um ano, até a contratação de uma profissional responsável, o arquivo do *Lance!* em São Paulo consistia de caixas de papelão, onde as fotos eram amontoadas. Sempre que alguém necessitava de uma foto antiga, era preciso contar com a memória do

103 Entrevista de Hélcio Nagamine ao autor, São Paulo, 8 jul. 2003.

editor. "Foi um problema de estrutura mesmo. Não tinha programa, não tinha computador, para escanear as fotos e transformar em arquivo digital"[104].

A relação se deteriorou completamente em poucos meses. Em maio de 1998, a dois meses da Copa do Mundo, pareceu claro a Nagamine que nenhum fotógrafo de São Paulo iria ser credenciado para o evento dos sonhos de todos. Falava-se que o jornal enviaria dois profissionais à França. A chateação aumentou quando se tornou público que o *Lance!* enviaria três fotógrafos à Copa, todos do Rio. "Eu sentia que ia ter uma sujeira ali, mas os meus fotógrafos estavam com a esperança que um deles iria. Seria natural"[105].

Paulo Marcos apresenta os seus argumentos:

> Eu me sentia mais confortável mandando dois fotógrafos – a gente ia mandar inicialmente dois, talvez três – do Rio, caras que se conheciam, que eram amigos, que eu confiava muito. Não que eu não confiava nos de São Paulo, mas acho que era a primeira coisa grande que o *Lance!* ia fazer, era importante que a coisa estivesse muito azeitada. Acho que a integração dos fotógrafos lá era uma coisa muito importante, eles iam passar mais de 40 dias juntos. E com esse argumento eu me convenci que o terceiro também tinha tudo a ver com isso, era um negócio que tinha que ser muito coeso. Foi esse o argumento principal. Acho que foi bom, foi acertado. Acho que você tem que mandar a equipe que você acha que tem que mandar. Não tem que ter rodízio, tem que mandar a equipe que você acha que tem que mandar e que o editor se sinta mais confortável. Agora é claro que passou como favoritismo, que eu queria favorecer o Rio, favorecer os meus amigos[106].

---

104 *Ibidem.*

105 *Ibidem.*

106 Entrevista de Paulo Moraes ao autor, São Paulo, 10 jul. 2003.

Desde o lançamento do jornal, no final de outubro de 1997, o *Lance!* foi mais bem-sucedido em São Paulo que no Rio. Não há dados públicos a respeito da operação inicial, mas é certo que a edição paulista sempre representou em torno de 60% das vendas totais do jornal, além de o Estado concentrar o principal mercado publicitário do país. Em 2006, as vendas em São Paulo representavam 55,3% do total, contra 34,4% do Rio de Janeiro e 10,4% de outros centros[107]. Para uma empresa marcadamente do Rio, como se pretendeu demonstrar, nunca foi uma situação confortável. Uma primeira mudança foi esboçada por força da crise financeira que atingiu o jornal, no segundo semestre de 1998. Logo depois da Copa do Mundo, cerca de 40 profissionais foram demitidos, inclusive o editor-chefe do Rio de Janeiro. O *Lance!* passa a contar, desde então, com apenas um editor-chefe, recrutado em São Paulo.

No início do século XX, como vimos, por trás do bairrismo entre cariocas e paulistas, estimulado pela imprensa e por dirigentes esportivos, escondia-se uma disputa, de fundo político, pelo controle do futebol nacional. Espero ter demonstrado que, no caso do *Lance!*, os conflitos entre jornalistas de um mesmo jornal, sediado em duas cidades, expõem problemas de diferentes matizes, ligados às especificidades econômicas do projeto do *Lance!*. A natureza competitiva do trabalho entre as duas equipes serve como biombo onde se trava, no fundo, uma disputa por espaço editorial e prestígio interno. Mesmo os problemas decorrentes de diferentes visões a respeito do papel do planejamento no cotidiano de um jornal não nos autorizam a falar em bairrismo, mas em diferentes concepções do fazer jornalístico.

107 Conforme palestra de Afonso Cunha, diretor de tecnologia e negócios do *Lance!*, apresentada na Sociedade Interamericana de Imprensa, no 20º Seminário para Alta Gerência, entre 30 de julho e 1º de agosto de 2006, no Rio de Janeiro.

Considerações finais

Um jornal do seu tempo

Na segunda-feira de 7 de maio de 2007, um dia após a conclusão simultânea da maioria dos campeonatos estaduais de futebol no país, as vendas das três edições do *Lance!* (em São Paulo, Rio de Janeiro e Minas Gerais) totalizaram 271 mil exemplares. Foi o segundo melhor resultado na história do jornal, só superado pelos 280 mil exemplares vendidos no dia seguinte à vitória da seleção brasileira sobre a Alemanha na final da Copa do Mundo de 2002. Se comparados aos 534 mil exemplares vendidos pela *Gazeta Esportiva* um dia depois da final da Copa de 1970, os números podem parecer pouco expressivos, mas são suficientes para colocar o *Lance!* entre os principais jornais do país em termos de tiragem. Dez anos depois do seu lançamento, e tendo superado uma crise que quase o levou ao fechamento, como vimos no capítulo II, o diário criado por Walter de Mattos parece consolidado, do ponto de vista empresarial.

Pessoalmente, por ter participado da equipe que criou o diário, tenho satisfação em saber que o *Lance!* está estruturado e segue o seu caminho com sucesso. Outros foram, porém, os interesses que motivaram esta pesquisa. Ao longo do trabalho procurei entender como foi possível, depois de quase duas décadas sem qualquer lançamento significativo, articular-se a criação de um jornal do tamanho do *Lance!* no Brasil. Como Walter de Mattos reuniu o capital – financeiro e simbólico – necessário para a empreitada? Em que contexto histórico, político e econômico isso se deu? Como se estruturou o jornal e os seus jornalistas para enfrentarem o desafio de conquistar um leitor jovem, de classe média, avesso à leitura de jornais? Como se reproduziu, internamente, a lógica da dominação masculina que está estranhada no mundo dos esportes?

Não teria sido possível entender o nascimento do *Lance!*, sem antes responder a algumas outras questões. Em primeiro lugar, busquei compreender como se constituiu o jornalismo esportivo no país. Uma vez que os principais historiadores do jornalismo brasileiro não deram praticamente atenção alguma à constituição dessa especialidade[1], recorri a diferentes estudos sobre as origens do futebol no país, dedicados a mostrar os conflitos que marcaram a prática nos seus primórdios, nas primeiras duas décadas do século XX[2]. A partir do cotejo desses estudos, foi possível esboçar uma história dos primeiros passos da imprensa esportiva nacional, desde sempre defensora do ponto de vista daqueles que pretendiam manter a prática do futebol de competição restrita à elite ou segregada dos extratos sociais de origem humilde. Os estudos que alcançam a popularização do futebol na década de 20 nos ajudam a descrever um segundo momento da imprensa esportiva. Nesse período, os jornais, com freqüência, descreviam de forma enviesada o sucesso dos times populares e reproduziam os preconceitos da elite, enfatizando a origem social ou étnica dos praticantes[3].

De forma simultânea à adoção do regime profissional no futebol, na década de 30, desenvolvem-se os dois projetos de jornalismo esportivo mais bem-sucedidos antes do *Lance!*, a *Gazeta Esportiva* e o *Jornal dos Sports*, por obra dos jornalistas Cásper Líbero, Thomaz Mazzoni e Mario Filho. Ao esboçar uma história social de seus criadores, creio ter sido capaz de mostrar que esses três personagens, três típicos *outsiders*, foram levados a se dedicar a esses projetos, e não a outros, que renderiam um prestígio superior, muito mais por oportunidade profissional que por efetiva opção. E, por terem construído suas carreiras em jornais de pouco prestígio, que sempre relegaram a página de esportes a um plano inferior, eles foram capazes de entender que,

1 Ver Nelson Werneck Sodré, *op. cit.*, e Juarez Bahia, *op. cit.*

2 Ver, por exemplo, Waldenyr Caldas, *op. cit.*, Leonardo Affonso de Miranda Pereira, *op. cit.*, e Anatol Rosenfeld, *op. cit.*

3 Ver, por exemplo, Mario Filho, *op. cit.*, e José Renato de Campos Araújo, *op. cit.*

ao se tornar um fenômeno de massas, o futebol exigia um tipo de jornalismo esportivo popular, com forte apelo à emoção, que ainda não existia.

Por cinco décadas, *Gazeta Esportiva* e *Jornal dos Sports* dominaram o mercado. Creio ser possível associar a decadência de ambos à crise que afetou o futebol brasileiro na década de 80. É uma crise que resulta, por um lado, de um histórico de má gestão esportiva e, por outro, de anos de instabilidade econômica, inflação e recessão no país[4]. Em 1987, a crise alcançou o seu ponto mais agudo, quando a Confederação Brasileira de Futebol declarou não ter recursos para organizar o campeonato nacional e os principais clubes do país associaram-se à Rede Globo, Coca-Cola e Varig para criar a Copa União, com apenas 16 times. Esse episódio é considerado um marco no processo de "modernização" do futebol brasileiro, o chamado "futebol-empresa".

Ao criar o *Lance!*, dez anos depois da realização da Copa União, Walter de Mattos vai evocar esse processo de mudanças no futebol como um dos pilares do seu projeto empresarial e jornalístico. Como mostraram diferentes estudiosos, esse movimento no mundo esportivo ocorre de forma concomitante ao sucesso, em todo o mundo, do discurso que prega a privatização de bens públicos, a reforma do Estado, a desregulamentação dos mercados e a busca da competitividade, entre outros valores do ideário neoliberal[5]. No futebol, como vimos no capítulo II, esse processo ocorreu pela combinação de três fatores: a transformação dos clubes em empresas com fins lucrativos, o impulso à comercialização dos direitos de transmissão para a tevê dos torneios esportivos e o incremento dos investimentos em marketing das empresas que fornecem produtos e serviços para o negócio[6]. Esse modelo assenta-se na idéia de que o esporte é um veículo

---

4 Ver Ronaldo Helal, *op. cit.*, e Marcelo Weishaupt Proni, *op. cit.*

5 Para o futebol-empresa no Brasil, ver Marcelo Weishaupt Proni, *op. cit.* Para a situação em diversos outros países, ver Richard Giulianotti, *op. cit.*

6 No Brasil, os marcos fundadores da chamada "modernização do esporte" são, no início da década de 80, os investimentos de empresas como Atlântica-Boavista (posteriormente incorporada pelo Bradesco Seguros) e Supergasbrás em equipes de voleibol e, depois, em 1987, a associação dos 16 principais clubes de futebol do país com a Rede

ideal para a publicidade dos mais variados artigos, tendo como alvo, naturalmente, o torcedor – agora visto, sem meias palavras, no papel de consumidor, seja de uma partida de futebol, seja dos produtos relacionados ao espetáculo, cuja publicidade aparece nos estádios, nas camisas dos atletas e nos intervalos comerciais.

O marketing esportivo coloca um problema para os veículos de comunicação. Se a lógica por trás do investimento em marketing de uma empresa em uma equipe de voleibol é o benefício da exposição muitas vezes gratuita da sua marca, o que ganhará com isso o jornal ou a emissora de tevê que exibirem e citarem essa marca? Para Mattos essa sempre foi uma questão delicada, uma vez que o discurso "moderno" que embalou a criação do *Lance!* enfatizava que o jornal deveria ser uma espécie de vitrine, um canal de comunicação entre esse mundo do esporte e o seu potencial consumidor. Nada mais "moderno", nesse sentido, que uma equipe de voleibol se chamar Rexona, mas o que o jornal iria ganhar com a repetida reprodução dessa marca no seu noticiário esportivo? Depois de muita hesitação, em março de 1998, quase cinco meses após o lançamento do jornal, Mattos optou por uma fórmula que frustrou os apóstolos da "modernidade" na gestão esportiva. As equipes do Olympikus e do Rexona, então as principais do voleibol brasileiro, foram simplesmente rebatizadas pelo *Lance!*. Na primeira menção a elas em cada reportagem, elas se tornaram Olympikus/Rio e Rexona/Curitiba, passando no decorrer do texto a serem nomeadas somente como Rio e Curitiba.

Em abril de 2000, uma reportagem na revista *Placar* denunciou outro comportamento contraditório de Mattos em relação ao mesmo assunto. Insatisfeito com a não inclusão do *Lance!* na lista de veículos que receberia anúncios de uma campanha publicitária da Pepsi-Cola, o diário passou a manipular, no computador, as fotografias que mostravam a camisa do Corinthians, de maneira a eliminar das páginas do jornal a marca do

Globo, Coca-Cola e Varig para a realização da Copa União, num gesto de rebelião à Confederação Brasileira de Futebol.

refrigerante, que então patrocinava a equipe[7]. Depois que o caso tornou-se público, a manipulação das imagens foi interrompida.

Os percalços na aplicação prática do discurso de caráter "moderno" que embasou o nascimento do *Lance!* dizem muito a respeito de Mattos e estão ligados, acredito ser possível dizer, de forma indissociável, à sua história de vida. Como procurei mostrar ao longo da dissertação, não podemos pensar na criação do *Lance!* sem avaliar o capital simbólico acumulado por Mattos ao longo dos dez anos de trabalho ao lado do sogro, Ary Carvalho, em *O Dia*. Formado em *Última Hora*, de Samuel Wainer, Carvalho ocupou um lugar peculiar no campo da mídia brasileira, em particular a partir da década de 80, quando decidiu fazer do popular *O Dia* um sério concorrente de *O Globo* e *Jornal do Brasil*, os jornais de prestígio da imprensa fluminense. Mattos foi o seu braço direito nesse processo de transformação, nas suas palavras, de "um jornal de quinta (categoria)" em um diário respeitado. Ao escrever sobre Carvalho, no dia seguinte à sua morte, Mattos enfatizou a admiração que sentia pelo ex-sogro, a quem chamou de "um misto de pai e tutor", por ter "defendido sempre os interesses e direitos dos menos favorecidos com bravura, contrariando governos e amigos". Nesse texto, publicado em *O Dia*, Mattos classificava Carvalho como "um velho homem da imprensa, no melhor sentido da expressão".

Ao criar o *Lance!*, Mattos procura encarnar publicamente a figura do "novo homem de imprensa". O empresário associa-se a investidores do mercado financeiro e atrai fundos de *private equity*, especializados em aquisições de empresas, para a sociedade. Dá como velhos e ultrapassados os dois jornais que reinaram no mercado por mais de meio século, *Gazeta Esportiva* e *Jornal dos Sports*, e busca na Espanha e na Argentina os modelos que servirão de inspiração para o *Lance!*. Num sinal de que o aspecto visual do jornal é mais importante que o texto, a primeira pessoa que Mattos contrata para ajudá-lo a definir o conceito do jornal é um especialista em *information design*, nascido em Barcelona. Caberá ao designer Antoní Cases instruir os jornalistas sobre como fazer títulos e preparar reportagens para o *Lance!*.

7 Ver "Corinthians editado", Observatório da Imprensa, maio 2000.

A entrada de Walter de Mattos no restrito mundo dos proprietários de jornais não foi um ato isolado na segunda metade da década de 90. Procurei aclarar o seu projeto por meio do cotejo com duas outras iniciativas empresariais no período, a compra do *Jornal do Brasil* e da *Gazeta Mercantil* por Nelson Tanure e a criação da editora Camelot por dois banqueiros. Todos esses investimentos em mídia se beneficiaram de um momento em que os principais grupos de comunicação do país estavam seriamente endividados e, por conta disso, discutia-se abertamente no Congresso Nacional uma lei destinada a autorizar, pela primeira vez na história, a participação de empresas e de capital estrangeiro na mídia.

Não surpreende, nesse contexto, marcado pela hegemonia do ideário neoliberal, que o discurso dos três novos investidores em mídia sublinhe termos como "governança corporativa" e "gestão moderna", necessários para combater estruturas supostamente ultrapassadas de gestão familiar. Os três tentam, inicialmente, manter uma atitude de discrição, insistindo em manifestar publicamente preocupação apenas com o caráter econômico de seus investimentos e procurando transmitir a impressão de que não se interessam por algo intrínseco ao setor, que é o poder atribuído aos proprietários de jornais e revistas. A lógica da concorrência, no entanto, não permitiu que mantivessem essa atitude por muito tempo. Ao entrarem na luta por espaço, prestígio e poder no campo, são logo vistos como "forasteiros" ou "aventureiros", seja em seus esforços de adquirir concorrentes, seja nas suas manifestações públicas sobre assuntos relacionados ao setor. Nessa luta por capital simbólico, naturalmente, enfatizei o percurso de Mattos, procurando realçar o seu lugar particular, uma vez que havia passado por um importante período de "treinamento" com o sogro, o "velho homem de imprensa" Ary Carvalho, em *O Dia*.

Espero ter conseguido mostrar no desenvolvimento da pesquisa que o *Lance!* se constituiu no ritmo das injunções dos dois mundos que Mattos encarna. No caso da montagem da operação financeira que garantiu o nascimento do *Lance!*, em 1997, isso aparece de forma clara. O novo homem de imprensa montou um jornal tendo como sócios André Lara Rezende, Katy de Almeida Braga e Julio Bozano, entre outros expoentes do capitalismo financeiro, que acumulou lucros e poder na década de 90. Cinco anos depois, em janeiro de 2003, todos já haviam vendido suas partes na sociedade, deixando Mattos na situação de proprietário único do jornal, tal qual seu sogro foi de *O Dia*[8].

As relações do empresário com os jornalistas contratados para fundar o jornal também ajudam a entender o seu lugar no campo. É significativo que dos dez jornalistas experientes que chamou, formados na *Folha de S.Paulo* e em *O Globo*, nenhum trabalhava mais no *Lance!* depois de três anos. Suspeito que foram contratados por possuírem qualificações que não se revelaram necessárias para a tarefa no cotidiano, o que os afastou progressivamente do jornal. Muitos também tiveram dificuldades, por conta da formação anterior, em se adaptar ao modelo de jornalismo "pra cima", otimista, com forte apelo à emoção, proposto por Mattos. Não se deve negligenciar também o estranhamento causado pela dupla atuação Mattos, ao mesmo tempo empresário "moderno" e diretor de redação "convencional". Essa confusão encontra o seu ponto culminante num episódio de cunho anedótico, relatado por um jornalista graduado, que assiste, perplexo, o chefe determinar a mudança na nota de avaliação dada pelo jornal a um jogador do seu time, o Flamengo.

O papel de Mattos também será determinante na construção do público leitor do *Lance!*. Como procurei mostrar no capítulo III, em busca do jovem de classe média, com alto potencial de consumo, o jornal criou uma série de seções, colunas e artifícios destinados a divertir esse leitor, aproximando-se do universo das histórias em quadrinhos. Para realizar essa tarefa, não à toa, 40 dos 60 jornalistas da equipe inicial do *Lance!*

---

8 Já em novembro de 2004, o empresário anunciou a venda de 10% das ações do grupo para Antoní Cases e outros 15% a um grupo de investidores reunidos em torno do administrador de fundos Dynamo, um dos sócios originais, em operações que serviram para amortizar parte das dívidas acumuladas nos anos anteriores Ver "Lance anuncia novo sócio e investimentos", *Meio e Mensagem*, 18 nov. 2004.

são estudantes de jornalismo ou recém-formados que, como os leitores que se busca atingir, utilizam um vocabulário sem grande sofisticação e, muitas vezes, mimetizam a linguagem popular. As pesquisas mostram que o universo leitor será, de fato, constituído por jovens com o perfil econômico desejado, mas também por um significativo contingente de leitores de classes mais baixas, que aderem ao projeto mesmo não tendo sido "convidados". Ao ler as cartas enviadas ao jornal, observamos como esses dois universos comungam de um verdadeiro entusiasmo pelo *Lance!* – para eles, não apenas uma fonte de informações esportivas, mas também um espaço para tripudiar dos colegas, intermediar seus pleitos junto a jogadores e até dialogar com Tião Fiel, o falso colunista que supostamente encarna a alma do corintiano arquetípico. Por esse motivo, visualizo o leitor do *Lance!*, por um lado, como um jovem de classe média abonada que vai à janela do apartamento gritar "chupa!" quando seu time ganha, protegido de um outro leitor do jornal, de origem humilde, que passa embaixo, na calçada, e não pode alcançá-lo.

Mattos, pode-se concluir, foi muito bem-sucedido em sua proposta. Conseguiu materializar, de alguma forma, a sua expectativa em relação a um leitor que imaginava alcançar e a vontade do leitor que foi seduzido por essa proposta. Dez anos depois de chegar às bancas pela primeira vez, o *Lance!* é o principal diário esportivo do país, sem concorrentes no horizonte, e um dos dez maiores jornais em termos de vendas em bancas. Diferentemente do que sugere a revista britânica *The Economist*, para quem os jornais estarão mortos nas próximas décadas[9], não acho possível prever o seu futuro. Espero, ao menos, ter conseguido descrever de forma acurada o processo do seu nascimento.

---

9 "Who killed the newspaper?", *The Economist*, 24 ago. 2006.

Bibliografia

Livros, ensaios e teses

ABREU, Alzira Alves de. *A modernização da imprensa (1970-2000)*. Rio de Janeiro, Jorge Zahar Editor, 2002.

ABREU, Alzira Alves de; ROCHA, Dora (org.). *Elas ocuparam as redações: depoimentos ao CPDOC*. Rio de Janeiro, FGV Editora, 2006.

ABREU, Alzira Alves de; et al. *Dicionário Histórico-Biográfico Brasileiro*. Rio de Janeiro, FGV Editora, 2 ed., 2001.

AIDAR, Antonio Carlos Kfouri, et al. *A nova gestão do futebol*. São Paulo, FGV Editora, 2002.

ALABARCES, Pablo. *Peligro de gol:* Estudios sobre deporte y sociedad en América Latina, Buenos Aires, Clacso, 2000.

ANTUNES, Fátima Martin Rodrigues Ferreira. *Com brasileiro, não há quem possa*. São Paulo, UNESP, 2004.

ARAÚJO, José Renato de Campos. *Imigração e futebol:* O caso Palestra Itália, São Paulo, Editora Sumaré, 2000.

ARCHETTI, Eduardo P. "Estilo y virtudes masculinas en *El Gráfico*: La creación del imaginario del fútbol argentino". *Desarrollo Econômico:* Revista de Ciencíais Sociales, v. 35, n. 139. Buenos Aires, out-dez 1995.

BAHIA, Juarez. *Jornal, história e técnica*. São Paulo, Ática, 1990.

BARBOSA, Marialva. *História cultural da imprensa*. Rio de Janeiro, Mauad, 2007.

BENSON, Rodney; NEVEU, Érik (org.). *Bourdieu and the journalistic field*. Cambridge, Polity Press, 2005.

BETING, Mauro. "Pago para ver". In: VILLAS BOAS, Sérgio (org.). *Formação & informação esportiva*, São Paulo, Summus Editorial, 2005.

BINELLO, Gabriela, et al. "Mujeres y fútbol: territorio conquistado o a conquistar?", In: ALABARCES, Pablo. *Peligro de gol:* Estudios sobre deporte y sociedad en América Latina, Buenos Aires, Clacso, 2000.

BOURDIEU, Pierre. "Como é possível ser esportivo?". In: *Questões de sociologia*. Rio de Janeiro, Marco Zero, 1983.

_______. "Programa para uma sociologia do esporte", In: *Coisas ditas*. São Paulo, Brasiliense, 1990.

_______. *Sobre a televisão*. Rio de Janeiro, Jorge Zahar Editor, 1997.

_______. *Contrafogos, táticas para enfrentar a invasão neoliberal*. Rio de Janeiro, Jorge Zahar Editor, 1998.

_______. "The political field, the social science field and the journalistic field". In: BENSON, Rodney; NEVEU, Érik (org.). *Bourdieu and the journalistic field*. Cambridge, Polity Press, 2005.

_______. *A dominação masculina*. Rio de Janeiro, Bertrand Brasil, 2005.

BRANDÃO, Luiz Eduardo T. "A volta por cima de um diário popular", *Revista Brasileira de Management*, 1(3), Rio de Janeiro, maio-julho 1989.

_______ "Jornal O Dia: Formulação e implementação de uma Estratégia Empresarial". Trabalho apresentado no I Concurso Nacional de Case Studies, FGV e ABAMEC. Rio de Janeiro, 1996.

BRIGGS, Asa; BURKE, Peter. *Uma história social da mídia*. Rio de Janeiro, Jorge Zahar Editor, 2004.

BURCH, Sally. *Se cayó el sistema*, et al, Quito. Agencia Latinoamericana de Información, 2003.

CALDAS, Waldenyr. *Pontapé inicial, memória do futebol brasileiro*, Ibrasa, 1990.

CAPELATO, Maria Helena; PRADO, Maria Ligia. *O bravo matutino*. São Paulo, Alfa Ômega, 1980.

CARVALHO, José Eduardo. "O discurso esportivo", In: VILAS BOAS, Sérgio (org.). *Formação & informação esportiva*, de Sergio Vilas Boas (org.), São Paulo, Summus Editorial, 2005.

COELHO, Paulo Vinicius. *Jornalismo esportivo*, São Paulo, Contexto, 2003.

COSTA, Caio Túlio. *Ombudsman, O Relógio de Pascal*. São Paulo, Geração Editorial, 2006.

DaMATTA, Roberto (org.). *Universo do futebol:* Esporte e sociedade brasileira, Rio de Janeiro, Pinakotheke, 1982.

DOWNING, John D. H. *Mídia radical.* São Paulo, Senac, 2003.

DUNNING, Eric. "O desporto como uma área masculina reservada". In: ELIAS, Norbert. *A busca da excitação.* Lisboa, Difel, 1992.

FONSECA, Ouhydes. *O "cartola" e o jornalista:* Influência da política clubística no jornalismo esportivo de São Paulo. Dissertação de mestrado, apresentado à Escola de Comunicações e Artes da USP. São Paulo, 1981.

________ "Esporte e crônica esportiva". In: *Esporte e jornalismo.* TAMBUCCI, Pascoal Luiz (org.), São Paulo, CepeUsp, 1997.

FRANCO JÚNIOR, Hilário. *A dança dos deuses*, São Paulo, Companhia das Letras, 2007.

FRANZINI, Fábio. *Corações na ponta da chuteira.* Rio de Janeiro, DP&A Editora, 2003.

________ "Futebol, identidade e cidadania no Brasil dos anos 30". Trabalho apresentado no XIX Simpósio Nacional de História da ANPUH. Belo Horizonte, 1997.

GASTALDO, Édison. *Pátria, chuteiras e propaganda.* São Leopoldo, Unisinos, 2002.

GIULIANOTTI, Richard. *Sociologia do futebol.* São Paulo, Nova Alexandria, 2002.

GOFFMAN, Erving. *L'arrangement des sexes.* Paris, La Dispute, 2002.

HALIMI, Serge. *Os novos cães de guarda.* Petrópolis, Vozes, 1998.

HELAL, Ronaldo. *Passes e impasses: futebol e cultura de massa no Brasil*, Rio de Janeiro, Vozes, 1997.

HIME, Gisely Valentim Vaz Coelho. *A hora e a vez do progresso:* Cásper Líbero e o exercício do jornalismo nas páginas d'A Gazeta. Dissertação de mestrado apresentada à Escola de Comunicações e Artes da USP. São Paulo, 1997.

________ "Cásper Líbero, o empresário que criou a primeira escola de jornalismo". In: *Imprensa brasileira:* Personagens que fizeram história, vol 1, São Paulo, Imprensa Oficial, Universidade Metodista de São Paulo, 2005.

KONDER, Cristina. "Um olhar feminino nos esportes". In: *Jornalismo esportivo:* Os craques da emoção. Rio de Janeiro, Prefeitura da Cidade do Rio de Janeiro, 2004.

KOVACH, Bill; ROSENSTIEL, Tom. *Os elementos do jornalismo*. São Paulo, Geração Editorial, 2003.

LEONCINI, Marvio Pereira. *Entendendo o negócio futebol*. Tese de doutorado apresentada à Escola Politécnica da USP, São Paulo, 2001.

LETHBRIDGE, Eric. "Tendências da empresa familiar no mundo". *Revista do BNDES*, 4(7), Rio de Janeiro, jun. 1997.

LEVY, Pierre. "Pela ciberdemocracia". MORAES, Denis de (org.) *Por uma outra comunicação*. Rio de Janeiro, Record, 2003.

LIMA, Venício Artur. de. *Mídia:* Crise política e poder no Brasil, São Paulo, Editora Fundação Perseu Abramo, 2006.

LIMA SOBRINHO, Barbosa. "O industrialismo na imprensa". In: *O problema da imprensa*. São Paulo: Com-Arte, 1988.

LOPES, José Sérgio Leite. "A vitória do futebol que incorporou a pelada". *Revista USP*, 6(22), jun-ago. 1994.

MANHÃES, Eduardo. *João sem medo:* Futebol-arte e identidade, Campinas, Pontes, 2004.

_______. *Política de esportes no Brasil*. Rio de Janeiro, Graal, 2 ed, 2002.

MARQUES, José Carlos. *O estigma de ser jornalista esportivo*. Comunicação apresentada ao XXVI Congresso Brasileiro da Intercom, Belo Horizonte, 2003.

MARQUES, José Carlos et al. *Comunicação e esporte*: tendências. São Paulo, Intercom, 2005.

MARQUES, José Carlos (org.). *Comunicação e esporte:* Diálogos possíveis, São Paulo, Intercom, 2007.

MARTÍN-BARBERO, Jesús. "Globalização comunicacional e transformação cultural". In: MORAES, Denis de (org.), *Por uma outra comunicação*. Rio de Janeiro, Record, 2003.

MATTELART, Armand; MATFELART, Michele. *História das teorias da comunicação*. São Paulo, Edições Loyola, 1999.

MATTOS, Claudia. *Cem anos de paixão*. Rio de Janeiro, Rocco, 1997.

MAZZONI, Thomaz. *Problemas e aspectos do nosso futebol*. São Paulo, A Gazeta, 1939.

_______. *História do futebol no Brasil*. Edições Leia, 1950.

_______. *O Brasil na Taça do Mundo*, São Paulo, A Gazeta, 1950.

McCHESNEY, Robert. "Mídia global, neoliberalismo e imperialismo". In: *Por uma outra comunicação*. Rio de Janeiro, Record, 2003.

MEIHY, João Carlos Sebe Bom; WITTER, João Sebastião (org). *Futebol e cultura*. São Paulo, Imesp/Daesp, 1982.

MORAES, Denis de (org.). *Por uma outra comunicação*. Rio de Janeiro, Record, 2003.

MOURA, Eriberto Lessa. "O futebol como área reservada masculina". In: DAOLIO, Jocimar (org.). *Futebol, cultura e sociedade*, Campinas. Autores Associados, 2005.

NEGREIROS, Plínio José Labriola de Campos. "Construindo a nação: futebol nos anos 30 e 40". In: Costa, Marcia Regina da (org.). *Futebol, espetáculo do século*, São Paulo, Musa, 1999.

NEIVA, Adriano. "Escrevendo uma história". In: *60 anos de futebol no Brasil*. São Paulo, FPF, 1954. Apud PEDROSA, Milton. "A crônica esportiva e o cronista de futebol". In: *O olho na bola*. Rio de Janeiro, Gol, 1968.

NEVEU, Érik. *Sociologia do jornalismo*. São Paulo, Edições Loyola, 2006.

PEREIRA, Leonardo Affonso de Miranda. *Footballmania:* Uma história social do Rio de Janeiro, 1902-1938. Rio de Janeiro, Nova Fronteira, 2000.

PIERANTI, Octavio. "Políticas para a mídia: dos militares ao governo Lula", *Lua Nova*, 68, São Paulo, 2006, p. 91-121.

POZZI, Luiz Fernando. "Futebol empresa". In: Costa, Marcia Regina da (org.). *Futebol, espetáculo do século*, São Paulo, Musa, 1999.

PRONI, Marcelo Weishaupt. *A metamorfose do futebol*. Campinas, Unicamp, 2000.

REBELO, Aldo; TORRES, Silvio. *CBF Nike*. São Paulo, Casa Amarela, 2001.

RIBEIRO, Ana Paula Goulart. "Jornalismo, literatura e política: a modernização da imprensa carioca nos anos 1950". *Estudos Históricos*, 16(31) *Mídia*, Rio de Janeiro, CPDOC/FGV, 2003.

_______. *Imprensa e história no Rio de Janeiro dos anos 50*. E-papers, Rio de Janeiro, 2007.

RIBEIRO, Jorge Cláudio. *Sempre alerta*. São Paulo, Olho D'Água, 2001.

RICUPERO, Rubens. "Alcântara Machado, testemunha da imigração". In: *Estudos avançados*, v. 7, n. 18, São Paulo, 1993.

ROSENFELD, Anatol. "O futebol no Brasil". In: *Negro, macumba e futebol.* São Paulo, Editora Perspectiva, 1993.

ROWE, David. *Sport, culture and the media.* Berkshire, Open University Press, 2004.

SANTOS, Joel Rufino dos. *História política do futebol brasileiro.* São Paulo, Brasiliense, 1981.

______. "Código, padrão e respeito". In: Costa, Marcia Regina da (org.). *Futebol, espetáculo do século.* São Paulo, Musa, 1999.

SANTOS NETO, José Moraes dos. *Visão do jogo:* Primórdios do futebol no Brasil, São Paulo, Cosac & Naify, 2002.

SCHUDSON, Michael. *The sociology of news.* Nova York, W.W. Norton, 2003.

SEBRELI, Juan Jose. *Fútbol y masas.* Buenos Aires, Galerna, 1981.

SERRIN, William (org). *The business of journalism.* Nova York, The New Press, 2000.

SEVCENKO, Nicolau. *Orfeu estático na metrópole.* São Paulo, Companhia das Letras, 2003.

SILVA, Carlos Eduardo Lins da. *Mil dias.* São Paulo, Trajetória Cultural, 1988.

______.*O adiantado da hora*: A influência americana sobre o jornalismo brasileiro. São Paulo, Summus, 1990.

SILVA, Marcelino Rodrigues da. *Mil e uma noites de futebol*, Belo Horizonte, UFMG, 2006.

SILVERSTONE, Roger. *Por que estudar a mídia?.* São Paulo, Edições Loyola, 2002.

SODRÉ, Nelson Werneck. *História da imprensa no Brasil.* Rio de Janeiro, Mauad, 4ª edição, 1999.

SCHWARCZ, Lilia Moritz. *Retrato em branco e negro.* São Paulo, Companhia das Letras, 1987.

TASCHNER, Gisela. *Folhas ao vento.* Rio de Janeiro, Paz e Terra, 1992.

TOLEDO, Luiz Henrique de. *Torcidas organizadas de futebol.* Campinas, Autores Associados, 1996.

______. "A *invenção* do torcedor de futebol", In: Costa, Marcia Regina da (org.). *Futebol, espetáculo do século.* São Paulo, Musa, 1999.

______. *Lógicas no futebol.* São Paulo, Hucitec, 2002.

TUNSTALL, Jeremy (org). *Media occupations and professions*. Nova York, Oxford University Press, 2001.

WOLF, Mauro. *Teorias das comunicações de massa*. São Paulo, Martins Fontes, 2003.

ZANONI, Elton Frias. *Grupos sociais, jogadores e clubes de futebol na cidade de São Paulo*. Iniciação científica desenvolvido junto ao Departamento de História da Unicamp, Campinas, 2006.

ALMANAQUES, CRÔNICAS, BIOGRAFIAS E MANUAIS TÉCNICOS CONSULTADOS

ALENCAR, Carlos. *Juca Kfouri, o militante da notícia*. São Paulo, Imprensa Oficial, 2006.

BARBEIRO, Heródoto; RANGEL, Patrícia. *Manual do jornalismo esportivo*. São Paulo, Contexto, 2006.

BIAL, Pedro. *Roberto Marinho*. Rio de Janeiro, Jorge Zahar Editor, 2005.

CASTRO, Ruy. *O anjo pornográfico*. São Paulo, Companhia das Letras, 1992.

COELHO, Eduardo (org.). *Donos da bola*. Rio de Janeiro, Língua Geral, 2006.

FOLHA DE S.PAULO. *Manual de redação*. São Paulo, Publifolha, 2001.

FONTENELLE, André; STORTI, Valmir. *A História do Campeonato Paulista*. São Paulo, Publifolha, 1997.

GALEANO, Eduardo. *Futebol ao sol e à sombra*. Porto Alegre, L&PM, 2004.

MAXIMO, João. *João Saldanha:* Sobre nuvens de fantasia. Rio de Janeiro, Relume Dumará, 2005.

MILLIET, Raul (org.). *Vida que segue:* João Saldanha e as Copas de 1966 e 1970. Rio de Janeiro, Nova Fronteira, 2006.

MORAIS, Fernando. *Chatô, o rei do Brasil*. São Paulo, Companhia das Letras, 1994.

O GLOBO. *Manual de redação e estilo*. São Paulo, Editora Globo, 1992.

PEIXOTO, Silveira. *Cásper, pioneiro da imprensa*. São Paulo, Fundação Cásper Líbero, 1997.

POLI, Gustavo; CARMONA, Lédio. *Almanaque do futebol*. Rio de Janeiro, Casa da Palavra, 2006.

RODRIGUES, Nelson. “O homem fluvial”. In: Rodrigues Filho, Mario. *O sapo de Arubinha*, São Paulo, Companhia das Letras, 1994.

RODRIGUES FILHO, Mario. *O sapo de Arubinha*, São Paulo, Companhia das Letras, 1994.

______. *O negro no futebol brasileiro*. Rio de Janeiro, Mauad, 4 ed, 2003.

SALDANHA, João. *Histórias do futebol*. Rio de Janeiro, Revan, 1994.

______. *O trauma da bola:* A Copa de 82 por João Saldanha. São Paulo, Cosac & Naify, 2002.

SIQUEIRA, André Iki. *João Saldanha, uma vida em jogo*, São Paulo, Companhia Editora Nacional, 2007.

JORNAIS, REVISTAS, FITAS DE VÍDEO E DOCUMENTOS CONSULTADOS

DINHEIRO. "Em cima do Lance". 22 dez. 1999.

DYER, Geoff. "Brazil publisher sees a sporting chance". *Financial Times*, 4 mar. 1998.

FOLHA DE S.PAULO. "Empresas divergem sobre pedido ao banco estatal". 15 fev. 2004.

FONTENELLE, André. "Briga atrapalha participação do Brasil". *Folha de S.Paulo*, 15 maio 1994.

GAZETA MERCANTIL. "O Globo e O Dia disputam leitor fluminense". 13 de mar. 1998.

______. "Empresas de mídia debatem sobre linhas de crédito com BNDES". 6 maio 2004.

JORNAL DO BRASIL. "Entre a obra e o espírito". Caderno especial "110 Anos", 9 abr. 2001.

______. "Desprezo o poder", caderno especial "110 Anos", 9 abr. 2001.

LANCE!. Todas as edições do jornal entre 26 de outubro de 1997 e 17 de março de 1998.

LIMA, Dora. Sete fitas de vídeo, realizadas pela produtora Made for TV, do Rio de Janeiro. Fita 1: "O Walter e o Lance!", 8 de julho de 1977. Fita 3: "O Começo", 1º de agosto de 1997. Fita 4: "O Treinamento", 19 de agosto de 1997. Fita 5: "Na Obra", Julho, agosto, setembro de 1997. Fita 6: "A Primeira Redação", 15 de setembro de 1997. Fita 7: "O Teste da Rotativa", 6 de outubro de 1997.

LOBATO, Elvira. "Mídia nacional acumula dívida de R$ 10 bilhões". *Folha de S.Paulo*, 15 fev. 2004.

MATTOS JR., Walter de. "A imprensa e sua crise como tema de interesse nacional: Alguns dados, reflexões e propostas". Palestra proferida em seminário no Banco do Brasil, nov. 2003.

RIBEIRO, Eduardo. "Nelson Tanure empresário rompe o silêncio e fala dos seus planos e das brigas que comprou ao entrar no mundo da mídia" em Protagonistas da Imprensa Brasileira, 19 jan. 2006.

ROSENBAUM, Léo. "Aspectos legais das operações de private equity". *Valor Econômico*, 19 out. 2006, p. E2.

SANT'ANNA, Lourival. "O vôo turbulento do capitão Tanure". *O Estado de S.Paulo*, 18 dez. 2005.

STYCER, Mauricio. "Anúncios x Notícias". *CartaCapital*, nov. 2003

______. "Saldanha e seu herdeiro". *CartaCapital*, 7 jun. 2006.

SITES NA INTERNET CONSULTADOS

http://www.bndes.gov.br
http://www.cases-assoc.com
http://www.circulacao.org.br
http://www.comunique-se.com.br
http://epoca.globo.com/
http://www.gazetaesportiva.net/
http://jbonline.com.br/falsodossie/index.html
http://www.jornalistasecia.com.br
http://www.terra.com.br

ENTREVISTAS CONCEDIDAS AO AUTOR

Walter de Mattos Junior: 11 de dezembro de 2002, em São Paulo.
César Seabra, 28 de fevereiro de 2003, no Rio de Janeiro.
Lédio Carmona, 28 de fevereiro de 2003, no Rio de Janeiro.
Leão Serva, 2 de maio de 2003, em São Paulo.
André Fontenelle, 16 de maio de 2003, em São Paulo.
Paulo Monteiro, 18 de junho de 2003, em São Paulo.

Sérgio Rodrigues, 20 de junho de 2003, no Rio de Janeiro.
Marcelo Barreto, 1º de julho de 2003, em São Paulo.
Juca Kfouri, 1º de julho de 2003, em São Paulo.
Luís Augusto Simon, 3 de julho de 2003, em São Paulo.
Hélcio Nagamine, 8 de julho de 2003, em São Paulo.
Paulo Marcos, 10 de julho de 2003, em São Paulo.
Paulo Fávero, 14 de julho de 2003, em São Paulo.
André Amaral, 14 de julho de 2003, em São Paulo.
Fabio Bittencourt, 14 de julho de 2003, em São Paulo.
Fabio Mazzitelli, 14 de julho de 2003, em São Paulo.
Matinas Suzuki Junior, 21 de julho de 2003, em São Paulo.
Daniel Chaves, 25 de julho de 2003, no Rio de Janeiro.
Walter de Mattos Junior: 3 de setembro de 2003, em São Paulo.
Tânia Scaffa e Adura: 5 de fevereiro de 2007, em São Paulo.

Agradecimentos

Vinte anos depois de formado, voltar aos bancos escolares, e ainda numa área nova para mim, concomitantemente às minhas outras atividades profissionais, não foi uma tarefa nada fácil. Obviamente, eu não teria chegado a termo sem o apoio e a colaboração de muitas pessoas, ao longo dos últimos anos. Ainda que sob o risco de cometer esquecimentos e injustiças, gostaria de tentar uma lista de agradecimentos.

Em primeiro lugar, devo dizer que o meu projeto original de pesquisa não teria resultado numa dissertação de mestrado sem a contribuição fundamental de Sergio Miceli. Devo a ele, de pronto, o incentivo para disputar uma vaga no Programa de Pós Graduação em Sociologia na FFLCH, em 2003. Ao longo do trabalho de orientação, Miceli não trouxe respostas ou soluções prontas para as minhas inquietações, mas fez, sempre, as perguntas que me ajudaram a pensar sobre novos caminhos e possibilidades. Agradeço ainda ao professor pela paciência de me ouvir nos momentos de maior ansiedade e angústia e pelas dicas que me ajudaram a destrinchar os meandros do universo acadêmico.

Um agradecimento aos professores Antônio Flavio Pierucci, Brasílio Sallum Junior, Leopoldo Waizbort, Ricardo Musse e Sedi Hirano, que tive a oportunidade de conhecer em cursos na graduação e na pós. E também aos professores Cícero Araújo (Ciência Política) e Lilia Moritz Schwarcz (Antropologia).

Agradeço a leitura atenta e rigorosa dos professores Fernando Pinheiro Filho e Luiz Henrique de Toledo (UFSCAR), que participaram do exame de qualificação. Eles foram fundamentais na correção de alguns rumos e por chamarem a atenção para problemas que eu estava negligenciando. Um duplo agradecimento, aliás, ao Fernando, que também participou da banca de defesa e acrescentou questões importantes com o seu olhar arguto. Agradeço ainda ao professor Waldenyr Caldas (ECA-USP) pela leitura generosa e observações pertinentes, na argüição, que enriqueceram o trabalho.

A convivência e a troca de idéias com meus colegas no Seminário de Projetos foi muito proveitosa. Muito obrigado a todos pelos comentários.

À Ângela, Irany e Juliana, da Secretaria do Programa de Pós-Graduação, pela boa-vontade e paciência comigo em todas as minhas solicitações.

À Capes, pela bolsa concedida a partir de dezembro de 2006, quando me desliguei da CartaCapital, até agosto de 2007, período em que escrevi a dissertação de mestrado.

Agradeço a Walter de Mattos Jr. por ter me recebido para duas longas entrevistas e fornecido vários materiais de grande utilidade para a pesquisa. Pelas entrevistas concedidas, igualmente, meu agradecimento a André Amaral, André Fontenelle, César Seabra, Daniel Chaves, Fabio Bittencourt, Fabio Mazzitelli, Hélcio Nagamine, Juca Kfouri, Lédio Carmona, Leão Serva, Luís Augusto Simon (Menon), Marcelo Barreto, Matinas Suzuki Jr, Paulo Fávero, Paulo Marcos, Paulo Monteiro, Sérgio Rodrigues e Tânia Scaffa e Adura.

Outros jornalistas da primeira equipe do *Lance!*, ainda que não entrevistados, me ajudaram com informações valiosas, em particular, Adaberto Leister Filho, Chico Silva, Diogo Mourão, Gisela Pereira, Guilherme Gomes Pinto, Fernando Ewerton, Marcelo Laguna e Paulo Vinicius Coelho. Agradeço pelos mesmos motivos à minha amiga Teté Martinho, colunista do jornal por um breve período.

André Fontenelle, parceiro leal no *Lance!*, onde nos tornamos amigos, leu algumas passagens do trabalho, apontou omissões e me ajudou a corrigir várias imprecisões.

Agradeço ainda aos amigos jornalistas Mario Vitor Santos e Caio Túlio Costa, que leram o trecho sobre a crise da imprensa, no capítulo II, pelos comentários e idéias sugeridas.

Por me ajudarem a localizar textos, ensaios, artigos de jornais e dados importantes, agradeço a Claudio H. M. Batalha e Elton Frias Zanoni (UNICAMP), Jonathan Wheatley (FINANCIAL TIMES), José Carlos Marques

(Mackenzie), Luiz Brandão (PUC-RJ), Phydia de Athayde (CartaCapital), Ronaldo Helal (UERJ) e Vera Pinheiro (ANJ).

A Joana Monteleone, colega querida dos tempos de jornalismo, pelo apoio imediato à publicação desta dissertação em livro, e a toda sua equipe da editora Alameda. Sem o estímulo da Fapesp, a quem também agradeço, esta publicação não se viabilizaria.

Agradeço, também, à turma de CartaCapital, Mino Carta à frente, pela compreensão e carinho com que fui tratado ao longo de dois anos em que me equilibrei entre o mestrado e minhas obrigações como redator-chefe e, em especial, no momento em que fui obrigado a deixar a revista para concluir este estudo.

Um primeiro esboço deste projeto ganhou forma em 2002, graças ao decisivo estímulo do professor Marco Antonio Araújo, então coordenador do curso de Jornalismo da Faculdade Cásper Líbero. O professor Luís Mauro Sá Martino leu o projeto e me ajudou a formatá-lo. A Fundação Cásper Líbero, por meio do Centro Interdisciplinar de Pesquisa, concedeu uma bolsa, à qual agradeço. Infelizmente, deixei o trabalho inconcluso, ao pedir demissão da faculdade no contexto de uma disputa política que inviabilizou o elogiado projeto pedagógico que o grupo de Araújo vinha implementado no curso de Jornalismo.

A meus ex-alunos Ana Luiza Vieira, Antoine Morel, Daniel Patire, Fernando Vives e Rodrigo Martins, que transcreveram as entrevistas.

Por fim, um agradecimento especial aos amigos que me ouviram falar do *Lance!* e deste estudo por pelo menos três anos, sem reclamar, em especial, Bernardo, Henrique, Mara, Zé Geraldo, Zeca, Denis, Ester, Lucinha... Aos meus pais, Sonia e Boris, e ao meu irmão, Dani, pelo apoio em todos os momentos. E à Ligia, pelo carinho a toda prova.

Mauricio Stycer nasceu no Rio de Janeiro em 1961. Mora em São Paulo desde 1986. É jornalista, com passagens por Jornal do Brasil, Estado de S.Paulo, Folha de S.Paulo, Lance!, Época, CartaCapital, Glamurama Editora e iG. Também é professor de jornalismo. Doutorando no Programa de Sociologia da FFLCH-USP, é mestre pela mesma instituição com uma dissertação sobre o *Lance!*.

Este livro foi impresso no verão de 2009 na ProlGráfica com fonte Sabon, corpo 10, entrelinha 15.